基于 MATLAB 的车辆工程仿真实例

JIYU
MATLAB
DE
CHELIANG GONGCHENG
FANGZHEN SHILI

崔胜民　著

·北京·

本书以实例形式介绍了MATLAB在车辆工程领域仿真中的应用。每个实例都有任务描述和完成任务所实施的过程。所有实例都有数学模型的建立和仿真程序的编写，而且仿真程序都经过调试，可在MATLAB软件中直接运行并获得仿真结果。书中对每一条程序都有注释，方便没有MATLAB基础的读者快速学习MATLAB及其在车辆工程仿真领域中的应用。

本书选择的实例是对《汽车理论》和《汽车系统动力学》教材的补充和扩展，可作为车辆工程专业学生和研究生的教学参考用书，也可供车辆工程领域的工程技术和研究人员参考。

图书在版编目（CIP）数据

基于MATLAB的车辆工程仿真实例/崔胜民著.—北京：化学工业出版社，2019.12（2023.4重印）
ISBN 978-7-122-35499-0

Ⅰ.①基⋯　Ⅱ.①崔⋯　Ⅲ.①车辆工程-计算机仿真-Matlab软件　Ⅳ.①U27-39

中国版本图书馆CIP数据核字（2019）第235702号

责任编辑：陈景薇　　　　　　　　　　文字编辑：张燕文
责任校对：宋　玮　　　　　　　　　　装帧设计：王晓宇

出版发行：化学工业出版社（北京市东城区青年湖南街13号　邮政编码100011）
印　　装：北京机工印刷厂有限公司
787mm×1092mm　1/16　印张13　字数325千字　2023年4月北京第1版第2次印刷

购书咨询：010-64518888　　　　　　　售后服务：010-64518899
网　　址：http://www.cip.com.cn
凡购买本书，如有缺损质量问题，本社销售中心负责调换。

定　价：68.00元　　　　　　　　　　　　　　　　　　　　　版权所有　违者必究

前 言

为了提高汽车设计水平，汽车仿真在汽车产品开发过程中越来越重要，MATLAB 作为世界上最流行的仿真计算软件之一，在车辆工程领域的应用越来越广泛。 为了提高学生的实践能力，把理论应用于实践，车辆仿真也已经成为车辆工程专业学生必备的技能，在课程设计和毕业设计中经常要使用 MATLAB 软件进行各种仿真。

全书共有 18 个仿真实例，分别是发动机特性仿真、汽车动力性仿真、汽车燃油经济性仿真、汽车制动性仿真、汽车防抱死制动系统仿真、自由滚动轮胎侧偏特性仿真、制动-驱动工况下轮胎侧偏特性仿真、基于魔术公式的轮胎动力学仿真、汽车稳态响应特性仿真、汽车瞬态响应特性仿真、四轮转向汽车操纵稳定性仿真、六轮转向汽车操纵稳定性仿真、汽车行驶平顺性仿真、汽车被动悬架特性仿真、汽车半主动悬架最优控制仿真、汽车全主动悬架最优控制仿真、膜片弹簧离合器优化设计及特性仿真和汽车电动助力转向系统仿真。 每个仿真实例都有任务描述和任务实施过程，所有数学模型都经过笔者推导，所有程序都经过笔者调试并运行，每条程序都有注释，方便无 MATLAB 基础者学习和使用 MATLAB 程序对符号书写和格式有严格要求，为了方便读者阅读，书中一些量采用了与程序一致的书写方式。

在本书编写过程中，俞天一、王赵辉、陈溢、林仁豪、薛振杰、余汪江给予了支持，在此一并表示深切的谢意。

由于笔者水平和经验所限，书中不当之处在所难免，敬请读者指正。

著 者

目 录

实例一	发动机特性仿真	1
实例二	汽车动力性仿真	16
实例三	汽车燃油经济性仿真	32
实例四	汽车制动性仿真	45
实例五	汽车防抱死制动系统仿真	59
实例六	自由滚动轮胎侧偏特性仿真	67
实例七	制动-驱动工况下的轮胎侧偏特性仿真	73
实例八	基于魔术公式的轮胎动力学仿真	83
实例九	汽车稳态响应特性仿真	92
实例十	汽车瞬态响应特性仿真	101
实例十一	四轮转向汽车操纵稳定性仿真	111
实例十二	六轮转向汽车操纵稳定性仿真	121
实例十三	汽车平顺性仿真	133
实例十四	汽车被动悬架特性仿真	153
实例十五	汽车半主动悬架最优控制仿真	162
实例十六	汽车全主动悬架最优控制仿真	170
实例十七	膜片弹簧离合器优化设计及特性仿真	180
实例十八	汽车电动助力转向系统仿真	189
参考文献		203

实例一
发动机特性仿真

发动机特性主要包括发动机外特性和发动机万有特性。发动机外特性是指节气门全开或高压油泵在最大供油位置时,其转矩、功率与转速之间的关系;发动机万有特性是指发动机的燃油消耗率与转速、转矩之间的关系。发动机外特性是研究汽车动力性的基础;发动机万有特性是研究汽车燃油经济性的基础。

任务描述

主要任务：
1. 建立发动机数学模型
2. 汽油发动机外特性曲线拟合
3. 绘制汽油发动机外特性曲线
4. 柴油发动机外特性曲线拟合
5. 绘制柴油发动机外特性曲线
6. 发动机万有特性曲线拟合
7. 绘制发动机万有特性曲线

发动机特性仿真所需数据见表1-1～表1-4。

表1-1　某汽油发动机转速与转矩、功率数据

转速/(r/min)	1840	2000	2400	2840	3200	3600	4020	4430	4800	5000
转矩/N·m	182	183	185	193	192	186	172	158	145	138
功率/kW	35	38.2	46.5	57.5	64.5	70	72.5	73.5	73	72

表1-2　某柴油发动机转速与转矩、功率数据

转速/(r/min)	1100	1200	1300	1400	1500	1600	1700	1800	1900	2000	2100	2200
转矩/N·m	930	993	1000	995	987	975	938	905	862	830	792	760
功率/kW	108	125	136	146	155	163	167	170	171	172	173	175

表1-3　某发动机转速与转矩、燃油消耗率数据

转速/(r/min)	\multicolumn{10}{c}{1400}
转矩/N·m	399.8	354.1	318.5	278.1	236.2	203.6	185.3	157.2	117.2	80.8
燃油消耗率/[g/(kW·h)]	222.8	220.4	232.4	228.5	227.8	232.6	248.5	245.9	272.4	329.7
转速/(r/min)					1600					
转矩/N·m	409.1	365.7	328.3	284.1	243.7	203.2	164.3	123.9	83.5	39.7
燃油消耗率/[g/(kW·h)]	222	221.7	235.4	226.5	230.5	236.8	249.1	276.1	407.9	487
转速/(r/min)					1800					
转矩/N·m	408.3	368.3	328.3	289	244.4	208.8	167.7	132.1	89.5	46.1
燃油消耗率/[g/(kW·h)]	226	225.3	226.4	233.9	242.1	283.3	253.9	271.4	323.5	468.6
转速/(r/min)					2000					
转矩/N·m	425.6	380.3	332.7	290.9	244.4	205.1	160.2	114.5	68.8	30.7
燃油消耗率/[g/(kW·h)]	206.5	231.1	231.1	233	242	244.9	265	299.8	398	596.8
转速/(r/min)					2200					
转矩/N·m	420.7	379.6	334.6	291.6	244.4	202.8	157.5	116	74.1	37.8
燃油消耗率/[g/(kW·h)]	234.7	259.8	235.5	237.6	242.8	292.3	277.9	308.7	396.2	605.9
转速/(r/min)					2400					
转矩/N·m	404.6	360.5	322.7	283	243.3	205.5	162.1	124.7	86.8	52.4
燃油消耗率/[g/(kW·h)]	174.2	242.2	252.1	287.4	253.6	264.6	290.6	316.8	378	518.8

续表

转速/(r/min)	2600									
转矩/N·m	378	344.7	310.3	264.3	226.1	186.8	154.2	115.3	76.3	34.1
燃油消耗率/[g/(kW·h)]	256.9	253.7	253.5	260	303.8	280.7	300.6	346.6	435.6	812.9
转速/(r/min)	2800									
转矩/N·m	315.6	275.5	242.5	210.3	178.5	145.6	118.6	72.6	52.8	22.4
燃油消耗率/[g/(kW·h)]	257.9	295.3	282.4	288.7	301.9	329.7	357	475.4	580.3	1080.1

表1-4 某发动机转速与转矩数据

转速/(r/min)	1403	1597	1797	1986	2102	2199	2303	2400	2507	2598	2700	2802
转矩/N·m	474	497	515	526	528.8	522.8	509.5	492.2	471.2	448.4	408.3	357.4

任务实施过程

1. 建立发动机数学模型

采用曲线、曲面拟合法建立发动机数学模型。

发动机外特性曲线拟合一般采用多项式，发动机转矩和功率分别为

$$T_{tq} = \sum_{i=0}^{k} A_i n^i \tag{1-1}$$

$$P_e = \sum_{i=0}^{k} B_i n^i \tag{1-2}$$

式中，T_{tq} 为发动机的转矩；P_e 为发动机的功率；n 为发动机的转速；k 为多项式的阶次；A_i、B_i 分别为多项式各项拟合系数，一般采用最小二乘法确定。

发动机燃油消耗量为

$$b_e = \sum_{i=0}^{k} \sum_{j=0}^{s} C_{ij} n^i T_{tq}^j \tag{1-3}$$

式中，b_e 为发动机的燃油消耗量；k 为发动机转速多项式的阶次；s 为发动机转矩多项式的阶次；C_{ij} 为多项式各项拟合系数。

2. 汽油发动机外特性曲线拟合

（1）汽油发动机转矩与转速关系曲线拟合。利用表 1-1 中的转速与转矩数据，编写汽油发动机转矩与转速关系曲线拟合的 MATLAB 程序如下。

程序	注释
n=[1840,2000,2400,2840,3200,3600,4020,4430,4800,5000];	转速赋值
T=[182,183,185,193,192,186,172,158,145,138];	转矩赋值
cftool	调用曲线拟合工具箱

在 MATLAB 命令行窗口输入这些程序，进入曲线拟合工具箱界面"Curve Fitting Tool"；利用"X data"和"Y data"下拉菜单读入转速数据 n 和转矩数据 T；选择多项式函数"Polynomial"，再选择拟合阶数"3"；自动拟合，就会在结果窗口和曲线窗口显示出拟合结果，如图 1-1 所示。

根据图 1-1 中的结果窗口，可以得到汽油发动机转矩与转速的关系为

$$T_{tq} = 6.711 \times 10^{-10} n^3 - 1.837 \times 10^{-5} n^2 + 0.08672n + 78.25 \tag{1-4}$$

其中误差平方和（SSE）为 51.3421；复相关系数（R-square）为 0.9853；均方根误差（RMSE）为 2.9252。

如果拟合阶数选 5，可以得到汽油发动机转矩与转速的关系为

$$T_{tq} = -1.466 \times 10^{-15} n^5 + 2.866 \times 10^{-11} n^4 - 2.154 \times 10^{-7} n^3 + \\ 7.648 \times 10^{-4} n^2 - 1.273n + 980.1 \tag{1-5}$$

其中误差平方和为 5.435；复相关系数为 0.9984；均方根误差为 1.166。

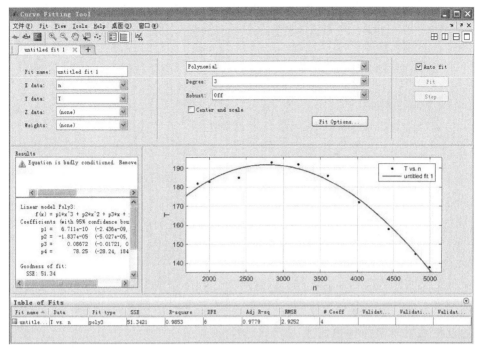

图 1-1 汽油发动机转速与转矩拟合界面

当误差平方和和均方根误差越小,复相关系数越接近于 1 时,表明曲线拟合越好。可以看出,阶数越高,拟合精度越高。

(2) 汽油发动机功率与转速关系曲线拟合。利用表 1-1 中的转速与功率数据,编写汽油发动机功率与转速关系曲线拟合的 MATLAB 程序如下。

程序	注释
n=[1840,2000,2400,2840,3200,3600,4020,4430,4800,5000];	转速赋值
P=[35,38.2,46.5,57.5,64.5,70,72.5,73.5,73,72];	功率赋值
cftool	调用曲线拟合工具箱

在 MATLAB 命令行窗口输入这些程序,进入曲线拟合工具箱界面"Curve Fitting Tool";利用"X data"和"Y data"下拉菜单读入转速数据 n 和功率数据 P;选择多项式函数"Polynomial",再选择拟合阶数"3";自动拟合,就会在结果窗口和曲线窗口显示出拟合结果,如图 1-2 所示。

根据图 1-2 中的结果窗口,可以得到汽油发动机功率与转速的关系为

$$P_e = -7.762 \times 10^{-10} n^3 + 2.342 \times 10^{-6} n^2 + 0.02492n - 14.63 \tag{1-6}$$

其中误差平方和为 4.9764;复相关系数为 0.9976;均方根误差为 0.9107。

如果拟合阶数选 5,可以得到汽油发动机功率与转速的关系为

$$P_e = -4.086 \times 10^{-16} n^5 + 8.128 \times 10^{-12} n^4 - 6.292 \times 10^{-8} n^3 + \\ 2.301 \times 10^{-4} n^2 - 0.374n + 251.9 \tag{1-7}$$

其中误差平方和为 0.4473;复相关系数为 0.9998;均方根误差为 0.3344。

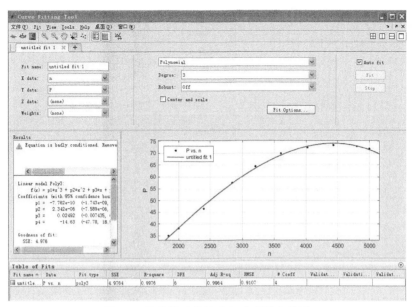

图 1-2 汽油发动机转速与功率拟合界面

3. 绘制汽油发动机外特性曲线

根据式(1-4)~式(1-7)，编写绘制汽油发动机外特性曲线的 MATLAB 程序如下。

程序	注释
n=1840:10:5000;	定义转速范围
Tq=78.25+0.08672*n-(1.837e-5)*n.^2+(6.711e-10)*n.^3;	计算阶数为3的发动机转矩
Pe=-14.63+0.02492*n+(2.342e-6)*n.^2-(7.762e-10)*n.^3;	计算阶数为3的发动机功率
Tq1=980.1-1.273*n+(7.648e-4)*n.^2-(2.154e-7)*n.^3+(2.866e-11)*n.^4-(1.466e-15)*n.^5;	计算阶数为5的发动机转矩
Pe1=251.9-0.374*n+(2.301e-4)*n.^2-(6.292e-8)*n.^3+(8.128e-12)*n.^4-(4.086e-16)*n.^5;	计算阶数为5的发动机功率
[AX,H1,H2]=plotyy(n,Pe,n,Tq,'plot');	获取坐标轴、图像句柄
set(AX(1),'Ylim',[0,100])	设置左侧坐标轴范围
set(AX(2),'Ylim',[100,200])	设置右侧坐标轴范围
set(AX(1),'yTick',[0:50:100])	设置左侧坐标轴刻度
set(AX(2),'yTick',[100:50:200])	设置右侧坐标轴刻度
hold on	保存图形
[AX,H1,H2]=plotyy(n,Pe1,n,Tq1,'plot');	获取坐标轴、图像句柄
set(H1(1),'LineWidth',1,'LineStyle','--')	设置图像1线型
set(H2(1),'LineWidth',1,'LineStyle','--')	设置图像2线型
set(get(AX(1),'ylabel'),'string','功率/kW')	设置左侧坐标轴的名称
set(get(AX(2),'ylabel'),'string','转矩/N.m')	设置右侧坐标轴的名称
legend('阶数 3','阶数 5')	线型标注
xlabel('转速/(r/min)')	设置 x 坐标轴的名称
text(2000,50,'功率')	对功率曲线进行标注
text(2000,90,'转矩')	对转矩曲线进行标注

在 MATLAB 编辑器中输入这些程序，点击运行按钮，就会得到汽油发动机外特性曲线，如图 1-3 所示。可以看出，随着转速的增加，功率和转矩都增加；当发动机达到最大转矩转速时，发动机发出最大转矩；当转速继续增加时，转矩则开始下降，但功率依然增加，直到达到最大功率；再继续增加转速，功率则随着转速的增加而下降。

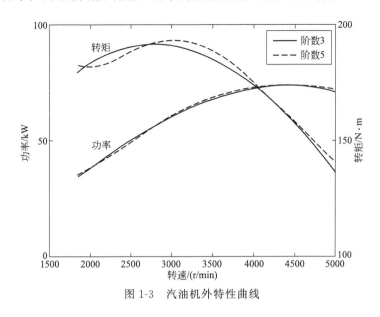

图 1-3 汽油机外特性曲线

4. 柴油发动机外特性曲线拟合

（1）柴油发动机转矩与转速关系曲线拟合。利用表 1-2 中的转速与转矩数据，编写柴油发动机转矩与转速关系曲线拟合的 MATLAB 程序如下。

程序	注释
n = [1100,1200,1300,1400,1500,1600,1700,1800,1900,2000,2100,2200];	转速赋值
T = [930,993,1000,995,987,975,938,905,862,830,792,760];	转矩赋值
cftool	调用曲线拟合工具箱

在 MATLAB 命令行窗口输入这些程序，进入曲线拟合工具箱界面"Curve Fitting Tool"；利用"X data"和"Y data"下拉菜单读入转速数据 n 和转矩数据 T；选择多项式函数"Polynomial"，再选择拟合阶数"3"；自动拟合，就会在结果窗口和曲线窗口显示出拟合结果，如图 1-4 所示。

根据图 1-4 中的结果窗口，可以得到柴油发动机转矩与转速的关系为

$$T_{tq} = 4.798 \times 10^{-7} n^3 - 0.002724 n^2 + 4.766 n - 1647 \tag{1-8}$$

其中误差平方和为 411.2627；复相关系数为 0.9948；均方根误差为 7.1699。

如果拟合阶数选 5，可以得到柴油发动机转矩与转速的关系为

$$\begin{aligned} T_{tq} = &\ 1.143 \times 10^{-12} n^5 - 9.676 \times 10^{-9} n^4 + 3.28 \times 10^{-5} n^3 - \\ &\ 5.591 \times 10^{-2} n^2 + 47.84 n - 15370 \end{aligned} \tag{1-9}$$

其中误差平方和为 259.8；复相关系数为 0.9967；均方根误差为 6.581。

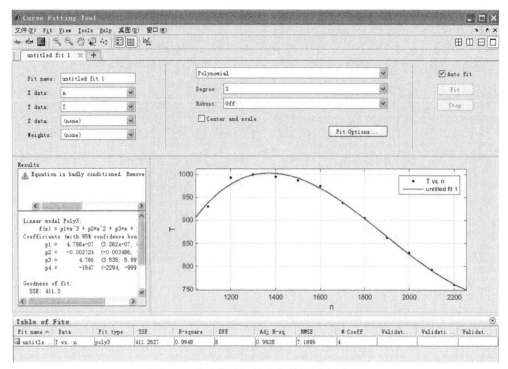

图 1-4 柴油发动机转速与转矩拟合界面

（2）柴油发动机功率与转速关系曲线拟合。利用表 1-2 中的转速与功率数据，编写柴油发动机功率与转速关系曲线拟合的 MATLAB 程序如下。

程序	注释
n=[1100,1200,1300,1400,1500,1600,1700,1800,1900,2000,2100,2200];	转速赋值
P=[108,125,136,146,155,163,167,170,171,172,173,175];	功率赋值
cftool	调用曲线拟合工具箱

在 MATLAB 命令行窗口输入这些程序，进入曲线拟合工具箱界面"Curve Fitting Tool"；利用"X data"和"Y data"下拉菜单读入转速数据 n 和功率数据 P；选择多项式函数"Polynomial"，再选择拟合阶数"3"；自动拟合，就会在结果窗口和曲线窗口显示出拟合结果，如图 1-5 所示。

根据图 1-5 中的结果窗口，可以得到柴油发动机功率与转速的关系为

$$P_e = 4.83 \times 10^{-8} n^3 - 0.0003151 n^2 + 0.6907 n - 334.7 \tag{1-10}$$

其中误差平方和为 8.4245；复相关系数为 0.9984；均方根误差为 1.0262。

如果拟合阶数选 5，可以得到柴油发动机功率与转速的关系为

$$P_e = 1.735 \times 10^{-13} n^5 - 1.377 \times 10^{-9} n^4 + 4.349 \times 10^{-6} n^3 - 6.916 \times 10^{-3} n^2 + 5.669 n - 1811 \tag{1-11}$$

其中误差平方和为 3.561；复相关系数为 0.9993；均方根误差为 0.7704。

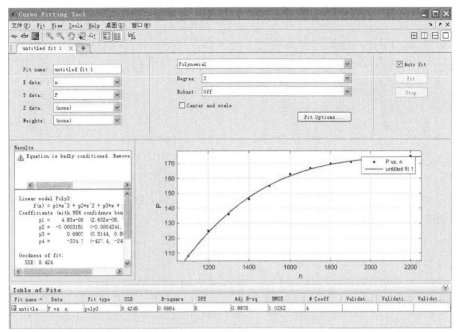

图 1-5　柴油发动机转速与功率拟合界面

5. 绘制柴油发动机外特性曲线

根据式(1-8)~式(1-11)，编写绘制柴油发动机外特性曲线的 MATLAB 程序如下。

程序	注释
n=1100:10:2200;	定义转速范围
Tq=-1647+4.766*n-0.002724*n.^2+(4.798e-7)*n.^3;	计算阶数为 3 的发动机转矩
Pe=-334.7+0.6907*n-0.0003151*n.^2+(4.83e-8)*n.^3;	计算阶数为 3 的发动机功率
Tq1=-15370+47.84*n-(5.591e-2)*n.^2+(3.28e-5)*n.^3-(9.676e-9)*n.^4+(1.143e-12)*n.^5;	计算阶数为 5 的发动机转矩
Pe1=-1811+5.669*n-(6.916e-3)*n.^2+(4.349e-6)*n.^3-(1.377e-9)*n.^4+(1.735e-13)*n.^5;	计算阶数为 5 的发动机功率
[AX,H1,H2]=plotyy(n,Pe,n,Tq,'plot');	获取坐标轴、图像句柄
set(AX(1),'Ylim',[100,200])	设置左侧坐标轴范围
set(AX(2),'Ylim',[200,1200])	设置右侧坐标轴范围
set(AX(1),'yTick',[100:20:200])	设置左侧坐标轴刻度
set(AX(2),'yTick',[200:200:1200])	设置右侧坐标轴刻度
hold on	保存图形
[AX,H1,H2]=plotyy(n,Pe1,n,Tq1,'plot');	获取坐标轴、图像句柄
set(AX(1),'Ylim',[100,200])	设置左侧坐标轴范围
set(AX(2),'Ylim',[200,1200])	设置右侧坐标轴范围
set(AX(1),'yTick',[100:20:200])	设置左侧坐标轴刻度
set(AX(2),'yTick',[200:200:1200])	设置右侧坐标轴刻度
hold on	保存图形
set(H1(1),'LineWidth',1,'LineStyle','--')	设置图像 1 线型

程序	注释
set(H2(1),'LineWidth',1,'LineStyle','--')	设置图像2线型
set(get(AX(1),'ylabel'),'string','功率/kW')	设置左侧坐标轴的名称
set(get(AX(2),'ylabel'),'string','转矩/N.m')	设置右侧坐标轴的名称
legend('阶数 3','阶数 5')	线型标注
xlabel('转速/(r/min)')	x轴标注
text(1200,140,'功率')	对功率曲线进行标注
text(1200,185,'转矩')	对转矩曲线进行标注

在MATLAB编辑器中输入这些程序，点击运行按钮，就会得到柴油发动机外特性曲线，如图1-6所示。可以看出，随着转速的增加，功率和转矩都增加；当发动机达到最大转矩转速时，发动机发出最大转矩；当转速继续增加时，转矩则开始下降，但功率依然增加，直到达到最大功率，此时也达到最大转速。

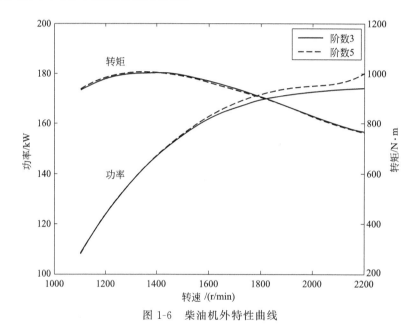

图1-6 柴油机外特性曲线

6. 发动机万有特性曲线拟合

利用表1-3中的发动机转速与转矩、燃油消耗率数据，编写发动机万有特性曲线拟合的MATLAB程序如下。

程序	注释
ne=[1400 1400 1400 1400 1400 1400 1400 1400 1400 1400	转速赋值
1600 1600 1600 1600 1600 1600 1600 1600 1600 1600	
1800 1800 1800 1800 1800 1800 1800 1800 1800 1800	
2000 2000 2000 2000 2000 2000 2000 2000 2000 2000	
2200 2200 2200 2200 2200 2200 2200 2200 2200 2200	
2400 2400 2400 2400 2400 2400 2400 2400 2400 2400	
2600 2600 2600 2600 2600 2600 2600 2600 2600 2600	
2800 2800 2800 2800 2800 2800 2800 2800 2800 2800];	

tp=[399.8	354.1	318.5	278.1	236.2	203.6	185.3	157.2	117.2	转矩赋值
80.8	409.1	365.7	328.3	284.1	243.7	203.2	164.3	123.9	
83.5	39.7	408.3	368.3	328.3	289	244.4	208.8	167.7	
132.1	89.5	46.1	425.6	380.3	332.7	290.9	244.4	205.1	
160.2	114.5	68.8	30.7	420.7	379.6	334.6	291.6	244.4	
202.8	157.5	116	74.1	37.8	404.6	360.5	322.7	283	
243.3	205.5	162.1	124.7	86.8	52.4	378	344.7	310.3	
264.3	226.1	186.8	154.2	115.3	76.3	34.1	315.6	275.5	
242.5	210.3	178.5	145.6	118.6	72.6	52.8	22.4];		
be=[222.8	220.4	232.4	228.5	227.8	232.6	248.5	245.9	272.4	燃油消耗率赋值
329.7	222	221.7	235.4	226.5	230.5	236.8	249.1	276.1	
407.9	487	226	225.3	226.4	233.9	242.1	283.3	253.9	
271.4	323.5	468.6	206.5	231.1	231.1	233	242	244.9	
265	299.8	398	596.8	234.7	259.8	235.5	237.6	242.8	
292.3	277.9	308.7	396.2	605.9	174.2	242.2	252.1	287.4	
253.6	264.6	290.6	316.8	378	518.8	256.9	253.7	253.5	
260	303.8	280.7	300.6	346.6	435.6	812.6	257.9	295.3	
282.4	288.7	301.9	329.7	357	475.4	580.3	1080.1];		
cftool									调用曲线拟合工具箱

在 MATLAB 命令行窗口输入这些程序, 进入曲线拟合工具箱界面"Curve Fitting Tool"; 利用"X data""Y data"和"Z data"下拉菜单读入转速数据 ne、转矩数据 tp 和燃油消耗率数据 be; 选择多项式函数"Polynomial", 再选择拟合阶数"3"; 自动拟合, 就会在结果窗口和曲线窗口显示出拟合结果, 如图 1-7 所示。

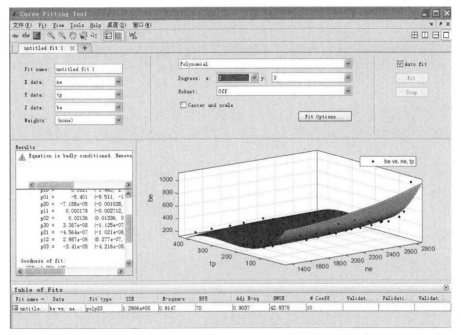

图 1-7 发动机燃油消耗量与转速、转矩拟合界面

根据图 1-7 中的结果窗口，可以得到发动机燃油消耗率与转速、转矩的关系为

$$b_e = 594.3 + 0.1021n - 5.401T_{tq} - 7.188 \times 10^{-5}n^2 + 1.79 \times 10^{-4}nT_{tq} + 0.02136T_{tq}^2 + 3.367 \times 10^{-8}n^3 - 4.564 \times 10^{-7}n^2T_{tq} + 2.987 \times 10^{-6}nT_{tq}^2 - 3.41 \times 10^{-5}T_{tq}^3 \quad (1\text{-}12)$$

其中误差平方和为 129060；复相关系数为 0.9147；均方根误差为 42.9378。

7. 绘制发动机万有特性曲线

(1) 绘制发动机万有特性曲线二维图。编写绘制发动机万有特性曲线二维图的 MABLAB 程序如下。

程序	注释
ne=[1400 1400 1400 1400 1400 1400 1400 1400 1400 1400 　　1600 1600 1600 1600 1600 1600 1600 1600 1600 1600 　　1800 1800 1800 1800 1800 1800 1800 1800 1800 1800 　　2000 2000 2000 2000 2000 2000 2000 2000 2000 2000 　　2200 2200 2200 2200 2200 2200 2200 2200 2200 2200 　　2400 2400 2400 2400 2400 2400 2400 2400 2400 2400 　　2600 2600 2600 2600 2600 2600 2600 2600 2600 2600 　　2800 2800 2800 2800 2800 2800 2800 2800 2800 2800]';	转速赋值
tp=[399.8 354.1 318.5 278.1 236.2 203.6 185.3 157.2 117.2 　　80.8 409.1 365.7 328.3 284.1 243.7 203.2 164.3 123.9 　　83.5 39.7 408.3 368.3 328.3 289 244.4 208.8 167.7 　　132.1 89.5 46.1 425.6 380.3 332.7 290.9 244.4 205.1 　　160.2 114.5 68.8 30.7 420.7 379.6 334.6 291.6 244.4 　　202.8 157.5 116 74.1 37.8 404.7 360.5 322.7 283 　　243.3 205.5 162.1 124.7 86.8 52.4 378 344.7 310.3 　　264.3 226.1 186.8 154.2 115.3 76.3 34.1 315.8 275.5 　　242.5 210.3 178.5 145.6 118.6 72.6 52.8 22.4]';	转矩赋值
be=[222.8 220.4 232.4 228.5 227.8 232.6 248.5 245.9 272.4 　　329.7 222 221.7 235.4 226.5 230.5 236.2 249.1 276.1 　　407.9 487 226 225.3 226.4 233.9 242.1 283.3 253.9 　　271.4 323.5 468.6 206.5 231.1 231.1 233 242 244.9 　　265 299.8 398 596.8 234.7 259.8 235.5 237.6 242.8 　　292.3 277.9 308.7 396.2 605.9 174.2 242.2 252.1 287.4 　　253.6 264.6 290.6 316.8 378 518.8 256.7 253.7 253.5 　　260 303.8 280.7 300.6 346.6 435.6 812.9 257.9 295.3 　　282.4 288.7 301.9 329.7 357 475.4 580.3 1080.1]';	燃油消耗率赋值
X=[ones(80,1),ne,tp,ne.^2,ne.*tp,tp.^2];	多元线性回归曲线拟合
[b,bint,r,rint,stats]=regress(be,X);	多元线性回归函数
ne1=linspace(1400,2800,100);	生成等间隔的横坐标
tp1=linspace(100,600,100);	生成等间隔的纵坐标
[ne1,tp1]=meshgrid(ne1,tp1);	生成二维网格矩阵

代码	注释
be1=b(1)*ones(100,100)+b(2)*ne1+b(3)*tp1+b(4)*ne1.^2+b(5)*ne1.*tp1+b(6)*tp1.^2;	计算燃油消耗率
pe1=tp1.*ne1/9550;	计算功率
[c1,h1]=contour(ne1,tp1,be1,12);	绘制燃油消耗率等高线
clabel(c1,h1,'LabelSpacing',2000);	等高线标注
hold on	保存图形
[c2,h2]=contour(ne1,tp1,pe1,12,'LineStyle','-.');	绘制功率等高线
clabel(c2,h2,'LabelSpacing',2000);	等高线标注
xlabel('转速/(r/min)')	x轴标注
ylabel('转矩/N.m')	y轴标注
x=[1403 1597 1797 1986 2102 2199 2303 2400 2507 2598 2700 2802];	转速赋值
y=[474 497 515 526 528.8 522.8 509.5 492.2 471.2 448.4 408.3 357.4];	转矩赋值
x1=1400:10:2800;	设置转速范围
y1=interp1(x,y,x1);	拟合外特性曲线
plot(x1,y1,'--')	绘制外特性曲线
hold off	允许覆盖图像

在 MATLAB 编辑器中输入这些程序,点击运行按钮,就会得到发动机万有特性二维曲线,如图 1-8 所示。其中实线是等燃油消耗率曲线,其上的数字标注为这条曲线的燃油消耗率;点划线是等功率曲线,其上的数字标注为这条曲线的功率值;虚线为发动机的外特性曲线。

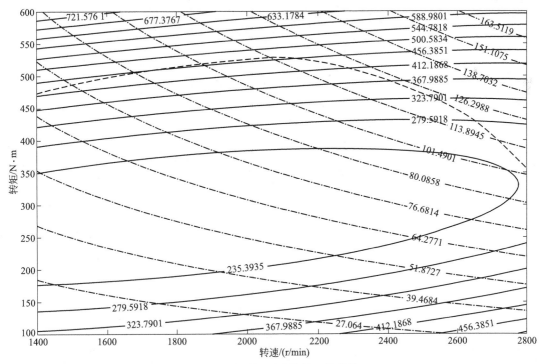

图 1-8 发动机万有特性二维曲线

（2）绘制发动机万有特性曲线三维图。编写绘制发动机万有特性曲线三维图的MA-BLAB程序如下。

程序	注释
ne=[1400　1400　1400　1400　1400　1400　1400　1400　1400　1400 　　 1600　1600　1600　1600　1600　1600　1600　1600　1600　1600 　　 1800　1800　1800　1800　1800　1800　1800　1800　1800　1800 　　 2000　2000　2000　2000　2000　2000　2000　2000　2000　2000 　　 2200　2200　2200　2200　2200　2200　2200　2200　2200　2200 　　 2400　2400　2400　2400　2400　2400　2400　2400　2400　2400 　　 2600　2600　2600　2600　2600　2600　2600　2600　2600　2600 　　 2800　2800　2800　2800　2800　2800　2800　2800　2800　2800]';	转速赋值
tp=[399.8　354.1　318.5　278.1　236.2　203.6　185.3　157.2　117.2 　　 80.8　409.1　365.7　328.3　284.1　243.7　203.2　164.3　123.9 　　 83.5　39.7　408.3　368.3　328.3　289　244.4　208.8　167.7 　　 132.1　89.5　46.1　425.6　380.3　332.7　290.9　244.4　205.1 　　 160.2　114.5　68.8　30.7　420.7　379.6　334.6　291.6　244.4 　　 202.8　157.5　116　74.1　37.8　404.6　360.5　322.7　283 　　 243.3　205.5　162.1　124.7　86.8　52.4　378　344.7　310.3 　　 264.3　226.1　186.8　154.2　115.3　76.3　34.1　315.6　275.5 　　 242.5　210.3　178.5　145.6　118.6　72.6　52.8　22.4]';	转矩赋值
be=[222.8　220.4　232.4　228.5　227.8　232.6　248.5　245.9　272.4 　　 329.7　222　221.7　235.4　226.5　230.5　236.8　249.1　276.1 　　 407.9　487　226　225.3　226.4　233.9　242.1　283.3　253.9 　　 271.4　323.5　468.6　206.5　231.1　231.1　233　242　244.9 　　 265　299.8　398　596.8　234.7　259.8　235.5　237.6　242.8 　　 292.3　277.9　308.7　396.2　605.9　174.2　242.2　252.1　287.4 　　 253.6　264.6　290.6　316.8　378　518.6　256.2　253.6　253.5 　　 260　303.8　280.7　300.6　346.6　435.6　812.9　257.9　295.3 　　 282.4　288.7　301.9　329.7　357　475.4　580.3　1080.1]';	燃油消耗率赋值
X=[ones(80,1),ne,tp,ne.^2,ne.*tp,tp.^2];	多元线性回归曲线拟合
[b,bint,r,rint,stats]=regress(be,X);	多元线性回归函数
ne1=linspace(1200,3000,100);	生成等间隔的横坐标
tp1=linspace(20,450,100);	生成等间隔的纵坐标
[ne1,tp1]=meshgrid(ne1,tp1);	生成二维网格矩阵
be1=b(1)*ones(100,100)+b(2)*ne1+b(3)*tp1+b(4)*ne1.^2+b(5) *ne1.*tp1+b(6)*tp1.^2;	计算燃油消耗率
mesh(ne1,tp1,be1)	绘制三维图
hold on	保存图形
pe1=tp1.*ne1/9550;	计算功率
mesh(ne1,tp1,pe1)	绘制三维图
xlabel('转速/(r/min)')	x轴标注
ylabel('转矩/N.m')	y轴标注
zlabel('功率/kW　燃油消耗率/[g/(kW.h)]')	z轴标注

在 MATLAB 编辑器中输入这些程序，点击运行按钮，就会得到发动机万有特性三维曲线，如图1-9所示。其中上方图形为等燃油消耗率曲线拟合图，下方的图形为等功率曲线拟合图。

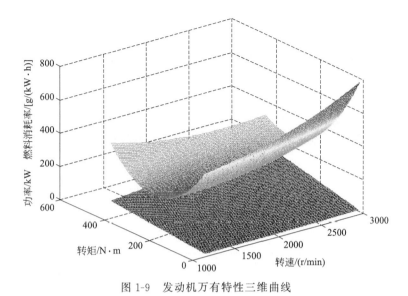

图 1-9 发动机万有特性三维曲线

实例二
汽车动力性仿真

汽车动力性是指汽车在良好路面上直线行驶时,由汽车受到的纵向外力决定的、所能达到的平均行驶速度。汽车动力性评价指标主要有汽车最高速度、汽车加速能力和汽车爬坡能力。

任务描述

主要任务:

1. 建立汽车动力性数学模型
2. 利用驱动力-行驶阻力平衡图进行汽车动力性仿真
3. 利用动力特性图进行汽车动力性仿真
4. 利用功率平衡图进行汽车动力性仿真

汽车动力性仿真所需参数见表 2-1 和表 2-2。

表 2-1 汽车基本参数

汽车总质量/kg	滚动阻力系数	空气阻力系数	迎风正面面积/m²	滚动半径/m
936	0.012	0.3	1.75	0.272
旋转质量换算系数	传动效率	主减速器传动比	变速器各挡传动比	
$1.03+0.04i_g^2$	0.9	4.388	3.416,1.894,1.280,1.000,0.757	

表 2-2 发动机转速与转矩数据

转速/(r/min)	1000	1500	2000	2500	3000	3500	4000	4500	5000
转矩/N·m	78.6	83.0	85.0	86.6	87.1	85.9	84.7	82.5	80.5

任务实施过程

1. 建立汽车动力性数学模型

汽车动力性主要取决于作用在汽车行驶方向上的外力,即汽车驱动力和行驶阻力。

(1) 汽车驱动力。汽车的驱动力是由发动机的转矩经传动系统传至驱动轮上得到的。汽车驱动力与发动机转矩之间的关系为

$$F_t = \frac{T_{tq} i_t \eta_t}{R} \tag{2-1}$$

式中,F_t 为汽车驱动力;T_{tq} 为发动机转矩;i_t 为传动系统总传动比,一般包括变速器传动比和主减速器传动比;η_t 为传动系统的机械效率;R 为车轮滚动半径。

发动机转矩与转速之间的关系是进行汽车动力性计算的主要依据,可由发动机台架试验来测定。发动机台架试验所得到的一系列发动机转矩与转速的离散数据点,用拟合法找出描述转矩与转速的函数,通常用多项式来描述,即

$$T_{tq} = a_0 + a_1 n + a_2 n^2 + \cdots + a_k n^k \tag{2-2}$$

式中,a_0、a_1、a_2、a_k 分别为待拟合系数,可由最小二乘法来确定;拟合阶数 k 随特性曲线而异,一般在 2~5 中选取;n 为发动机转速。

汽车行驶速度 u 与发动机转速 n 之间的关系为

$$u = \frac{0.377 R n}{i_t} \tag{2-3}$$

(2) 汽车行驶阻力。汽车行驶过程中受到的阻力主要有滚动阻力、空气阻力、坡度阻力和加速阻力。

汽车滚动阻力是指轮胎行驶单位距离的能量损失,主要是由轮胎和路面的变形引起的,其表达式为

$$F_f = mgf\cos\alpha_G \tag{2-4}$$

式中,F_f 为汽车滚动阻力;m 为汽车质量;f 为滚动阻力系数;α_G 为坡度角。

汽车空气阻力是指汽车直线行驶时受到的空气作用力在行驶方向上的分力,它不仅与行驶速度有关,还与汽车迎风面积、空气阻力系数有关,其表达式为

$$F_w = \frac{C_D A u^2}{21.15} \tag{2-5}$$

式中,F_w 为汽车空气阻力;C_D 为空气阻力系数;A 为汽车迎风面积,可以用车高乘以轮距进行估算;u 为汽车行驶速度。

汽车坡度阻力 F_i 是指汽车上坡行驶时,汽车重力沿坡道的分力,其表达式为

$$F_i = mg\sin\alpha_G \tag{2-6}$$

汽车加速阻力是指汽车加速行驶时,需要克服其质量加速运动时的惯性力,其表达式为

$$F_{\text{j}} = \delta m \frac{\mathrm{d}u}{\mathrm{d}t} \tag{2-7}$$

式中，F_{j} 为汽车加速阻力；δ 为汽车旋转质量换算系数；$\mathrm{d}u/\mathrm{d}t$ 为汽车行驶加速度。

（3）汽车行驶方程式。汽车行驶过程中，描述汽车驱动力和各种阻力之间关系的等式称为汽车行驶方程式，即

$$F_{\text{t}} = F_{\text{f}} + F_{\text{w}} + F_{\text{i}} + F_{\text{j}} \tag{2-8}$$

或

$$\frac{T_{\text{tq}} i_{\text{t}} \eta_{\text{t}}}{R} = mgf\cos\alpha_{\text{G}} + \frac{C_{\text{D}} A u^2}{21.15} + mg\sin\alpha_{\text{G}} + \delta m \frac{\mathrm{d}u}{\mathrm{d}t} \tag{2-9}$$

2. 利用驱动力-行驶阻力平衡图进行汽车动力性仿真

汽车驱动力-行驶阻力平衡图就是利用图解法分析汽车行驶方程式，从而确定汽车动力性评价指标，即最高车速、加速能力和爬坡能力。

利用汽车驱动力-行驶阻力平衡图求最高车速的步骤如下。

（1）根据发动机转速与转矩数据，拟合得到发动机转矩与转速的关系。

（2）根据式（2-1）和式（2-3），可计算出变速器处于各挡位、不同发动机转速时的驱动力，根据发动机转速与车速的关系可以绘制出汽车驱动力-速度曲线。

（3）根据式（2-4）和式（2-5），把汽车滚动阻力与空气阻力之和与速度的关系绘制在汽车驱动力-速度曲线中，可以得到汽车行驶阻力-速度曲线。

当驱动力与行驶阻力平衡时，即驱动力曲线与行驶阻力曲线有交点，交点所对应的车速就是最高车速，它取决于发动机、变速器、驱动桥等部件的参数。

当汽车驱动力始终大于行驶阻力时，即驱动力曲线与行驶阻力曲线没有交点，最高车速由发动机的最高转速决定。

利用表 2-2 中的转速与转矩数据，编写发动机转矩与转速关系曲线拟合的 MATLAB 程序如下。

程序	注释
n= [1000,1500,2000,2500,3000,3500,4000,4500,5000];	转速赋值
T= [78.6,83.0,85.0,86.6,87.1,85.9,84.7,82.5,80.5];	转矩赋值
cftool	调用曲线拟合工具箱

在 MATLAB 命令行窗口输入这些程序，进入曲线拟合工具箱界面 "Curve Fitting Tool"；利用 "X data" 和 "Y data" 下拉菜单读入转速数据 n 和转矩数据 T；选择多项式函数 "Polynomial"，再选择拟合阶数 "3"；自动拟合，就会在结果窗口和曲线窗口显示出拟合结果，如图 2-1 所示。

根据图 2-1 中的结果窗口，可以得到发动机转矩与转速的关系为

$$T_{\text{tq}} = 2.714 \times 10^{-10} n^3 - 4.225 \times 10^{-6} n^2 + 0.01756 n + 65.07 \tag{2-10}$$

其中误差平方和（SSE）为 0.3423；复相关系数（R-square）为 0.9948；均方根误差（RMSE）为 0.2616。

编写绘制汽车驱动力-行驶阻力平衡图的 MATLAB 程序如下。

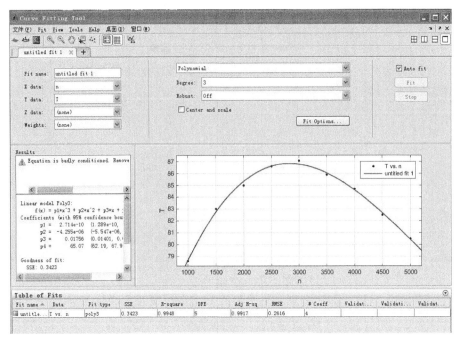

图 2-1 发动机转矩与转速拟合界面

程序	注释
n=800:10:6800;	定义转速范围
Tq=65.07+0.01756*n-(4.225e-6)*n.^2+(2.714e-10)*n.^3;	计算发动机转矩
m=936;g=9.8;r=0.272;nt=0.9;CD=0.3;A=1.75;f=0.012;i0=4.388;	汽车变量赋值
ig=[3.416 1.894 1.28 1.00 0.757];	变速器传动比赋值
Ft1=Tq*ig(1)*i0*nt/r;	计算一挡驱动力
Ft2=Tq*ig(2)*i0*nt/r;	计算二挡驱动力
Ft3=Tq*ig(3)*i0*nt/r;	计算三挡驱动力
Ft4=Tq*ig(4)*i0*nt/r;	计算四挡驱动力
Ft5=Tq*ig(5)*i0*nt/r;	计算五挡驱动力
ua1=0.377*r*n/ig(1)/i0;	计算一挡速度
ua2=0.377*r*n/ig(2)/i0;	计算二挡速度
ua3=0.377*r*n/ig(3)/i0;	计算三挡速度
ua4=0.377*r*n/ig(4)/i0;	计算四挡速度
ua5=0.377*r*n/ig(5)/i0;	计算五挡速度
ua=0:5:220;	定义速度范围
Ff=m*g*f;	计算滚动阻力
Fw=CD*A*ua.^2/21.15;	计算空气阻力
F=Ff+Fw;	计算滚动阻力与驱动阻力之和
plot(ua1,Ft1,ua2,Ft2,ua3,Ft3,ua4,Ft4,ua5,Ft5,ua,F)	绘制各挡驱动力-行驶阻力曲线
xlabel('车速/(km/h)')	x轴标注
ylabel('汽车驱动力/行驶阻力/N')	y轴标注
text(35,4100,'F_{t1}'),text(55,2300,'F_{t2}'),text(100,1600,'F_{t3}')	对各曲线进行标注

程序	注释
text(140,1200,'F$_{t4}$'),text(200,900,'F$_{t5}$'),text(175,1150,'F$_f$+F$_w$')	对各曲线进行标注
Fw5=CD*A*ua5.^2/21.15;	计算五挡空气阻力
Fz1=Ff+Fw5;	计算滚动阻力与五挡空气阻力之和
k=find(abs(Ft5-Fz1)<1.5);	计算五挡驱动力与阻力之差
umax=ua5(k);	计算最高车速
fprintf('最高车速 Vmax=%.2fkm/h\n',umax)	输出最高车速

在 MATLAB 编辑器中输入这些程序,点击运行按钮,就会得到汽车驱动力-行驶阻力平衡图,如图 2-2 所示,同时输出最高车速约为 175km/h,也就是五挡驱动力和行驶阻力相交点所对应的车速。

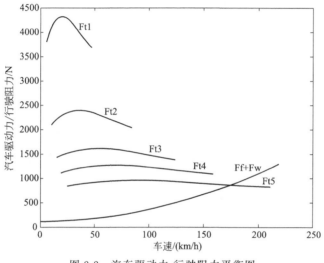

图 2-2 汽车驱动力-行驶阻力平衡图

编写绘制各挡加速度曲线的 MATLAB 程序如下。

程序	注释
n=800:10:5600;	定义转速范围
Tq=65.07+0.01756*n-(4.225e-6)*n.^2+(2.714e-10)*n.^3;	计算发动机转矩
m=936;g=9.8;r=0.272;nt=0.9;CD=0.3;A=1.75;f=0.012;i0=4.388;	汽车变量赋值
ig=[3.416 1.894 1.28 1.00 0.757];	变速器传动比赋值
Ft1=Tq*ig(1)*i0*nt/r;	计算一挡驱动力
Ft2=Tq*ig(2)*i0*nt/r;	计算二挡驱动力
Ft3=Tq*ig(3)*i0*nt/r;	计算三挡驱动力
Ft4=Tq*ig(4)*i0*nt/r;	计算四挡驱动力
Ft5=Tq*ig(5)*i0*nt/r;	计算五挡驱动力
ua1=0.377*r*n/ig(1)/i0;	计算一挡速度
ua2=0.377*r*n/ig(2)/i0;	计算二挡速度
ua3=0.377*r*n/ig(3)/i0;	计算三挡速度
ua4=0.377*r*n/ig(4)/i0;	计算四挡速度

代码	注释
ua5=0.377*r*n/ig(5)/i0;	计算五挡速度
dt1=1.03+0.04*ig(1);	计算一挡旋转质量换算系数
dt2=1.03+0.04*ig(2);	计算二挡旋转质量换算系数
dt3=1.03+0.04*ig(3);	计算三挡旋转质量换算系数
dt4=1.03+0.04*ig(4);	计算四挡旋转质量换算系数
dt5=1.03+0.04*ig(5);	计算五挡旋转质量换算系数
Fw1=CD*A*ua1.^2/21.15;	计算一挡空气阻力
Fw2=CD*A*ua2.^2/21.15;	计算二挡空气阻力
Fw3=CD*A*ua3.^2/21.15;	计算三挡空气阻力
Fw4=CD*A*ua4.^2/21.15;	计算四挡空气阻力
Fw5=CD*A*ua5.^2/21.15;	计算五挡空气阻力
Ff=m*g*f;	计算滚动阻力
a1=(Ft1-Ff-Fw1)/dt1/m;	计算一挡加速度
a2=(Ft2-Ff-Fw2)/dt2/m;	计算二挡加速度
a3=(Ft3-Ff-Fw3)/dt3/m;	计算三挡加速度
a4=(Ft4-Ff-Fw4)/dt4/m;	计算四挡加速度
a5=(Ft5-Ff-Fw5)/dt5/m;	计算五挡加速度
plot(ua1,a1,ua2,a2,ua3,a3,ua4,a4,ua5,a5)	绘制各挡加速度曲线
xlabel('车速/(km/h)')	x轴标注
ylabel('加速度/(m/s^2)')	y轴标注
text(35,3.7,'一挡'),text(55,2.2,'二挡'),text(85,1.3,'三挡')	对各曲线进行标注
text(120,0.8,'四挡'),text(150,0.3,'五挡')	对各曲线进行标注

在MATLAB编辑器中输入这些程序,点击运行按钮,就会得到汽车加速度曲线,如图2-3所示。可知,汽车在第一挡时获得最大加速度,约为3.846m/s²。

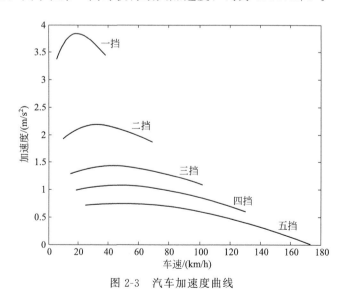

图2-3 汽车加速度曲线

编写绘制汽车爬坡度曲线的MATLAB程序如下。

程序	注释
n=800:10:5600;	定义转速范围
Tq=65.07+0.01756*n-(4.225e-6)*n.^2+(2.714e-10)*n.^3;	计算发动机转矩
m=936;g=9.8;r=0.272;nt=0.9;CD=0.3;A=1.75;f=0.012;i0=4.388;	汽车变量赋值
ig=[3.416 1.894 1.28 1.00 0.757];	变速器传动比赋值
Ft1=Tq*ig(1)*i0*nt/r;	计算一挡驱动力
Ft2=Tq*ig(2)*i0*nt/r;	计算二挡驱动力
Ft3=Tq*ig(3)*i0*nt/r;	计算三挡驱动力
Ft4=Tq*ig(4)*i0*nt/r;	计算四挡驱动力
Ft5=Tq*ig(5)*i0*nt/r;	计算五挡驱动力
ua1=0.377*r*n/ig(1)/i0;	计算一挡速度
ua2=0.377*r*n/ig(2)/i0;	计算二挡速度
ua3=0.377*r*n/ig(3)/i0;	计算三挡速度
ua4=0.377*r*n/ig(4)/i0;	计算四挡速度
ua5=0.377*r*n/ig(5)/i0;	计算五挡速度
dt1=1.03+0.04*ig(1);	计算一挡旋转质量换算系数
dt2=1.03+0.04*ig(2);	计算二挡旋转质量换算系数
dt3=1.03+0.04*ig(3);	计算三挡旋转质量换算系数
dt4=1.03+0.04*ig(4);	计算四挡旋转质量换算系数
dt5=1.03+0.04*ig(5);	计算五挡旋转质量换算系数
Fw1=CD*A*ua1.^2/21.15;	计算一挡空气阻力
Fw2=CD*A*ua2.^2/21.15;	计算二挡空气阻力
Fw3=CD*A*ua3.^2/21.15;	计算三挡空气阻力
Fw4=CD*A*ua4.^2/21.15;	计算四挡空气阻力
Fw5=CD*A*ua5.^2/21.15;	计算五挡空气阻力
Ff=m*g*f;	计算滚动阻力
a1=asin((Ft1-Ff-Fw1)/m/g);	计算一挡爬坡度
a2=asin((Ft2-Ff-Fw2)/m/g);	计算二挡爬坡度
a3=asin((Ft3-Ff-Fw3)/m/g);	计算三挡爬坡度
a4=asin((Ft4-Ff-Fw4)/m/g);	计算四挡爬坡度
a5=asin((Ft5-Ff-Fw5)/m/g);	计算五挡爬坡度
plot(ua1,a1,ua2,a2,ua3,a3,ua4,a4,ua5,a5)	绘制各挡爬坡度曲线
xlabel('车速/(km/h)')	x轴标注
ylabel('爬坡度/rad')	y轴标注
text(35,0.45,'一挡'),text(55,0.25,'二挡'),text(85,0.15,'三挡')	对各曲线进行标注
text(120,0.1,'四挡'),text(150,0.05,'五挡')	对各曲线进行标注

在 MATLAB 编辑器中输入这些程序,点击运行按钮,就会得到汽车各挡爬坡度曲线,如图 2-4 所示。可知,汽车在第一挡时获得最大爬坡度,约为 0.4755rad(27.2°)。

3. 利用动力特性图进行汽车动力性仿真

利用汽车驱动力-行驶阻力平衡图可以确定汽车的动力性,但不能用来直接评价不同种类汽车的动力性。因为汽车种类不同,其重量或外形有所不同,因此各行驶阻力也不同,也就是说即使驱动力相近的汽车,其动力性也不相近。所以表征汽车动力性的指标应该是一种既考虑驱动力，又包含汽车自重和空气阻力在内的综合性参数。

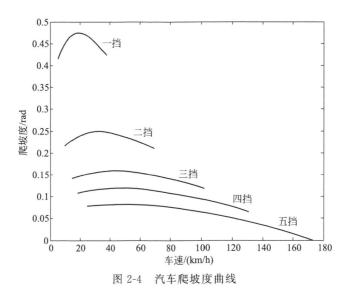

图 2-4 汽车爬坡度曲线

通常把汽车动力因数作为表征汽车动力特性的指标，汽车动力因数定义为

$$D = \frac{F_t - F_w}{mg} \tag{2-11}$$

汽车动力因数是表示单位车重所具有的克服道路阻力和加速阻力的能力。无论汽车自重等参数有何不同，只要有相等的动力因数 D，便能克服同样的坡度和产生同样的加速度。利用 $F_t\text{-}u$ 和 $F_w\text{-}u$ 的函数关系，根据式(2-11) 计算出各挡动力因数 D 并作出的 $D\text{-}u$ 关系曲线，称为汽车动力特性图。再将汽车滚动阻力系数 f 随车速 u 变化的关系曲线以同样的比例尺画在动力特性图上，就可以方便地分析出汽车动力特性了。

编写绘制汽车动力特性图的 MATLAB 程序如下。

程序	注释
n=800:10:6800;	定义转速范围
Tq=65.07+0.01756*n-(4.225e-6)*n.^2+(2.714e-10)*n.^3;	计算发动机转矩
m=936;g=9.8;r=0.272;nt=0.9;CD=0.3;A=1.75;f=0.012;i0=4.388;	汽车变量赋值
ig=[3.416 1.894 1.28 1.00 0.757];	变速器传动比赋值
Ft1=Tq*ig(1)*i0*nt/r;	计算一挡驱动力
Ft2=Tq*ig(2)*i0*nt/r;	计算二挡驱动力
Ft3=Tq*ig(3)*i0*nt/r;	计算三挡驱动力
Ft4=Tq*ig(4)*i0*nt/r;	计算四挡驱动力
Ft5=Tq*ig(5)*i0*nt/r;	计算五挡驱动力
ua1=0.377*r*n/ig(1)/i0;	计算一挡速度
ua2=0.377*r*n/ig(2)/i0;	计算二挡速度
ua3=0.377*r*n/ig(3)/i0;	计算三挡速度
ua4=0.377*r*n/ig(4)/i0;	计算四挡速度
ua5=0.377*r*n/ig(5)/i0;	计算五挡速度
Fw1=CD*A*ua1.^2/21.15;	计算一挡空气阻力

Fw2=CD*A*ua2.^2/21.15;	计算二挡空气阻力
Fw3=CD*A*ua3.^2/21.15;	计算三挡空气阻力
Fw4=CD*A*ua4.^2/21.15;	计算四挡空气阻力
Fw5=CD*A*ua5.^2/21.15;	计算五挡空气阻力
Dt1=(Ft1-Fw1)./m/g;	计算一挡动力因数
Dt2=(Ft2-Fw2)./m/g;	计算二挡动力因数
Dt3=(Ft3-Fw3)./m/g;	计算三挡动力因数
Dt4=(Ft4-Fw4)./m/g;	计算四挡动力因数
Dt5=(Ft5-Fw5)./m/g;	计算五挡动力因数
ua=0:5:220;	设置速度范围
plot(ua1,Dt1,ua2,Dt2,ua3,Dt3,ua4,Dt4,ua5,Dt5,ua,f)	绘制动力特性图
xlabel('车速/(km/h)')	x轴标注
ylabel('汽车动力因数')	y轴标注
text(50,0.45,'一挡'),text(50,0.28,'二挡'),text(100,0.2,'三挡')	对各曲线进行标注
text(150,0.1,'四挡'),text(170,-0.05,'五挡')	对各曲线进行标注
text(180,0.03,'滚动阻力系数')	对各曲线进行标注
Fw5=CD*A*ua5.^2/21.15;	计算五挡空气阻力
Dt5=(Ft5-Fw5)./m/g;	计算五挡动力因数
k=find(abs(Dt5-f)<0.001);	计算动力因数与滚动阻力系数之差
umax=ua5(k);	计算最高车速
fprintf('最高车速 Vmax=%.2fkm/h\n',umax)	输出最高车速

在 MATLAB 编辑器中输入这些程序,点击运行按钮,就会得到汽车动力特性图,如图 2-5 所示,同时输出最高车速约为 175km/h,也就是五挡动力因数和滚动阻力系数相交点所对应的车速。

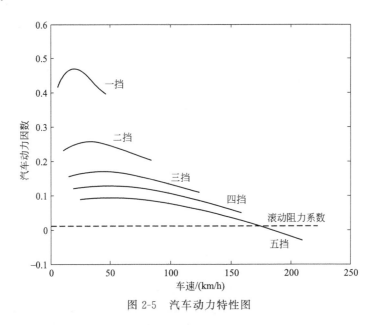

图 2-5 汽车动力特性图

汽车加速度为

$$\frac{\mathrm{d}u}{\mathrm{d}t} = \frac{g}{\delta}(D-f) \tag{2-12}$$

因此，在汽车动力特性图上，D 曲线与 f 曲线之间距离的 g/δ 倍，就是汽车各挡的加速度。只要能确定汽车各挡位下的旋转质量换算系数，就可以绘制出汽车加速度曲线。

编写绘制汽车加速度曲线的 MATLAB 程序如下。

程序	注释
n=800:10:5600;	定义转速范围
Tq=65.07+0.01756*n-(4.225e-6)*n.^2+(2.714e-10)*n.^3;	计算发动机转矩
m=936;g=9.8;r=0.272;nt=0.9;CD=0.3;A=1.75;f=0.012;i0=4.388;	汽车变量赋值
ig=[3.416 1.894 1.28 1.00 0.757];	变速器传动比赋值
Ft1=Tq*ig(1)*i0*nt/r;	计算一挡驱动力
Ft2=Tq*ig(2)*i0*nt/r;	计算二挡驱动力
Ft3=Tq*ig(3)*i0*nt/r;	计算三挡驱动力
Ft4=Tq*ig(4)*i0*nt/r;	计算四挡驱动力
Ft5=Tq*ig(5)*i0*nt/r;	计算五挡驱动力
ua1=0.377*r*n/ig(1)/i0;	计算一挡速度
ua2=0.377*r*n/ig(2)/i0;	计算二挡速度
ua3=0.377*r*n/ig(3)/i0;	计算三挡速度
ua4=0.377*r*n/ig(4)/i0;	计算四挡速度
ua5=0.377*r*n/ig(5)/i0;	计算五挡速度
dt1=1.03+0.04*ig(1);	计算一挡旋转质量换算系数
dt2=1.03+0.04*ig(2);	计算二挡旋转质量换算系数
dt3=1.03+0.04*ig(3);	计算三挡旋转质量换算系数
dt4=1.03+0.04*ig(4);	计算四挡旋转质量换算系数
dt5=1.03+0.04*ig(5);	计算五挡旋转质量换算系数
Fw1=CD*A*ua1.^2/21.15;	计算一挡空气阻力
Fw2=CD*A*ua2.^2/21.15;	计算二挡空气阻力
Fw3=CD*A*ua3.^2/21.15;	计算三挡空气阻力
Fw4=CD*A*ua4.^2/21.15;	计算四挡空气阻力
Fw5=CD*A*ua5.^2/21.15;	计算五挡空气阻力
Dt1=(Ft1-Fw1)./m/g;	计算一挡动力因数
Dt2=(Ft2-Fw2)./m/g;	计算二挡动力因数
Dt3=(Ft3-Fw3)./m/g;	计算三挡动力因数
Dt4=(Ft4-Fw4)./m/g;	计算四挡动力因数
Dt5=(Ft5-Fw5)./m/g;	计算五挡动力因数
a1=g*(Dt1-f)/dt1;	计算一挡加速度
a2=g*(Dt2-f)/dt2;	计算二挡加速度
a3=g*(Dt3-f)/dt3;	计算三挡加速度
a4=g*(Dt4-f)/dt4;	计算四挡加速度
a5=g*(Dt5-f)/dt5;	计算五挡加速度
plot(ua1,a1,ua2,a2,ua3,a3,ua4,a4,ua5,a5)	绘制各挡加速度曲线

程序	注释
xlabel('车速/(km/h)')	x轴标注
ylabel('加速度/(m/s^2)')	y轴标注
text(35,3.7,'一挡'),text(55,2.2,'二挡'),text(85,1.3,'三挡')	对各曲线进行标注
text(120,0.8,'四挡'),text(150,0.3,'五挡')	对各曲线进行标注

在 MATLAB 编辑器中输入这些程序,点击运行按钮,就会得到汽车加速度曲线,如图 2-6 所示。可知,汽车在第一挡时获得最大加速度,约为 3.846m/s²。

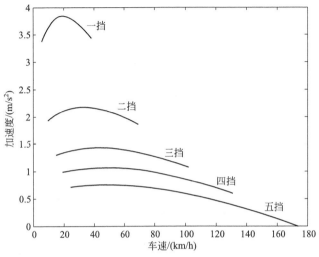

图 2-6 由动力因数得到的汽车加速度曲线

汽车在各挡爬最大坡度时,加速度为零,汽车动力因数为

$$D = f\cos\alpha_G + \sin\alpha_G \tag{2-13}$$

由式(2-13)得坡度角为

$$\alpha_G = \arcsin\frac{D - f\sqrt{1 - D^2 + f^2}}{1 + f^2} \tag{2-14}$$

编写汽车爬坡度曲线的 MATLAB 程序如下。

程序	注释
n=800:10:5600;	定义转速范围
Tq=65.07+0.01756*n-(4.225e-6)*n.^2+(2.714e-10)*n.^3;	计算发动机转矩
m=936;g=9.8;r=0.272;nt=0.9;CD=0.3;A=1.75;f=0.012;i0=4.388;	汽车变量赋值
ig=[3.416 1.894 1.28 1.00 0.757];	变速器传动比赋值
Ft1=Tq*ig(1)*i0*nt/r;	计算一挡驱动力
Ft2=Tq*ig(2)*i0*nt/r;	计算二挡驱动力
Ft3=Tq*ig(3)*i0*nt/r;	计算三挡驱动力
Ft4=Tq*ig(4)*i0*nt/r;	计算四挡驱动力
Ft5=Tq*ig(5)*i0*nt/r;	计算五挡驱动力
ua1=0.377*r*n/ig(1)/i0;	计算一挡速度
ua2=0.377*r*n/ig(2)/i0;	计算二挡速度
ua3=0.377*r*n/ig(3)/i0;	计算三挡速度

代码	注释
ua4=0.377*r*n/ig(4)/i0;	计算四挡速度
ua5=0.377*r*n/ig(5)/i0;	计算五挡速度
dt1=1.03+0.04*ig(1);	计算一挡旋转质量换算系数
dt2=1.03+0.04*ig(2);	计算二挡旋转质量换算系数
dt3=1.03+0.04*ig(3);	计算三挡旋转质量换算系数
dt4=1.03+0.04*ig(4);	计算四挡旋转质量换算系数
dt5=1.03+0.04*ig(5);	计算五挡旋转质量换算系数
Fw1=CD*A*ua1.^2/21.15;	计算一挡空气阻力
Fw2=CD*A*ua2.^2/21.15;	计算二挡空气阻力
Fw3=CD*A*ua3.^2/21.15;	计算三挡空气阻力
Fw4=CD*A*ua4.^2/21.15;	计算四挡空气阻力
Fw5=CD*A*ua5.^2/21.15;	计算五挡空气阻力
Dt1=(Ft1-Fw1)./m/g;	计算一挡动力因数
Dt2=(Ft2-Fw2)./m/g;	计算二挡动力因数
Dt3=(Ft3-Fw3)./m/g;	计算三挡动力因数
Dt4=(Ft4-Fw4)./m/g;	计算四挡动力因数
Dt5=(Ft5-Fw5)./m/g;	计算五挡动力因数
a1=asin(Dt1-f.*(1-Dt1.^2+f.^2).^0.5)./(1+f.^2);	计算一挡爬坡度
a2=asin(Dt2-f.*(1-Dt2.^2+f.^2).^0.5)./(1+f.^2);	计算二挡爬坡度
a3=asin(Dt3-f.*(1-Dt3.^2+f.^2).^0.5)./(1+f.^2);	计算三挡爬坡度
a4=asin(Dt4-f.*(1-Dt4.^2+f.^2).^0.5)./(1+f.^2);	计算四挡爬坡度
a5=asin(Dt5-f.*(1-Dt5.^2+f.^2).^0.5)./(1+f.^2);	计算五挡爬坡度
plot(ua1,a1,ua2,a2,ua3,a3,ua4,a4,ua5,a5)	绘制各挡爬坡度曲线
xlabel('车速/(km/h)')	x轴标注
ylabel('爬坡度/rad')	y轴标注
text(35,0.45,'一挡'),text(55,0.25,'二挡'),text(85,0.15,'三挡')	对各曲线进行标注
text(120,0.1,'四挡'),text(150,0.05,'五挡')	对各曲线进行标注

在MATLAB编辑器中输入这些程序，点击运行按钮，就会得到汽车各挡爬坡度曲线，如图2-7所示。可知，汽车在第一挡时获得最大爬坡度，约为0.4755rad（27.2°）。

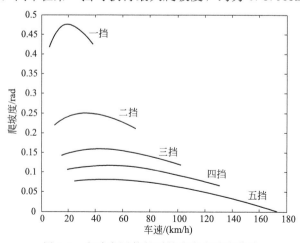

图2-7 由动力因数得到的汽车爬坡度曲线

由此可见，用汽车动力特性图求解汽车的动力性指标十分方便，在汽车技术文件中常用动力特性图来表征汽车的动力性。

汽车动力特性图中的几个重要参数如下。

（1）汽车在水平良好路面上的最高车速。

（2）一挡最大动力因数，它可粗略地代表最大爬坡能力。

（3）最高挡的最大动力因数，它说明了汽车以最高挡行驶时的爬坡与加速能力，该值对汽车行驶的平均速度有很大影响。

4. 利用功率平衡图进行汽车动力性仿真

利用汽车驱动力与行驶阻力的平衡关系和汽车的动力特性可以确定汽车动力性指标，但分析发动机特性对汽车动力性影响时，需要用到汽车的平衡功率。

汽车行驶时，发动机功率为

$$P_e = \frac{F_t u}{3600} \tag{2-15}$$

汽车滚动阻力功率、空气阻力功率、坡度阻力功率及加速阻力功率分别为

$$\left.\begin{array}{l} P_f = mgfu\cos\alpha_G/3600 \\ P_w = C_D A u^3/76140 \\ P_i = mgu\sin\alpha_G/3600 \\ P_j = \delta m u a_j/3600 \end{array}\right\} \tag{2-16}$$

汽车的功率平衡关系也可以用图解法表示。以纵坐标表示功率，横坐标表示车速，将发动机功率 P_e、汽车经常遇到的阻力功率 $(P_f + P_w)/\eta_t$ 对应于车速的关系曲线绘在坐标图上，即可得到汽车功率平衡图。

编写绘制汽车功率平衡图的 MATLAB 程序如下。

程序	注释
n=800:10:6800;	定义转速范围
Tq=65.07+0.01756*n-(4.225e-6)*n.^2+(2.714e-10)*n.^3;	计算发动机转矩
m=936;g=9.8;r=0.272;nt=0.9;CD=0.3;A=1.75;f=0.012;i0=4.388;	汽车变量赋值
ig=[3.416 1.894 1.28 1.00 0.757];	变速器传动比赋值
Ft1=Tq*ig(1)*i0*nt/r;	计算一挡驱动力
Ft2=Tq*ig(2)*i0*nt/r;	计算二挡驱动力
Ft3=Tq*ig(3)*i0*nt/r;	计算三挡驱动力
Ft4=Tq*ig(4)*i0*nt/r;	计算四挡驱动力
Ft5=Tq*ig(5)*i0*nt/r;	计算五挡驱动力
ua1=0.377*r*n/ig(1)/i0;	计算一挡速度
ua2=0.377*r*n/ig(2)/i0;	计算二挡速度
ua3=0.377*r*n/ig(3)/i0;	计算三挡速度
ua4=0.377*r*n/ig(4)/i0;	计算四挡速度
ua5=0.377*r*n/ig(5)/i0;	计算五挡速度
Pe1=Ft1.*ua1./3600;	计算一挡发动机功率
Po2=Ft2.*ua2./3600;	计算二挡发动机功率
Pe3=Ft3.*ua3./3600;	计算三挡发动机功率

代码	注释
`Pe4=Ft4.*ua4./3600;`	计算四挡发动机功率
`Pe5=Ft5.*ua5./3600;`	计算五挡发动机功率
`ua=[0:5:220];`	定义速度范围
`Pf=m*g*f*ua/3600;`	计算滚动阻力功率
`Pw=CD*A*ua.^3/76140;`	计算空气阻力功率
`P=Pf+Pw;`	计算两功率之和
`Pe=max(Pe1);`	求一挡最大功率
`plot(ua1,Pe1,ua2,Pe2,ua3,Pe3,ua4,Pe4,ua5,Pe5,ua,P,ua,Pe)`	绘制功率曲线
`xlabel('车速/(km/h)')`	x 轴标注
`ylabel('汽车功率/kW')`	y 轴标注
`text(50,50,'一挡'),text(80,50,'二挡'),text(120,50,'三挡')`	对各曲线进行标注
`text(150,50,'四挡'),text(200,50,'五挡功率'),text(150,60,'阻力功率')`	对各曲线进行标注
`Pw5=CD*A*ua5.^3/76140;`	计算五挡空气阻力功率
`Pf=m*g*f*ua5/3600;`	计算五挡滚动阻力功率
`Pz1=Pf+Pw5;`	计算五挡阻力功率
`k=find(abs(Pe5-Pz1)<0.1);`	计算最高车速
`umax=ua5(k);`	计算最高车速
`fprintf('最高车速 Vmax=%.2fkm/h\n',umax)`	输出最高车速

在 MATLAB 编辑器中输入这些程序，点击运行按钮，就会得到汽车功率平衡图，如图 2-8 所示，同时输出最高车速约为 175km/h，也就是五挡功率和阻力功率相交点所对应的车速。

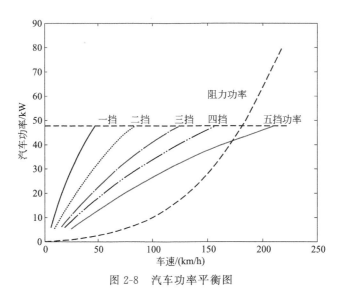

图 2-8 汽车功率平衡图

汽车功率平衡图上，各挡功率曲线表示汽车在该挡上不同车速时可能发出的功率。总阻力功率曲线表示在平直良好路面上，以不同车速等速行驶时所需要的功率。两者间的功率差值称为后备功率，它可以用来使汽车加速、爬坡等。

不同车速时的加速度为

$$a_j = \frac{3600}{\delta m u}[\eta_t P_e - (P_f + P_w)] \qquad (2\text{-}17)$$

评价汽车爬坡能力时,加速阻力为零,汽车的爬坡度为

$$i_G = \frac{3600}{mgu}[\eta_t P_e - (P_f + P_w)] \qquad (2\text{-}18)$$

利用式(2-17)和式(2-18),通过编程,也可以绘制出汽车加速度曲线和汽车爬坡度曲线,而且与通过汽车驱动力-行驶阻力平衡图、汽车动力因数得到的汽车加速度曲线和汽车爬坡度曲线完全一样,在此省略。

汽车的速度越高,遇到的阻力越大,克服阻力所消耗的功率就越大,因此,功率平衡是从能量转换角度研究汽车动力性的。

实例 三
汽车燃油经济性仿真

　　汽车燃油经济性是指汽车在一定使用条件下,以最小的燃油消耗量完成一定行驶里程数的能力。汽车燃油经济性评价指标主要有等速行驶百公里燃油消耗量和汽车综合燃油消耗量;其中汽车综合燃油消耗量又包括市区工况燃油消耗量和市郊工况燃油消耗量。

任务描述

主要任务:

1. 建立汽车燃油经济性数学模型
2. 预测汽车等速行驶百公里燃油消耗量
3. 采用 NEDC 工况预测汽车综合燃油消耗量

汽车燃油经济性仿真所需参数见表 3-1。

表 3-1 汽车燃油经济性仿真所需参数

汽车质量/kg	滚动阻力系数	空气阻力系数	迎风正面面积/m^2	滚动半径/m
2470	0.012	0.42	2.7	0.358
旋转质量换算系数	传动效率	主减速器传动比	变速器各挡传动比	
1.1	0.95	4.1	4.016,2.318,1.401,1,0.778	

任务实施过程

1. 建立汽车燃油经济性数学模型

目前国内采用 NEDC 工况进行油耗测试，NEDC 工况是由时间和车速组成的运行曲线，由 4 个市区工况（1 部）和 1 个市郊工况（2 部）组成，总时长 1180s，如图 3-1 所示。其中 BS 代表采样开始，ES 代表采样结束。汽车运行工况主要包括等速、加速、减速、怠速，分别建立这些工况下的汽车燃油经济性数学模型。

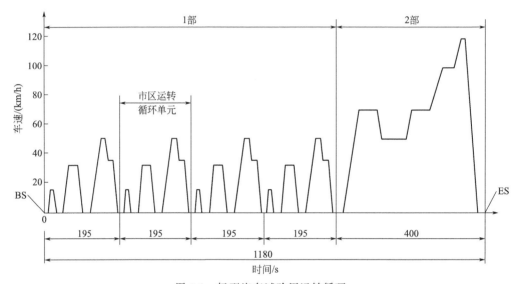

图 3-1 轻型汽车试验用运转循环

（1）等速行驶工况的汽车燃油消耗量。汽车在水平路面等速行驶时，发动机功率等于滚动阻力功率与空气阻力功率之和，即

$$P_e = \frac{1}{\eta_t}\left(\frac{mgfu}{3600} + \frac{C_D A u^3}{76140}\right) \tag{3-1}$$

式中，P_e 为发动机功率；m 为汽车质量；f 为滚动阻力系数；u 为汽车行驶速度；C_D 为空气阻力系数；A 为汽车迎风面积；η_t 为传动系统的机械效率。

发动机转速为

$$n = \frac{i_t u}{0.377 R} \tag{3-2}$$

式中，n 为发动机转速；i_t 为传动系统总传动比；R 为车轮滚动半径。

发动机万有特性曲线是汽车燃油经济性计算的基础。发动机的万有特性描述的是发动机的燃油消耗率与转速、转矩之间的关系，是转速和转矩的二维函数。根据发动机万有特性曲线，利用二维插值法可以确定发动机的燃油消耗率为

$$b = b(n, T_{eq}) \tag{3-3}$$

式中，b 为发动机燃油消耗率；T_{eq} 为发动机转矩。

发动机转矩为

$$T_{eq} = \frac{9550 P_e}{n} \tag{3-4}$$

二维插值法是将发动机万有特性试验数据进行处理,给定发动机转速和转矩,便可利用 MATLAB 内置二维插值函数 interp2 求出对应的燃油消耗率。

计算出以该车速等速行驶时单位时间内的燃油消耗量为

$$Q_t = \frac{P_e b}{367.1 \rho g} \tag{3-5}$$

式中,Q_t 为等速行驶单位时间内的燃油消耗量;ρ 为燃油的密度。

等速百公里燃油消耗量(L/100km)为

$$Q_s = \frac{P_e b}{1.02 u \rho g} \tag{3-6}$$

式中,Q_s 为等速百公里燃油消耗量。

等速区段内汽车行驶的距离为

$$S_s = u_0 t \tag{3-7}$$

式中,u_0 为汽车等速行驶速度;t 为汽车等速行驶时间。

NEDC 工况 1 部包含的等速行驶速度和时间见表 3-2。

表 3-2 轻型汽车运转循环 1 部等速运行试验参数

速度/(km/h)	时间/s
15	8
32	24
35	13
50	12

NEDC 工况 2 部包含的等速行驶速度和时间见表 3-3。

表 3-3 轻型汽车运转循环 2 部等速运行试验参数

速度/(km/h)	时间/s
70	50
50	69
70	50
100	30
120	10

(2) 等加速行驶工况的汽车燃油消耗量。汽车加速行驶时,发动机需要克服滚动阻力、空气阻力和加速阻力所消耗的功率,即

$$P_e = \frac{1}{\eta_t} \left(\frac{mgfu}{3600} + \frac{C_D A u^3}{76140} + \frac{\delta m u a_j}{3600} \right) \tag{3-8}$$

式中,a_j 为汽车加速度;δ 为汽车旋转质量换算系数。

汽车加速行驶的燃油消耗量可以看成是由若干个等速行驶工况燃油消耗量累加而成的。计算由速度 u_1 以等加速度行驶至 u_2 的燃油消耗量,把加速过程分为 n 个区间,若按速度每增加 1km/h 为一个小区间,每个区间的燃油消耗量可根据平均的单位时间燃油消耗量与

行驶时间之积来求得。各区间起始或终了的初速所对应时刻的单位时间燃油消耗量可由式(3-5)求得。

汽车行驶速度每增加 1km/h 所需的时间为

$$\Delta t = \frac{1}{3.6a_j} \tag{3-9}$$

汽车从初速度 u_1 加速至 u_1+1 的燃油消耗量为

$$Q_1 = \frac{1}{2}(Q_{t0} + Q_{t1})\Delta t \tag{3-10}$$

式中，Q_{t0} 为行驶速度为 u_1 时，即 t_0 时刻的单位时间燃油消耗量；Q_{t1} 为行驶速度为 u_1+1 时，即 t_1 时刻的单位时间燃油消耗量。

依此类推，整个加速过程的燃油消耗量为

$$Q_a = \frac{1}{2}(Q_{t0} + Q_{tn})\Delta t + \sum_{i=1}^{n-1} Q_{ti} \Delta t \tag{3-11}$$

式中，Q_{ti} 为 t_i 时刻的单位时间燃油消耗量。

加速区段内汽车行驶的距离为

$$S_a = \frac{u_2^2 - u_1^2}{25.92a_j} \tag{3-12}$$

NEDC 工况 1 部包含的加速行驶试验参数见表 3-4。

表 3-4　轻型汽车运转循环 1 部加速行驶试验参数

加速度/(m/s²)	速度/(km/h)	时间/s
1.04	0→15	4
0.83	0→15	5
0.94	15→32	5
0.83	0→15	5
0.62	15→35	9
0.52	35→50	8

NEDC 工况 2 部包含的加速行驶试验参数见表 3-5。

表 3-5　轻型汽车运转循环 2 部加速行驶试验参数

加速度/(m/s²)	速度/(km/h)	时间/s
0.83	0→15	5
0.62	15→35	9
0.52	35→50	8
0.43	50→70	13
0.43	50→70	13
0.27	70→100	35
0.28	100→120	20

（3）等减速行驶工况的汽车燃油消耗量。汽车减速行驶时，油门松开（关至最小位置）并进行轻微制动，发动机处于强制怠速状态，其燃油消耗量为正常怠速油耗。因此，减速工况燃油消耗量等于减速行驶时间与怠速油耗的乘积。减速时间为

$$t = \frac{u_2 - u_3}{3.6a_j} \tag{3-13}$$

式中，u_2、u_3 分别为起始和减速终了的车速。

减速过程燃油消耗量为

$$Q_d = \frac{u_2 - u_3}{3.6a_j} Q_i \tag{3-14}$$

式中，Q_i 为怠速燃油消耗率，mL/s。

减速区段内汽车行驶的距离为

$$S_d = \frac{u_2^2 - u_3^2}{25.92 a_j} \tag{3-15}$$

NEDC 工况 1 部包含的减速行驶试验参数见表 3-6。

表 3-6 轻型汽车运转循环 1 部减速行驶试验参数

加速度/(m/s²)	速度/(km/h)	时间/s
−0.69	15→10	2
−0.92	10→0	3
−0.75	32→10	8
−0.92	10→0	3
−0.52	50→35	8
−0.86	35→10	7
−0.92	10→0	3

NEDC 工况 2 部包含的减速行驶试验参数见表 3-7。

表 3-7 轻型汽车运转循环 2 部减速行驶试验参数

加速度/(m/s²)	速度/(km/h)	时间/s
−0.69	70→50	8
−0.69	120→80	16
−1.04	80→50	8
−1.39	50→0	10

（4）怠速停车时的汽车燃油消耗量。若怠速停车时间为 t_s，则怠速过程燃油消耗量为

$$Q_{id} = Q_i t_s \tag{3-16}$$

NEDC 工况 1 部包含的怠速时间为 60s；NEDC 工况 2 部包含的怠速时间为 40s。

（5）整个循环工况的汽车百公里燃油消耗量。对于由等速、等加速、等减速、怠速停车等行驶工况组成的循环，其整个试验循环工况的百公里燃油消耗量（L/100km）为

$$Q_s = \frac{Q_s + Q_a + Q_d + Q_{id}}{S_s + S_a + S_d} = \frac{\sum Q}{S} \times 100 \tag{3-17}$$

式中，$\sum Q$ 为所有过程油耗量之和；S 为整个循环行驶的距离。

汽车综合燃油消耗量为

$$Q_{综合} = Q_{市区} S_{市区} + Q_{市郊} (1 - S_{市区}) \tag{3-18}$$

式中，$Q_{综合}$为轻型汽车综合燃油消耗量，L/100km；$Q_{市区}$为市区部分平均燃油消耗量，L/100km；$Q_{市郊}$为市郊部分平均燃油消耗量，L/100km；$S_{市区}$为市区里程分配比例系数，%。

2. 预测汽车等速行驶百公里燃油消耗量

编写预测汽车等速行驶百公里燃油消耗量的MATLAB程序如下。

程序	注释
m=2470;f=0.012;Cd=0.42;A=2.7;nt=0.95;R=0.358;sigma=1.1;g=9.8;midu=0.7;	汽车有关常量赋值
u=input('请输入车速:');	输入车速
ne=[1400 1400 1400 1400 1400 1400 1400 1400 1400 　　1400 1600 1600 1600 1600 1600 1600 1600 1600 　　1600 1600 1800 1800 1800 1800 1800 1800 1800 　　1800 1800 1800 2000 2000 2000 2000 2000 2000 　　2000 2000 2000 2000 2200 2200 2200 2200 2200 　　2200 2200 2200 2200 2200 2400 2400 2400 2400 　　2400 2400 2400 2400 2400 2400 2600 2600 2600 　　2600 2600 2600 2600 2600 2600 2800 2800 　　2800 2800 2800 2800 2800 2800 2800 2800]';	转速赋值
tp=[399.8 354.1 318.5 278.1 236.2 203.6 185.3 157.2 　　117.2 80.8 409.1 365.7 328.3 284.1 243.7 203.2 　　164.3 123.9 83.5 39.7 408.3 368.3 328.3 289 　　244.4 208.8 167.7 132.1 89.5 46.1 425.6 380.3 　　332.7 290.9 244.4 205.1 160.2 114.5 68.8 30.7 　　420.7 379.6 334.6 291.6 244.4 202.8 157.5 116 　　74.1 37.8 404.6 360.5 322.7 283 243.3 205.5 　　162.1 124.7 86.8 52.4 378 344.7 310.5 264.3 　　226.1 186.8 154.2 115.3 76.3 34.1 315.6 275.5 　　242.5 210.3 178.5 145.6 118.6 72.6 52.8 22.4]';	转矩赋值
be=[222.8 220.4 232.4 228.5 227.8 232.6 248.5 245.9 　　272.4 329.7 222 221.7 235.4 226.5 230.5 236.8 　　249.1 276.1 407.9 487 226 225.3 226.4 233.9 　　242.1 283.3 253.5 271.4 323.3 468.6 206.5 231.1 　　231.1 233 242 244.9 265 299.8 398 596.8 　　234.7 259.8 235.5 237.5 242.8 292.3 277.4 308.7 　　396.2 605.9 174.2 242.2 252.1 287.4 253.6 264.6 　　290.6 316.8 378 518.8 256.9 253.7 253.5 260 　　303.8 280.7 300.6 346.6 435.6 812.9 257.9 295.3 　　282.4 288.7 301.9 329.7 357 475.4 580.3 1080.1]';	燃油消耗率赋值
X=[ones(80,1),ne,tp,ne.^2,ne.*tp,tp.^2,ne.^3,ne.^2.*tp, 　ne.*tp.^2,tp.^3];	多元线性回归设置
[b,bint,r,rint,stats]=regress(be,X);	多元线性回归函数
ne1=linspace(1400,4000,200);	定义转速范围

程序	注释
tp1=linspace(0,600,200); [X,Y]=meshgrid(ne1,tp1); be1=b(1)*ones(200,200)+b(2)*X+b(3)*Y+b(4)*X.^2+b(5) *X.*Y+b(6)*Y.^2+b(7)*X.^3+b(8)*X.^2.*Y+b(9)*X.*Y.^ 2+b(10)*Y.^3;	定义转矩范围 生成二维网格矩阵 计算燃油消耗率

pe1=tp1.*ne1/9550;
it=0.778*4.1;
pe=1/nt*(m*g*f*u/3600+Cd*A*u^3/76140);
n=u*it/(0.377*R);
be=interp2(pe1,ne1,be1,pe,n);
Qs=pe*be/1.02/midu/g/u;
fprintf('最高挡等速百公里油耗 Qs=%f\n',Qs);
	计算功率
	计算传动比
	计算匀速行驶所需功率
	计算发动机转速
	插值得到燃油消耗率
	计算百公里燃油消耗量
	输出等速百公里燃油消耗量

在 MATLAB 编辑器中输入这些程序,点击运行按钮,按命令窗提示输入想要计算的车速,输入后按回车键,即可得到计算结果。

当输入车速为 90km/h 时,等速百公里燃油消耗量为 7.06L/100km。

当输入车速为 100km/h 时,等速百公里燃油消耗量为 7.94L/100km。

当输入车速为 120km/h 时,等速百公里燃油消耗量为 11.78L/100km。

3. 采用 NEDC 工况预测汽车综合燃油消耗量

该部分仿真程序主要分为主程序部分和函数部分,主程序用来计算 NEDC 工况燃油消耗量,在主程序内调用了三个函数,三个函数分别用来计算 NEDC 工况中的匀速部分油耗、加速部分油耗以及减速部分油耗。在 MATLAB 中新建四个脚本文件,分别保存以下四部分程序,主程序可任意命名,函数部分文件保存时使用默认的函数名。另外注意四个文件应保存在同一路径下,保存好后在主程序编辑器界面点击运行按钮,命令窗就会输出仿真结果。

(1) 匀速工况燃油消耗量计算函数。编写匀速工况燃油消耗量计算函数的 MATLAB 程序如下。

程序	注释

function[Q]=yunsu(u,t)
m=2470;f=0.012;Cd=0.42;A=2.7;nt=0.95;R=0.358;sigma=1.1;
g=9.8;midu=0.7;
	定义函数
	汽车有关常量赋值

ne=[1400 1400 1400 1400 1400 1400 1400 1400 1400
     1400 1600 1600 1600 1600 1600 1600 1600 1600
     1600 1600 1800 1800 1800 1800 1800 1800 1800
     1800 1800 1800 2000 2000 2000 2000 2000 2000
     2000 2000 2000 2000 2200 2200 2200 2200 2200
     2200 2200 2200 2200 2200 2400 2400 2400 2400
     2400 2400 2400 2400 2400 2400 2600 2600 2600
     2600 2600 2600 2600 2600 2600 2600 2800 2800
     2800 2800 2800 2800 2800 2800 2800]';
	转速赋值

代码	注释

`tp=[399.8  354.1  318.5  278.1  236.2  203.6  185.3  157.2`
`    117.2   80.8  409.1  365.7  328.3  284.1  243.7  203.2`
`    164.3  123.9   83.5   39.7  408.3  368.3  328.3  289`
`    244.4  208.8  167.7  132.1   89.5   46.1  425.6  380.3`
`    332.7  290.9  244.4  205.1  160.2  114.5   68.8   30.7`
`    420.7  379.6  334.6  291.6  244.4  202.8  157.5  116`
`     74.1   37.8  404.6  360.5  322.7  283    243.3  205.5`
`    162.1  124.7   86.8   52.4  378    344.7  310.3  264.3`
`    226.1  186.8  154.2  115.3   76.3   34.1  315.6  275.5`
`    242.5  210.3  178.5  145.6  118.6   72.6   52.8   22.4]';`
	转矩赋值

`be=[222.8  220.4  232.4  228.5  227.8  232.6  248.5  245.9`
`    272.4  329.7  222    221.7  235.4  226.5  230.5  236.8`
`    249.1  276.1  407.9  487    226    225.3  226.4  233.9`
`    242.1  283.3  253.9  271.4  323.5  468.6  206.5  231.1`
`    231.1  233    242    244.9  265    299.8  398    596.8`
`    234.7  259.8  235.5  237.6  242.8  292.3  277.9  308.7`
`    396.2  605.9  174.2  242.2  252.1  287.4  253.6  264.6`
`    290.6  316.8  378    518.8  256.9  253.7  253.5  260`
`    303.8  280.7  300.6  346.6  435.6  812.9  257.9  295.3`
`    282.4  288.7  301.9  329.7  357    475.4  580.3 1080.1]';`
	燃油消耗率赋值

`X=[ones(80,1),ne,tp,ne.^2,ne.*tp,tp.^2,ne.^3,ne.^2.*tp,ne.*tp.^2,tp.^3];`	多元线性回归设置
`[b,bint,r,rint,stats]=regress(be,X);`	多元线性回归函数
`ne1=linspace(100,4000,200);`	定义转速范围
`tp1=linspace(0,600,200);`	定义转矩范围
`[X,Y]=meshgrid(ne1,tp1);`	生成二维网格矩阵
`be1=b(1)*ones(200,200)+b(2)*X+b(3)*Y+b(4)*X.^2+b(5)*X.*Y+b(6)*Y.^2+b(7)*X.^3+b(8)*X.^2.*Y+b(9)*X.*Y.^2+b(10)*Y.^3;`	计算燃油消耗率
`pe1=tp1.*ne1/9550;`	计算功率
`if(u>=0 && u<=15)`	如果是一挡车速范围
`    it=4.016*4.1;`	计算一挡传动系统传动比
`end`	结束
`if(u>15 && u<=25)`	如果是二挡车速范围
`    it=2.318*4.1;`	计算二挡传动系统传动比
`end`	结束
`if(u>25 && u<=35)`	如果是三挡车速范围
`    it=1.401*4.1;`	计算三挡传动系统传动比
`end`	结束
`if(u>35 && u<=55)`	如果是四挡车速范围
`    it=4.1;`	计算四挡传动系统传动比
`end`	结束
`if(u>55)`	如果是五挡车速范围

程序	注释
`    it=0.778*4.1;`	计算五挡传动系统传动比
`end`	结束
`pe=1/nt*(m*g*f*u/3600+Cd*A*u^3/76140);`	计算匀速行驶所需功率
`n=u*it/(0.377*R);`	计算发动机转速
`b=interp2(pe1,ne1,be1,pe,n);`	插值得到燃油消耗率
`Qs=pe*b/1.02/midu/g/u;`	计算匀速工况百公里燃油消耗量
`Ss=u*t/3600;`	计算行驶距离
`Q=Qs*Ss/100;`	计算这段距离的燃油消耗量
`end`	循环结束

在 MATLAB 编辑器中输入这些程序，点击保存，命名为"yunsu"。

（2）加速部分燃油消耗量计算函数。编写加速部分燃油消耗量计算函数的 MATLAB 程序如下。

程序	注释
`function[Qa]=jiasu(a,u1,u2)`	定义函数
`m=2470;f=0.012;Cd=0.42;A=2.7;nt=0.95;R=0.358;sigma=1.1;g=9.8;midu=0.7;`	汽车有关常量赋值

`ne=[1400  1400  1400  1400  1400  1400  1400  1400  1400`
 `    1400  1600  1600  1600  1600  1600  1600  1600  1600`
 `    1600  1600  1800  1800  1800  1800  1800  1800  1800`
 `    1800  1800  1800  2000  2000  2000  2000  2000  2000`
 `    2000  2000  2000  2000  2200  2200  2200  2200  2200`
 `    2200  2200  2200  2200  2200  2400  2400  2400  2400`
 `    2400  2400  2400  2400  2400  2400  2600  2600  2600`
 `    2600  2600  2600  2600  2600  2600  2600  2800  2800`
 `    2800  2800  2800  2800  2800  2800  2800]';`
	转速赋值

`tp=[399.8  354.1  318.5  278.1  236.2  203.6  185.3  157.2`
 `    117.2   80.8  409.1  365.7  328.3  284.1  243.7  203.2`
 `    164.3  123.9   83.5   39.7  408.3  368.3  328.3  289`
 `    244.4  208.8  167.7  132.1   89.5   46.1  425.6  380.3`
 `    332.7  290.9  244.4  205.1  160.2  114.5   68.8   30.7`
 `    420.7  379.6  334.6  291.6  244.4  202.8  157.5  116`
 `     74.1   37.8  404.6  360.5  322.7  283    243.3  205.5`
 `    162.1  124.7   86.8   52.4  378    344.7  310.3  264.3`
 `    226.1  186.8  154.2  115.3   76.3   34.1  315.6  275.5`
 `    242.5  210.3  178.5  145.6  118.6   72.6   52.8   22.4]';`
	转矩赋值

`be=[222.8  220.4  232.4  228.5  227.8  232.6  248.5  245.9`
 `    272.4  329.7  222    221.7  235.4  226.5  230.5  236.8`
 `    249.1  276.1  407.9  487    226    225.3  226.4  233.9`
 `    242.1  283.3  253.9  271.4  323.5  168.6  206.5  231.1`
	燃油消耗率赋值

```
            231.1    233     242     244.9   265     299.8   398     596.8
            234.7    259.8   235.5   237.6   242.8   292.3   277.9   308.7
            396.2    605.9   174.2   242.2   252.1   287.4   253.6   264.6
            290.6    316.8   378     518.8   256.9   253.7   253.5   260
            303.8    280.7   300.6   346.6   435.6   812.9   257.9   295.3
            282.4    288.7   301.9   329.7   357     475.4   580.3   1080.1]';
X=[ones(80,1),ne,tp,ne.^2,ne.*tp,tp.^2,ne.^3,ne.^2.*tp,
ne.*tp.^2,tp.^3];
[b,bint,r,rint,stats]=regress(be,X);
ne1=linspace(0,3000,200);
tp1=linspace(0,600,200);
[X,Y]=meshgrid(ne1,tp1);
be1=b(1)*ones(200,200)+b(2)*X+b(3)*Y+b(4)*X.^2+b(5)
*X.*Y+b(6)*Y.^2+b(7)*X.^3+b(8)*X.^2.*Y+b(9)*X.*Y.
^2+b(10)*Y.^3;
pe1=tp1.*ne1/9550;
x=u2-u1+1;

Qt=zeros(x,1);
for i=1:x
    u=u1+i-1;
    if(u>=0 && u<=15)
        it=4.016*4.1;
    end
    if(u>15 && u<=25)
        it=2.318*4.1;
    end
    if(u>25 && u<=35)
        it=1.401*4.1;
    end
    if(u>35 && u<=55)
        it=4.1;
    end
    if(u>55)
        it=0.778*4.1;
    end
    pe=1/nt*(m*g*f*u/3600+Cd*A*u^3/76140+sigma*m*u
    *a/3600);
    n=u*it/(0.377*R);
    b=interp2(pe1,ne1,be1,pe,n);
    Qt(i)=pe*b/367.1/midu/g/1000;
end
```

注释对应：
- 多元线性回归设置
- 多元线性回归函数
- 定义转速范围
- 定义转矩范围
- 生成二维网格矩阵
- 计算燃油消耗率
- 计算功率
- 加速过程以1km/h等间隔划分
- 生成x×1维矩阵Qt
- 循环语句
- 计算速度
- 如果是一挡车速范围
- 计算一挡传动系统传动比
- 结束
- 如果是二挡车速范围
- 计算二挡传动系统传动比
- 结束
- 如果是三挡车速范围
- 计算三挡传动系统传动比
- 结束
- 如果是四挡车速范围
- 计算四挡传动系统传动比
- 结束
- 如果是五挡车速范围
- 计算五挡传动系统传动比
- 结束
- 计算匀速行驶所需功率
- 计算发动机转速
- 插值得到燃油消耗率
- 计算匀速工况百公里燃油消耗量
- 结束

程序	注释
deltat=1/3.6/a; Qa=0; for j=2:x-1 　　Qa=Qa+Qt(j)*deltat; end Qa=Qa+(Qt(1)+Qt(x))/2*deltat; end	计算每一段的加速时间 将总燃油消耗量赋值为 0 循环语句 计算总的燃油消耗量 循环结束 计算总的燃油消耗量 循环结束

在 MATLAB 编辑器中输入这些程序，点击保存，命名为"jiasu"。

（3）减速部分燃油消耗量计算函数。编写减速部分燃油消耗量计算函数的 MATLAB 程序如下。

程序	注释
function[Qd]=jiansu(a,u2,u3) Qi=1.5; t=(u2-u3)/3.6/a/3600; Qd=Qi*t; end	定义函数 单位时间怠速燃油消耗量 计算减速时间 减速工况百公里燃油消耗量 循环结束

在 MATLAB 编辑器中输入这些程序，点击保存，命名为"jiansu"。

（4）主程序。编写主程序如下。

程序	注释
Qs1=yunsu(15,8)+yunsu(32,24)+yunsu(35,13)+yunsu(50,12); Ss1=(15*8+32*24+35*13+50*12)/3.6/1000;	计算城市部分等速行驶工况 燃油消耗量和行驶距离
Qs2=yunsu(70,50)+yunsu(50,69)+yunsu(70,50)+yunsu(100,30)+yunsu(120,10); Ss2=(70*50+50*69+70*50+100*30+120*10)/3.6/1000;	计算市郊部分等速行驶工况 燃油消耗量和行驶距离
Qa1=jiasu(1.04,0,15)+jiasu(0.83,0,15)+jiasu(0.94,15,32)+jiasu(0.83,0,15)+jiasu(0.62,15,35)+jiasu(0.52,35,50); Sa1=(15^2/1.04+15^2/0.83*2+(32^2-15^2)/0.94+(35^2-15^2)/0.62+(50^2-35^2)/0.52)/25.92/1000;	计算城市部分加速行驶工况 燃油消耗量和行驶距离
Qa2=jiasu(0.83,0,15)+jiasu(0.62,15,35)+jiasu(0.52,35,50)+jiasu(0.43,50,70)+jiasu(0.43,50,70)+jiasu(0.27,70,100)+jiasu(0.28,100,120); Sa2=(15^2/0.83+(35^2-15^2)/0.62+(50^2-35^2)/0.52+(70^2-50^2)/0.43*2+(100^2-70^2)/0.27+(120^2-100^2)/0.28)/25.92/1000;	计算市郊部分加速行驶工况 燃油消耗量和行驶距离
Qd1=jiansu(0.69,15,10)+jiansu(0.92,10,0)+jiansu(0.75,32,10)+jiansu(0.92,10,0)+jiansu(0.52,50,35)+jiansu(0.86,35,10)+jiansu(0.92,10,0); Sd1=((15^2-10^2)/0.69+(10^2)/0.92+(32^2-10^2)/0.75+(10^2)/0.92+(50^2-35^2)/0.52+(35^2-10^2)/0.86+(10^2)/0.92)/25.92/1000;	计算城市部分减速行驶工况 燃油消耗量和行驶距离

代码	说明
Qd2=jiansu(0.69,70,50)+jiansu(0.69,120,80)+jiansu(1.04, 80,50)+jiansu(1.39,50,0); Sd2=((70^2-50^2)/0.69+(120^2-80^2)/0.69+(80^2-50^2)/1.04+(50^2)/1.39)/25.92/1000;	计算市郊部分减速行驶工况燃油消耗量和行驶距离
Qi=3;	怠速工况单位时间燃油消耗
Qid1=Qi*60/3600;	计算城市部分怠速工况燃油消耗量
Qid2=Qi*40/3600;	计算市郊部分怠速工况燃油消耗量
S1=4*(Ss1+Sa1+Sd1);	市区部分行驶距离
Q1=4*(Qs1+Qa1+Qd1+Qid1)/S1*100;	市区部分平均燃油消耗量
S2=Ss2+Sa2+Sd2;	市郊部分行驶距离
Q2=(Qs2+Qa2+Qd2+Qid2)/S2*100;	市郊部分平均燃油消耗量
s=S1/(S1+S2);	计算市区行驶距离比例
Q=Q1*s+Q2*(1-s);	计算综合燃油消耗量
fprintf('汽车综合工况燃油消耗量:%f\n',Q)	输出汽车综合工况油耗
fprintf('市区工况燃油消耗量:%f\n',Q1)	输出市区工况油耗
fprintf('市郊工况燃油消耗量:%f\n',Q2)	输出市郊工况油耗

在MATLAB编辑器中输入这些程序，点击运行按钮，在命令窗即可看到仿真结果输出。

$$汽车综合燃油消耗量=8.70L/100km$$
$$市区工况燃油消耗量=13.67L/100km$$
$$市郊工况燃油消耗量=6.43L/100km$$

实例 四
汽车制动性仿真

　　汽车制动性是指汽车行驶时能在短时间内停车且维持行驶方向稳定性和在下长坡时能维持一定车速的能力。从获得尽可能高的行驶安全的观点出发,汽车制动性评价指标主要有制动效能、制动效能的恒定性和制动时的方向稳定性。

任务描述

主要任务:
1. 建立汽车制动性数学模型
2. 绘制汽车制动力分配曲线
3. 绘制利用附着系数与制动强度曲线
4. 绘制制动效率与附着系数曲线
5. 建立汽车制动过程数学模型
6. 汽车制动效能仿真

汽车制动性仿真所需参数见表4-1。

表4-1 汽车制动性仿真所需参数

载荷	汽车质量/kg	汽车质心高度/m	轴距/m	质心至前轴距离/m	质心至后轴距离/m
空载	1520	0.532	2.705	1.082	1.623
满载	1910	0.591	2.705	1.488	1.217

任务实施过程

1. 建立汽车制动性数学模型

汽车前、后制动器制动力的分配比例将影响制动时前、后轮的抱死顺序，从而影响汽车制动时的方向稳定性和附着系数利用率。

图 4-1 所示为汽车在水平路面制动时的受力情况，图中忽略了汽车的滚动阻力矩、空气阻力以及旋转质量减速时产生的惯性阻力矩。u 为汽车行驶速度；F_{x1} 为汽车前轮地面制动力；F_{x2} 为汽车后轮地面制动力；F_{z1} 为地面对前轮的法向反作用力；F_{z2} 为地面对后轮的法向反作用力；a_j 为制动减速度；L 为汽车轴距；a 为汽车质心至前轴距离；b 为汽车质心至后轴距离；h_g 为汽车质心高度；m 为汽车质量。

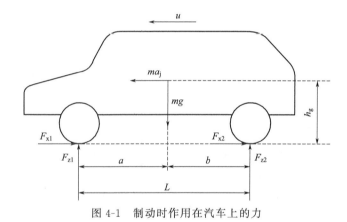

图 4-1 制动时作用在汽车上的力

汽车前、后轮的法向反作用力分别为

$$F_{z1} = G(b + zh_g)/L \\ F_{z2} = G(a - zh_g)/L \tag{4-1}$$

式中，G 为汽车总重力；$z = a_j/g$ 为制动强度，它间接地表示汽车制动减速度的大小。

前、后轮法向反作用力是制动强度的函数，其分配比例随制动强度的大小而变。前轮法向反作用力随制动强度的增大而增大，后轮法向反作用力随制动强度的增大而减小。

汽车理想制动力分配是指在任何附着系数的路面上制动时，前、后轮的制动强度相同；在紧急制动时，前、后轮同时抱死，总制动力和减速度达到最大，此时的前、后制动器制动力分配，就是制动系统设计的理想目标。

在任意附着系数的路面上，前、后轮同时抱死的条件是前、后制动器制动力之和等于附着力，并且前、后制动器制动力分别等于各自的附着力，即

$$F_{b1} + F_{b2} = \mu G \\ F_{b1} = \mu F_{z1} \\ F_{b2} = \mu F_{z2} \tag{4-2}$$

式中，F_{b1} 和 F_{b2} 分别为前、后制动器制动力；F_{z1} 和 F_{z2} 分别为前、后轮法向反作用力；μ 为地面附着系数。

前、后制动器制动力能同时达到前、后轴的附着力时，其制动强度等于地面附着系数，即 $z = z_{\max} = \mu$。将式(4-1)代入式(4-2)得

$$\left.\begin{array}{l} F_{b1} + F_{b2} = \mu G \\ \dfrac{F_{b1}}{F_{b2}} = \dfrac{b + \mu h_g}{a - \mu h_g} \end{array}\right\} \tag{4-3}$$

由式(4-3)中消去参变量 μ，即得

$$F_{b2} = \frac{1}{2}\left[\frac{G}{h_g}\sqrt{b^2 + \frac{4Lh_g}{G}F_{b1}} - \left(\frac{Gb}{h_g} + 2F_{b1}\right)\right] = I(F_{b1}) \tag{4-4}$$

式(4-4)直接表达了在一定附着系数 μ 下，前、后制动器制动力的理想分配关系。将式(4-4)画成曲线，即为前、后轮同时抱死时，前、后制动器制动力的关系曲线，称为理想的前、后制动器制动力分配曲线，简称 I 曲线。

汽车实际制动力常用制动器制动力分配系数来表明分配的比例，把前制动器制动力与汽车总制动器制动力之比称为制动器制动力分配系数，即

$$\beta = \frac{F_{b1}}{F_b} = \frac{F_{b1}}{F_{b1} + F_{b2}} \tag{4-5}$$

式中，β 为制动器制动力分配系数；F_{b1} 为前制动器制动力；F_{b2} 为后制动器制动力；F_b 为汽车总制动器制动力。

前、后制动器制动力的关系为

$$F_{b2} = \frac{1-\beta}{\beta}F_{b1} = \beta(F_{b1}) \tag{4-6}$$

由式(4-6)画成的是一条通过坐标原点的直线，称为实际的前、后制动器制动力分配线，简称 β 线。

β 线与 I 曲线交点处的附着系数称为同步附着系数 μ_0，即

$$\mu_0 = \frac{L\beta - b}{h_g} \tag{4-7}$$

同步附着系数是反映汽车制动性能的一个结构参数，而不是地面系数。它仅取决于汽车结构参数，与路面无关。只要确定了制动器制动力分配系数，就能确定同步附着系数；反过来如给出同步附着系数，就能得到制动器制动力在前、后轴上的分配。

汽车以一定的制动强度制动时，不发生车轮抱死所要求的最小路面附着系数称为利用附着系数，即

$$\mu_i = \frac{F_{xi}}{F_{zi}} \tag{4-8}$$

式中，μ_i 为第 i 轴的利用附着系数；F_{xi} 为第 i 轴的地面制动力；F_{zi} 为第 i 轴的地面法向反作用力。

显然，利用附着系数越接近制动强度，地面的附着条件发挥得越充分，汽车制动力分配

越合理。

前、后轴的利用附着系数分别为

$$\mu_f = \frac{F_{x1}}{F_{z1}} = \frac{\beta L z}{b + h_g z} \tag{4-9}$$

$$\mu_r = \frac{F_{x2}}{F_{z2}} = \frac{(1-\beta) L z}{a - h_g z} \tag{4-10}$$

制动效率是指车轮将要抱死时的制动强度与被利用的附着系数之比。

前、后轴的制动效率分别为

$$\varepsilon_f = \frac{z}{\mu_f} = \frac{b}{L\beta - \mu_f h_g} \tag{4-11}$$

$$\varepsilon_r = \frac{z}{\mu_r} = \frac{a}{L - L\beta + \mu_r h_g} \tag{4-12}$$

制动力分配系数为常数时,只有在同步附着系数路面上制动时,前、后轮才能同时接近抱死状态,附着性能得到充分利用,汽车获得最佳制动。在其他各种附着系数路面上,如果 β 线位于 I 曲线下方,当制动踏板力足够大时会出现前轮先抱死,提前丧失转向能力;如果 β 线位于 I 曲线上方,则会出现后轮先抱死而使汽车处于不稳定的制动状态。因此,如果要在制动过程中能保持前轮转向能力,又不会出现侧滑的危险工况,则在一定附着系数的条件下,其制动强度总小于附着系数,即 $z < \mu$,且制动效率 $\varepsilon < 1$。

2. 绘制汽车制动力分配曲线

利用式(4-4)和式(4-6),编写绘制汽车制动力分配曲线的 MATLAB 程序如下。

程序	注释
axis([0 15000 0 9000])	定义坐标轴范围
Fb1=0:50:15000;	定义 x 轴范围
m1=1520;g=9.8;h1=0.532;L=2.705;b1=1.623;	汽车变量赋值
m2=1910;h2=0.591;b2=1.217;	汽车变量赋值
Fb21=0.5*(m1*g/h1*sqrt(b1.^2+4*L*h1/m1/g*Fb1)-(m1*g*b1/h1+2*Fb1));	计算空载后轮制动力
Fb22=0.5*(m2*g/h2*sqrt(b2.^2+4*L*h2/m2/g*Fb1)-(m2*g*b2/h2+2*Fb1));	计算满载后轮制动力
Fb23=0.5625*Fb1;	计算前、后轮制动力关系
plot(Fb1,Fb21,Fb1,Fb22,Fb1,Fb23)	绘制制动力分配曲线
xlabel('前制动器制动力/N')	x 轴标注
ylabel('后制动器制动力/N')	y 轴标注
text(3200,4500,'I 曲线(满载)'),text(6500,2300,'I 曲线(空载)')	对各曲线进行标注
text(11000,7000,'β 线')	对各曲线进行标注

在 MATLAB 编辑器中输入这些程序,点击运行按钮,就会得到汽车制动力分配曲线,如图 4-2 所示。可知,β 线与 I 曲线交点所对应的前、后制动器制动力分别为 10450N、5878N,同步附着系数为 0.87,制动器动力分配系数为 0.64。β 线在 I 曲线以下,前轮先抱死,失去转向能力,处于稳定状态;β 线在 I 曲线以上,后轮先抱死,可能发生侧滑,处于不稳定状态。

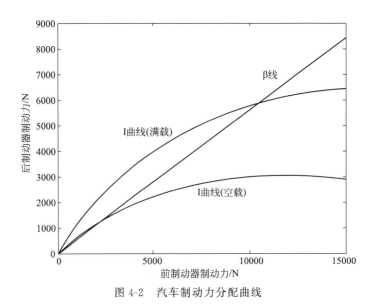

图 4-2 汽车制动力分配曲线

3. 绘制利用附着系数与制动强度曲线

利用式(4-9)和式(4-10)，编写绘制利用附着系数与制动强度曲线的 MATLAB 程序如下。

程序	注释
axis([0 1 0 2])	定义坐标轴范围
z=0:0.05:1;	定义 x 轴范围
h1=0.532;a1=1.082;b1=1.623;L=2.705;	汽车变量赋值
h2=0.591;a2=1.488;b2=1.217;bt=0.64;	汽车变量赋值
mf1=bt*L*z./(b1+h1*z);	计算空载前轴利用附着系数
mr1=(1-bt)*L*z./(a1-h1*z);	计算空载后轴利用附着系数
mf2=bt*L*z./(b2+h2*z);	计算满载前轴利用附着系数
mr2=(1-bt)*L*z./(a2-h2*z);	计算满载后轴利用附着系数
plot(z,mf1,z,mr1,z,mf2,z,mr2)	绘制曲线
xlabel('制动强度')	x 轴标注
ylabel('利用附着系数')	y 轴标注
text(0.8,1.4,'①'),text(0.8,0.6,'②'),text(0.9,0.85,'③'), text(0.9,1.05,'④')	对各曲线进行标注

在 MATLAB 编辑器中输入这些程序，点击运行按钮，就会得到利用附着系数与制动强度曲线，如图 4-3 所示。可以看出，制动强度为 0.87 时，前、后轴利用附着系数均为 0.87，这就是该车的同步附着系数。满载时前轴利用附着系数相对于空载增加，后轴利用附着系数相对于空载减少，主要原因是制动时质心前移。

4. 绘制制动效率与附着系数曲线

利用式(4-11)和式(4-12)，编写绘制制动效率与附着系数曲线的 MATLAB 程序如下。

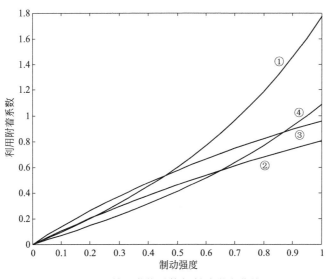

图 4-3 利用附着系数与制动强度曲线
①—前轴空载；②—后轴空载；③—前轴满载；④—后轴满载

程序	注释
axis([0 1 0 100])	定义坐标轴范围
hold on	保存图形
mu=0:0.05:1;	定义 x 轴范围
h1=0.532;a1=1.082;b1=1.623;L=2.705;	汽车变量赋值
h2=0.591;a2=1.488;b2=1.217;bt=0.64;	汽车变量赋值
ef1=b1./(L*bt-mu*h1)*100;	计算空载前轴制动效率
if ef1>100	
ef1=100;	
end	
plot(mu,ef1)	绘制空载前轴制动效率曲线
er1=a1./(L-L*bt+mu*h1)*100;	计算空载后轴制动效率
if er1>100	
er1=100;	
end	
plot(mu,er1)	绘制空载后轴制动效率曲线
ef2=b2./(L*bt-mu*h2)*100;	计算满载前轴制动效率
if ef2>100	
ef2=100;	
end	
plot(mu,ef2)	绘制满载前轴制动效率曲线
er2=a2./(L-L*bt+mu*h2)*100;	计算满载后轴制动效率
if er2>100	
er2=100;	
end	

`plot(mu,er2)`	绘制满载后轴制动效率曲线
`box on`	设置图形边框
`xlabel('附着系数')`	x 轴标注
`ylabel('制动效率/% ')`	y 轴标注
`text(0.1,92,'①'),text(0.3,90,'②'),text(0.22,73,'③'),` `text(0.93,93,'④')`	对各曲线进行标注

在 MATLAB 编辑器中输入这些程序,点击运行按钮,就会得到制动效率与附着系数曲线,如图 4-4 所示。可以看出,汽车满载时,当附着系数为 0.87 时,前、后轴制动效率都为 100%,汽车能利用全部的附着力来制动。

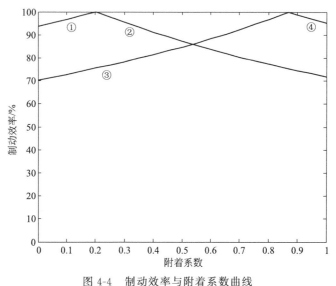

图 4-4　制动效率与附着系数曲线

①—前轴空载；②—后轴空载；③—前轴满载；④—后轴满载

5. 建立汽车制动过程数学模型

汽车制动时车轮运动状态可以分为 3 个阶段完成制动过程,即纯滚动、边滚边滑、车轮抱死。

(1) 车轮纯滚动。在制动过程中车轮纯滚动时,车轮没有受到地面提供的制动力,汽车匀速运动。这段时间 t_1 包括消除制动蹄片与制动鼓间隙所用时间、消除各铰链和轴承间隙的时间以及制动摩擦片完全贴靠在制动鼓或制动盘上需要的时间。t_1 与制动系统形式有关,液压制动系统为 0.1s,真空助力制动系统和气压制动系统各为 0.3~0.9s。货车有挂车(气压制动)时 t_1 为 0.4~2s。

在这段过程中汽车的制动距离为

$$S_1 = u_0 t_1 \tag{4-13}$$

式中,u_0 为汽车制动初速度。

(2) 车轮边滚边滑。当制动器开始起作用时,制动器制动力随踏板力迅速增大,车轮处于边滚边滑状态。这段时间对于同一种车型在不同的路面上制动,可能有 3 种情况：前轮提前抱死,后轮边滚边滑；后轮提前抱死,前轮边滚边滑；前、后轮均边滚边滑。这段时间为制动器作用时间，取决于驾驶员踩踏板的速度和制动系统的形式，液压制动系统为 0.15～0.3s，气压制动系统为 0.3～0.8s。

当 $\mu<\mu_0$ 时，前轮提前抱死，后轮边滚边滑，前、后轮地面制动力增长情况如图 4-5 所示。其中，OAB 线指的是在 t_2 时间内前轮地面制动力的变化曲线；OC 线指的是 t_2 时间内后轮地面制动力的变化曲线。在 t_2' 时刻，汽车前轮抱死，后轮仍边滚边滑；在 t_2 时刻，前、后轮都抱死。

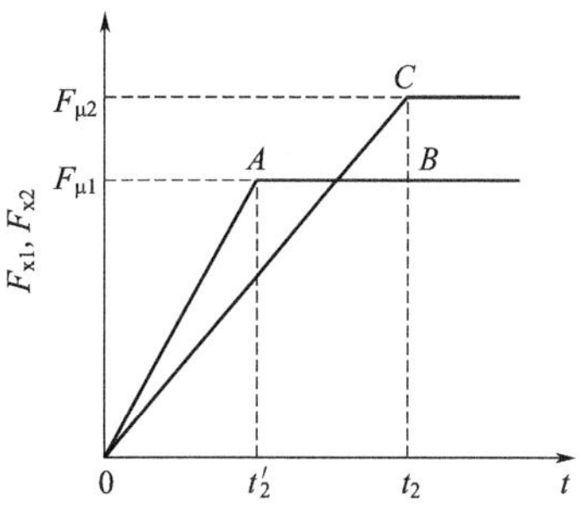

图 4-5 前、后轮地面制动力 ($\mu<\mu_0$)

由图 4-5 可得汽车前、后轮地面制动力分别为

$$F_{x1} = F_{\mu 1} t/t_2'$$
$$F_{x2} = F_{\mu 2} t/t_2 \tag{4-14}$$

式中，$F_{\mu 1}$ 为汽车前轮附着力；$F_{\mu 2}$ 为汽车后轮附着力。

制动力分配系数 β_b 为固定值时，汽车前、后轮地面制动力的关系为

$$F_{x2} = (1-\beta_b) F_{x1}/\beta_b \tag{4-15}$$

汽车前、后轮附着力分别为

$$F_{\mu 1} = F_{z1}\mu = G(b+\mu h_g)\mu/l$$
$$F_{\mu 2} = F_{z2}\mu = G(a-\mu h_g)\mu/l \tag{4-16}$$

由式 (4-14)～式 (4-16) 得

$$t_2' = \frac{1-\beta_b}{\beta_b} \times \frac{b+\mu h_g}{a-\mu h_g} t_2 \tag{4-17}$$

在 t_2 时间内，汽车前、后轮地面制动力分别为

$$F_{x1} = \begin{cases} F_{b1} = mg\mu\beta_b t/t_2 & 0 \leqslant t \leqslant t_2' \\ F_{\mu 1} = F_{z1}\mu & t > t_2' \end{cases} \tag{4-18}$$

$$F_{x2} = F_{b2} = mg\mu(1-\beta_b)t/t_2$$

式中，F_{b1} 汽车前制动器制动力；F_{b2} 汽车后制动器制动力。

汽车制动时动力学方程为

$$ma_j = Gz = F_{x1} + F_{x2}$$
$$F_{z1}L = Gb + F_j h_g$$
$$F_{z2}L = Ga - F_j h_g \tag{4-19}$$

根据式 (4-18) 和式 (4-19) 可得此过程的制动减速度为

$$a_j = \begin{cases} g\mu_0 t/t_2 & 0 \leqslant t \leqslant t_2' \\ \dfrac{gb\varphi + gl\mu_0(1-\beta_b)t/t_2}{l-h_g\mu} & t > t_2' \end{cases} \tag{4-20}$$

汽车行驶速度为

$$u = \begin{cases} u_0 - \int_0^t a_j \mathrm{d}t = u_0 - \dfrac{g\mu_0}{2t_2}t^2 & 0 \leqslant t \leqslant t_2' \\ u_2' - \int_{t_2'}^t a_j \mathrm{d}t = u_2' - \dfrac{gb\mu}{l-h_g\mu}(t-t_2') - \dfrac{gl\mu_0(1-\beta_b)}{2(l-h_g\mu)t_2}(t^2-t_2'^2) & t > t_2' \end{cases}$$
$$\tag{4-21}$$

在 t_2' 时刻的速度为

$$u_2' = u_0 - \frac{g\mu_0}{2t_2}t_2'^2 \tag{4-22}$$

汽车制动距离为

$$S_{21} = \int_0^{t_2'} u\,dt + \int_{t_2'}^{t_2} u\,dt = u_0 t_2 - \frac{g\mu_0}{2}t_2'^2\left(1 - \frac{2t_2'}{3t_2}\right) - \frac{gb\mu}{l-h_g\mu} \times \frac{(t_2-t_2')^2}{2} - \frac{gl\mu_0(1-\beta_b)}{6(l-h_g\mu)t_2}(t_2^3 - 3t_2 t_2'^2 + 2t_2'^3) \tag{4-23}$$

在 t_2 时刻，汽车行驶速度为

$$u_{21} = u_2' - \int_{t_2'}^{t} a_j\,dt = u_0 - \frac{g\mu_0}{2t_2}t_2'^2 - \frac{gb\mu}{l-h_g\mu}(t_2 - t_2') - \frac{gl\mu_0(1-\beta_b)}{2(l-h_g\mu)t_2}(t_2^2 - t_2'^2) \tag{4-24}$$

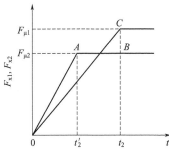

图4-6 前、后轮地面制动力（$\mu > \mu_0$）

当 $\mu > \mu_0$ 时，后轮提前抱死，前轮边滚边滑，前、后轮地面制动力增长情况如图4-6所示。其中，OAB 线指的是在 t_2 时间内后轮地面制动力的变化曲线；OC 线指的是 t_2 时间内前轮地面制动力的变化曲线。在 t_2' 时刻，汽车后轮抱死，前轮仍边滚边滑；在 t_2 时刻，前、后轮都抱死。

由图4-6可得，汽车前、后轮地面制动力分别为

$$\begin{aligned} F_{x1} &= F_{\mu 1} t/t_2 \\ F_{x2} &= F_{\mu 2} t/t_2' \end{aligned} \tag{4-25}$$

由式(4-14)、式(4-15)和式(4-25)可得

$$t_2' = \frac{\beta_b}{1-\beta_b} \times \frac{a - \mu h_g}{b + \mu h_g} t_2 \tag{4-26}$$

在 t_2 时间内，汽车前、后轮地面制动力分别为

$$F_{x1} = F_{b1} = mg\mu\beta_b t/t_2$$

$$F_{x2} = \begin{cases} F_{b2} = mg\mu(1-\beta_b)t/t_2 & 0 \leqslant t \leqslant t_2' \\ F_{\mu 2} = F_{z2}\mu & t > t_2' \end{cases} \tag{4-27}$$

在 t_2 时间内，汽车制动减速度为

$$a_j = \begin{cases} g\mu_0 t/t_2 & 0 \leqslant t \leqslant t_2' \\ \dfrac{ga\mu + gl\mu_0\beta_b t/t_2}{l + h_g\mu} & t > t_2' \end{cases} \tag{4-28}$$

汽车行驶速度为

$$u = \begin{cases} u_0 - \int_0^t a_j \mathrm{d}t = u_0 - \dfrac{g\mu_0}{2t_2}t^2 & 0 \leqslant t \leqslant t'_2 \\ u'_2 - \int_{t'_2}^t a_j \mathrm{d}t = u'_2 - \dfrac{ga\mu}{l+h_g\mu}(t-t'_2) - \dfrac{gl\mu_0\beta_b}{2(l+h_g\mu)t_2}(t^2-t'^2_2) & t > t'_2 \end{cases}$$

(4-29)

在 t'_2 时刻的速度为

$$u'_2 = u_0 - \frac{g\mu_0}{2t_2}t'^2_2 \tag{4-30}$$

汽车制动距离为

$$S_{22} = \int_0^{t'_2} u \mathrm{d}t + \int_{t'_2}^{t_2} u \mathrm{d}t = u_0 t_2 - \frac{g\mu_0}{2}t'^2_2\left(1 - \frac{2t'_2}{3t_2}\right) - \frac{ga\mu}{l+h_g\mu} \times \frac{(t_2-t'_2)^2}{2} - \frac{gl\mu_0\beta_b}{6(l+h_g\mu)t_2}(t_2^3 - 3t_2 t'^2_2 + 2t'^3_2) \tag{4-31}$$

在 t_2 时刻，汽车行驶速度为

$$u_{22} = u'_2 - \int_{t'_2}^t a_j \mathrm{d}t = u_0 - \frac{g\mu_0}{2t_2}t'^2_2 - \frac{ga\mu}{l+h_g\mu}(t_2-t'_2) - \frac{gl\mu_0\beta_b}{2(l+h_g\mu)t_2}(t_2^2-t'^2_2) \tag{4-32}$$

当 $\mu = \mu_0$ 时，前、后轮均边滚边滑，前、后轮地面制动力增长情况如图 4-7 所示。其中，OA、OB 线分别指的是在 t_2 时间内前、后轮地面制动力的变化曲线，在 t_2 时刻，前、后轮都抱死。

在 t_2 时间内，汽车前、后轮地面制动力分别为

$$F_{x1} = F_{b1} = mg\mu_0 \beta t/t_2$$
$$F_{x2} = F_{b2} = mg\mu_0(1-\beta_b)t/t_2 \tag{4-33}$$

在 t_2 时间内，汽车制动减速度为

$$a_j = g\mu_0 t/t_2 \tag{4-34}$$

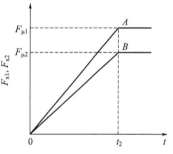

图 4-7 前、后轮地面制动力
($\mu = \mu_0$)

汽车行驶速度为

$$u = u_0 + \int_0^t a_j \mathrm{d}t = u_0 - \frac{g\mu_0}{2t_2}t^2 \tag{4-35}$$

汽车制动距离为

$$S_{23} = \int_0^{t_2} u \mathrm{d}t = u_0 t_2 - g\mu_0 t_2^2/6 \tag{4-36}$$

在 t_2 时刻，汽车行驶速度为

$$u_{23} = u_0 - g\mu_0 t_2/2 \tag{4-37}$$

（3）前、后轮同时抱死。前、后轮同时抱死时，汽车前、后轮地面制动力都达到了最大值，等于地面附着力。汽车作匀减速运动，直至汽车停止。在此过程中，汽车前、后轮地面制动力分别为

$$F_{x1} = F_{\mu1} = F_{z1}\mu$$
$$F_{x2} = F_{\mu2} = F_{z2}\mu \tag{4-38}$$

在此过程内，汽车制动减速度为

$$a_j = g\mu \tag{4-39}$$

前后车轮同时抱死过程的制动距离为

$$S_3 = \begin{cases} \dfrac{u_{21}^2}{2g\mu} & \mu < \mu_0 \\ \dfrac{u_{22}^2}{2g\mu} & \mu > \mu_0 \\ \dfrac{u_{23}^2}{2g\mu} & \mu = \mu_0 \end{cases} \tag{4-40}$$

汽车总的制动距离为

$$S = \begin{cases} u_0(t_1+t_2) - \dfrac{g\mu_0}{2}t_2'^2\left(1-\dfrac{2t_2'}{3t_2}\right) - \dfrac{gb\mu}{l-h_g\mu}\times\dfrac{(t_2-t_2')^2}{2} - \\ \quad \dfrac{gl\mu_0(1-\beta_b)}{6(l-h_g\mu)t_2}(t_2^3-3t_2t_2'^2+2t_2'^3) + \dfrac{u_{21}^2}{2g\mu} & \mu < \mu_0 \\ u_0(t_1+t_2) - \dfrac{g\mu_0}{2}t_2'^2\left(1-\dfrac{2t_2'}{3t_2}\right) - \dfrac{ga\mu}{l+h_g\mu}\times\dfrac{(t_2-t_2')^2}{2} - \\ \quad \dfrac{gl\mu_0\beta_b}{6(l+h_g\mu)t_2}(t_2^3-3t_2t_2'^2+2t_2'^3) + \dfrac{u_{22}^2}{2g\mu} & \mu > \mu_0 \\ u_0(t_1+t_2) - \dfrac{g\mu_0}{6}t_2^2 + \dfrac{u_{23}^2}{2g\mu} & \mu = \mu_0 \end{cases} \tag{4-41}$$

6. 汽车制动效能仿真

根据汽车制动过程数学模型，编写绘制汽车不同初速度下的制动距离与附着系数关系曲线的 MATLAB 程序如下。

程序	注释
h1＝0.591;L＝2.705;a＝1.488;b＝1.217;bt＝0.64;g＝9.8;	汽车变量赋值
t1＝0.1;t2＝0.3;	时间参数赋值
mu0＝(L*bt-b)/h1;	计算同步附着系数
mu＝0.01:0.01:1;	定义 x 轴变化范围
u0＝[30 50 80];	设置汽车制动初速度
for i=1:3	循环开始
t2p=(1-bt).*(b+h1*mu).*t2./(bt.*(a-h1.*mu));	计算前轮抱死时间
for j=1:1:100	循环开始
if mu(j)<mu0	附着系数小于同步附着系数
u21(j)=u0(i)./3.6-g.*mu0.*(t2p(j).^2)./(2.*t2)-g.*b.*mu(j).*(t2-t2p(j))./(L-h1.*mu(j))-g.*L.*mu0.*(1-bt).*(t2^2-t2p(j).^2)./(2.*(L-h1.*mu(j)).*t2);	计算后轮抱死时刻的速度
S1(j)=u0(i).*(t1+t2)./3.6-g.*mu0.*(t2p(j).^2).*(1-2.*t2p(j)./(3.*t2))./2-g.*b.*mu(j).*((t2-t2p(j)).^2)./(2.*(L-h1.*mu(j)))-g.*L.*mu0.*(1-bt).*(t2^3-3.*t2.*t2p(j).^2+2.*t2p(j).^3)./(6.*(L-h1.*mu(j)).*t2)+u21(j).^2./(2.*g.*mu(j));	计算制动距离

`    elseif mu(j)==mu0`
`u21(j)=u0(i)./3.6-g.*mu0.*t2./2.;`
`S1(j)=u0(i).*(t1+t2)./3.6-g.*mu0.*(t2.^2)./6+u21(j).^2./(2.*g.*mu(j));`
	附着系数等于同步附着系数
	计算前、后轮抱死时刻速度
	计算制动距离

`    elseif mu(j)>mu0`
`u21(j)=u0(i)./3.6-g.*mu0.*(t2p(j).^2)./(2.*t2)-g.*a.*mu(j).*(t2-t2p(j))./(L+h1.*mu(j))-g.*L.*mu0.*bt.*(t2^2-t2p(j).^2)./(2.*(L+h1.*mu(j)).*t2);`
`S1(j)=u0(i).*(t1+t2)./3.6-g.*mu0.*(t2p(j).^2).*(1-2.*t2p(j)./(3.*t2))./2-g.*a.*mu(j).*((t2-t2p(j)).^2)./(2.*(L+h1.*mu(j)))-g.*L.*mu0.*bt.*(t2^3-3.*t2.*t2p(j).^2+2.*t2p(j).^3)./(6.*(L+h1.*mu(j)).*t2)+u21(j).^2./(2.*g.*mu(j));`
	附着系数大于同步附着系数
	计算前轮抱死时刻速度
	
	计算制动距离

`    end`	循环结束
`end`	循环结束
`axis([0.1 1 0 300])`	设置坐标轴大小
`gss='-:--';`	设置线型
`plot(mu,S1,[gss(2*i-1)gss(2*i)])`	绘制制动距离与附着系数曲线
`hold on`	保持图形
`end`	循环结束
`xlabel('附着系数')`	x轴标注
`ylabel('制动距离/m')`	y轴标注
`legend('30km/h','50km/h','80km/h')`	对各曲线进行标注

在MATLAB编辑器中输入这些程序，点击运行按钮，就会得到不同制动初速度下的汽车制动距离与附着系数关系曲线，如图4-8所示。可以看出，附着系数越小，制动距离越长；制动初速度越大，制动距离越长。

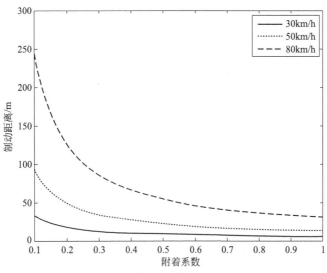

图4-8 汽车制动距离与附着系数的关系曲线

根据汽车制动过程数学模型，编写绘制汽车不同附着系数下的制动距离与制动初速度关系曲线的 MATLAB 程序如下。

程序	注释
h1=0.591;L=2.705;a=1.488;b=1.217;bt=0.64;g=9.8;	汽车变量赋值
t1=0.1;t2=0.3;	时间参数赋值
mu0=(L*bt-b)/h1;	计算同步附着系数
u0=0:1:100;	定义速度变化范围
mu=[0.3 0.5 0.7];	设置附着系数
for i=1:3	循环开始
t2p=(1-bt)*(b+h1*mu(i))*t2/(bt*(a-h1*mu(i)));	计算前轮抱死时间
u21=u0/3.6-g*mu0*(t2p^2)./(2*t2)-g*b*mu(i)*(t2-t2p)./(L-h1*mu(i))-g*L*mu0*(1-bt)*(t2^2-t2p^2)./(2*(L-h1*mu(i))*t2);	计算后轮抱死时刻的速度
S1=u0*(t1+t2)/3.6-g*mu0*t2p^2*(1-2*t2p/(3*t2))/2-g*b*mu(i)*(t2-t2p)^2./(2*(L-h1*mu(i)))-g*L*mu0*(1-bt)*(t2^3-3*t2*t2p^2+2*t2p^3)./(6*(L-h1*mu(i))*t2)+u21.^2/(2*g*mu(i));	计算制动距离
axis([0 100 0 140])	定义坐标轴大小
gss='-:--';	设置线型
plot(u0,S1,[gss(2*i-1) gss(2*i)])	绘制制动距离与制动初速度曲线
hold on	保存图形
end	循环结束
xlabel('制动初速度/(km/h)')	设置 x 坐标轴的名称
ylabel('制动距离/m')	设置 y 坐标轴的名称
legend('0.3','0.5','0.7')	对各曲线进行标注

在 MATLAB 编辑器中输入这些程序，点击运行按钮，就会得到不同附着系数下的汽车制动距离与制动初速度关系曲线，如图 4-9 所示。当制动初速度为 50km/h，附着系数为 0.7 时，制动距离为 17.09m，满足国际标准对制动距离的要求。

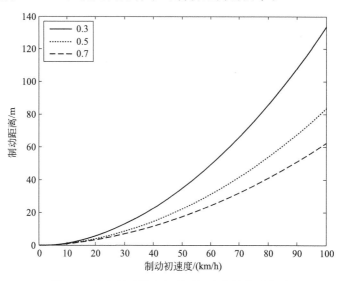

图 4-9 汽车制动距离与制动初速度的关系曲线

实例 五
汽车防抱死制动系统仿真

汽车防抱死制动系统（ABS）可以在汽车制动过程中自动控制和调节车轮制动力，防止制动过程中汽车车轮"抱死"，保持最大的车轮附着系数，从而得到最佳制动效果，即最短的制动距离、最小的侧向滑移及最好的制动转向性能。

任务描述

主要任务：

1. 建立汽车 ABS 数学模型
2. 绘制汽车 ABS 仿真曲线

汽车 ABS 仿真所需参数见表 5-1。

表 5-1 汽车 ABS 仿真所需参数

车轮质量/kg	车轮滚动半径/m	车轮转动惯量/kg·m²	峰值附着系数
364	0.25	12	0.82
车轮抱死附着系数	目标滑移率	滑移率下限	滑移率上限
0.61	0.2	0.185	0.221
初始车速/(m/s)	初始角速度/(rad/s)	初始制动力矩/N·m	增压速率/N·(m/s)
25	100	500	1500
减压速率/N·(m/s)	采样时间/s	仿真时间/s	
6000	0.02	5	

任务实施过程

1. 建立汽车 ABS 数学模型

当轮胎在路面上滑动时,将改变轮胎与路面之间的附着系数,因而也改变汽车的制动力。汽车制动时的车轮滑移率为

$$s_b = \frac{u - \omega R}{u} \times 100\% \tag{5-1}$$

式中,s_b 为车轮滑移率;u 为车轮前进速度;ω 为车轮角速度;R 为车轮滚动半径。
路面附着系数与车轮滑移率的关系可写为

$$\mu = \begin{cases} \dfrac{\mu_H}{s_T} s_b & s_b \leqslant s_T \\ \dfrac{\mu_H - \mu_G s_T}{1 - s_T} - \dfrac{\mu_H - \mu_G}{1 - s_T} s_b & s_b > s_T \end{cases} \tag{5-2}$$

式中,μ 为路面附着系数;μ_H 为纵向峰值附着系数;μ_G 为滑移率为 100% 时的纵向附着系数,也称为滑动附着系数;s_T 为纵向峰值附着系数对应的滑移率。

在建立汽车 ABS 数学模型时,假设车轮载荷为常数,忽略迎风阻力和车轮滚动阻力。

汽车制动时,单个车轮的模型如图 5-1 所示,其运动方程式为

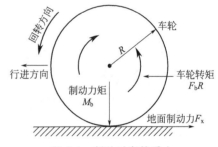

图 5-1 制动时车轮受力

$$\begin{aligned} I_w \dot{\omega} &= -T_b + F_x R \\ m_w \dot{u} &= -F_x \end{aligned} \tag{5-3}$$

式中,I_w 为车轮转动惯量;$\dot{\omega}$ 为车轮角加速度;T_b 为制动力矩;F_x 为地面制动力;m_w 为作用在车轮上的汽车质量;$\dot{u}$ 为车轮加速度。

车轮前进速度为

$$u = u_0 - \dot{u} t \tag{5-4}$$

式中,u_0 为初始速度;$\dot{u}$ 为车轮加速度。

车轮线速度为

$$u_x = \omega R = (\omega_0 + \dot{\omega} t) R \tag{5-5}$$

车轮减速度为

$$\dot{u} = \frac{F_x}{m_w} \tag{5-6}$$

地面制动力为

$$F_x = mg\mu \tag{5-7}$$

车轮角加速度为

$$\dot{\omega} = \frac{F_x R - T_b}{I_w} \tag{5-8}$$

制动器制动力矩可以表示为

$$T_b(k+1) = T_b(k) + U t_s \tag{5-9}$$

式中，$T_b(k+1)$ 为 $k+1$ 时刻的制动力矩；$T_b(k)$ 为 k 时刻的制动力矩；k 为采样时刻；U 为制动器增压速率或减压速率；t_s 为采样时间。

2. 绘制汽车 ABS 仿真曲线

根据汽车 ABS 数学模型，编写绘制车轮滑移率时域曲线、车轮前进速度与车轮线速度时域曲线、车轮法向载荷与地面制动力时域曲线、车轮制动力矩时域曲线、车轮制动减速度时域曲线的 MATLAB 程序如下。

程序	注释
T=5;	仿真时间
Ts=0.02;	采样时间
n=fix(T/Ts);	总步数和行向量的维数
t=0:Ts:(n-1)*Ts;	时间向量,步长为 Ts
phi_h=0.82;	峰值附着系数
phi_g=0.61;	车轮抱死时附着系数
k=1;	循环变量
phi=zeros(1,n);	附着系数向量
smin=0.185;	滑移率下限
smax=0.221;	滑移率上限
so=0.2;	目标滑移率
m=364;	车轮质量
rd=0.25;	车轮滚动半径
g=9.8;	重力加速度
Iw=12;	车轮转动惯量
uo=zeros(1,n);	车轮中心速度向量
uo(1)=25;	初始车速
uw=zeros(1,n);	车轮线速度向量
uw(1)=25;	初始线速度
s=ones(1,n);	滑移率向量
s(1)=0;	初始滑移率
w=zeros(1,n);	车轮角速度向量
w(1)=100;	初始角速度
beta=zeros(1,n);	角加速度向量
a_u=zeros(1,n);	车轮中心加速度向量
Tb=zeros(1,n);	制动力矩向量
Tb(1)=500;	初始制动力矩
ki=1500;	制动压力增压速率
kd=6000;	制动压力减压速率
Fx=zeros(1,n);	地面制动力向量

代码	注释
`Fd=364*g;`	计算地面制动力
`while uo(k)>0`	当车轮速度大于 0 时循环开始
`    uw(k)=rd*w(k);`	计算车轮线速度
`    s(k)=(uo(k)-uw(k))/uo(k);`	计算车轮滑移率
`    if s(k)<=so&s(k)>=0`	判断滑移率满足条件
`        phi(k)=phi_h/so*s(k);`	计算滑移率
`    elseif  s(k)>so&s(k)<=1`	判断滑移率满足条件
`        phi(k)=(phi_h-phi_g*so)/(1-so)-(phi_h-phi_g)/(1-so)*s(k);`	计算滑移率
`    elseif s(k)<0`	如果滑移率小于 0
`        disp('something is wrong')`	有问题
`        break`	停止
`    end`	循环结束
`Fx(k)=m*g*phi(k);`	计算前轮法向载荷
`beta(k)=(Fx(k)*rd-Tb(k))/Iw;`	计算车轮角加速度
`a_u(k)=Fx(k)/m;`	计算车轮加速度
`w(k+1)=w(k)+beta(k)*Ts;`	计算下一步的角速度
`uo(k+1)=uo(k)-a_u(k)*Ts;`	计算下一步的速度
`if s(k)<smin`	如果滑移率小于滑移率下限
`    Tb(k+1)=Tb(k)+ki*Ts;`	计算制动力矩增大
`elseif s(k)>=smax`	如果滑移率大于滑移率上限
`    if Tb(k)>=0&Tb(k)<=kd*Ts`	制动力矩判断
`        Tb(k+1)=0;`	制动力矩为 0
`    else`	否则
`        Tb(k+1)=Tb(k)-kd*Ts;`	计算制动力矩减小
`    end`	循环结束
`elseif s(k)>=smin&s(k)<=smax`	滑移率判断
`    Tb(k+1)=Tb(k);`	制动力矩不变
`end`	循环结束
`    k=k+1;`	循环变量自动加 1
`end`	循环结束
`figure(1)`	设置图形窗口 1
`plot(t,s)`	绘制滑移率曲线
`axis([0 t(k)+0.02 0 0.35])`	设置坐标轴范围
`xlabel('时间/s')`	x 轴标注
`ylabel('滑移率')`	y 轴标注
`grid on`	绘制栅格线
`figure(2)`	设置图形窗口 2
`plot(t,uo,t,uw,'--')`	绘制车轮中心速度和线速度
`axis([0 t(k)+0.2 0 31])`	设置坐标轴范围
`xlabel('时间/s')`	x 轴标注
`ylabel('速度/(m/s)')`	y 轴标注
`text(0.8,13,'车轮中心前进速度')`	曲线标注

代码	说明
text(0.5,23,'车轮线速度')	曲线标注
grid on	绘制栅格线
figure(3)	设置图形窗口 3
plot(t,Fd,'-',t,Fx)	绘制法向载荷和制动力曲线
axis([0 t(k)+0.02 0 4000])	设置坐标轴范围
xlabel('时间/s')	x 轴标注
ylabel('力/N')	y 轴标注
grid on	绘制栅格线
figure(4)	设置图形窗口 4
plot(t,Tb)	绘制制动力矩曲线
axis([0 t(k)+0.02 0 2000])	设置坐标轴范围
xlabel('时间/t')	x 轴标注
ylabel('车轮制动力矩/N.m')	y 轴标注
grid on	绘制栅格线
figure(5)	设置图形窗口 5
plot(t,Fx/m)	绘制制动减速度曲线
axis([0 t(k)+0.02 0 10])	设置坐标轴范围
xlabel('时间/t')	x 轴标注
ylabel('车轮制动减速度/(m/s^2)')	y 轴标注
grid on	绘制栅格线

在 MATLAB 编辑器中输入这些程序，点击运行按钮，就会得到车轮滑移率时域曲线、车轮前进速度与车轮线速度时域曲线、车轮法向载荷与地面制动力时域曲线、车轮制动力矩时域曲线、车轮制动减速度时域曲线，如图 5-2～图 5-6 所示。

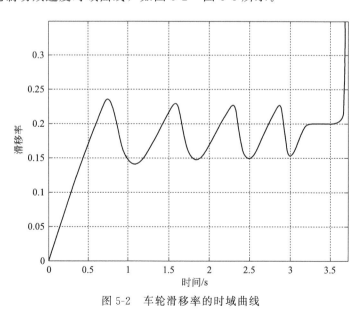

图 5-2 车轮滑移率的时域曲线

从车轮滑移率时域曲线可以看出，滑移率随着时间快速接近 0.2 附近，开始振荡，在 3.2s 附近趋于平衡。

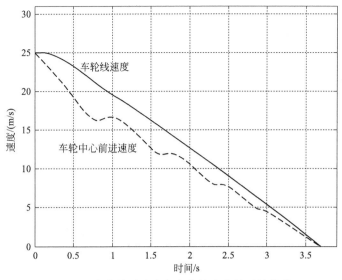

图 5-3 车轮前进速度与车轮线速度的时域曲线

从车轮前进速度与车轮线速度时域曲线可以看出，车轮线速度随时间的增加而减小，车轮中心前进速度总体也在减小，但是有小幅振荡，在 3.6s 时均减小至 0，汽车完全制动。

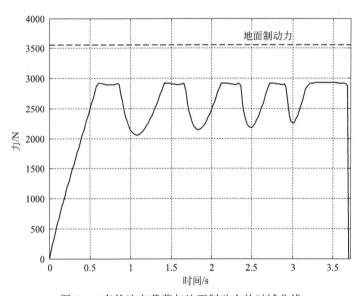

图 5-4 车轮法向载荷与地面制动力的时域曲线

从车轮法向载荷与地面制动力时域曲线可以看出，在制动过程中，车轮地面制动力快速上升到 3000N 附近，由于 ABS 作用，在 2000～3000N 之间反复振荡。车轮法向载荷是一条直线，说明是不变的。

从车轮制动力矩时域曲线可以看出，在制动过程中，一开始制动力矩迅速升高至 1400N·m 附近，随后在 1000N·m 上下振荡，最后在 3.6s 时减小至 0。

从车轮制动减速度时域曲线可以看出，在制动过程中，一开始制动减速度迅速升高至 $8m/s^3$ 附近，随后稳定振荡变化，最后在 3.6s 时减小至 0。

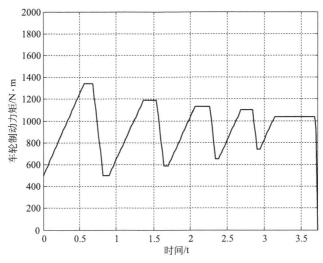

图 5-5　车轮制动力矩的时域曲线

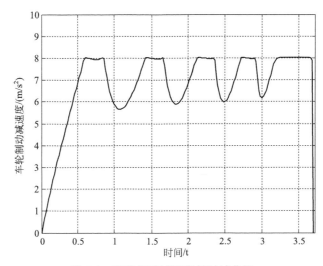

图 5-6　车轮制动减速度的时域曲线

实例 六
自由滚动轮胎侧偏特性仿真

轮胎侧偏特性主要是指轮胎侧向力、回正力矩与侧偏角之间的关系，它是研究汽车操纵稳定性的基础。

任务描述

主要任务:
1. 建立自由滚动轮胎侧偏特性数学模型
2. 绘制三种不同垂直载荷下的轮胎侧向力-侧偏角关系曲线
3. 绘制三种不同垂直载荷下的轮胎回正力矩-侧偏角关系曲线

自由滚动轮胎侧偏特性仿真所需参数见表 6-1。

表 6-1 自由滚动轮胎侧偏特性仿真所需参数

轮胎侧向刚度/(kN/m³)	轮胎摩擦因数	轮胎印迹宽度/m
100000	0.8	0.1
垂直载荷/kN	轮胎印迹长度/m	轮胎侧偏角/(°)
3、5、8	0.09、0.12、0.14	0~10

任务实施过程

1. 建立自由滚动轮胎侧偏特性数学模型

轮胎侧偏特性模型主要用于研究汽车操纵稳定性。影响轮胎侧偏特性的因素很多,为了了解轮胎侧偏特性的基本性质,逐步建立起理性的认识,有必要建立简化的自由滚动轮胎侧偏特性理论模型,为进一步建立比较完善的轮胎侧偏特性模型奠定基础。

在建立简化的自由滚动轮胎侧偏特性理论模型时,作如下假设。
(1) 轮胎胎体为刚性,轮胎的弹性集中在胎面。
(2) 轮胎作自由滚动,其纵向滑动和纵向力可以忽略。
(3) 轮胎的外倾角为零。
(4) 轮胎与路面之间各点的摩擦因数为固定常数。
(5) 垂直载荷在印迹上的分布为抛物线分布,在宽度上的分布是相同的。

当轮胎以一定侧偏角 α 自由向前滚动时,轮胎在侧向力作用下印迹内胎面变形如图 6-1 所示。o 为印迹起始点,C 为印迹终了点,oA 为附着区,AC 是滑移区,l 为印迹长度。ox 为车轮中心旋转平面;印迹在 o 点开始与地面接触,经时间 t 后达到 P 点,轮胎继续向前滚动,达到 A 点后,胎面变形产生的侧向应力和摩擦侧向应力相等,轮胎开始滑移,最后回到不变形的初始位置 C。

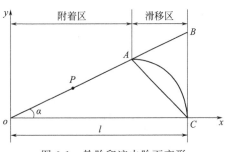

图 6-1 轮胎印迹内胎面变形

附着区内胎面上任一点 P 的侧向变形为

$$\Delta y = x \tan\alpha = s_\alpha x \tag{6-1}$$

式中,$s_\alpha = \tan\alpha$。

轮胎印迹内由胎面变形引起的侧向应力为

$$q_y = c_y \Delta y = c_y s_\alpha x \tag{6-2}$$

式中,c_y 为轮胎侧向分布刚度。

轮胎印迹内的侧向摩擦应力为

$$q_{\mu y} = \mu_y q_z \tag{6-3}$$

式中,μ_y 为轮胎侧向摩擦因数;q_z 为轮胎垂直载荷分布。

轮胎垂直载荷为抛物线分布,即

$$q_z = \frac{6F_z}{b_w l^2} x \left(1 - \frac{x}{l}\right) \tag{6-4}$$

式中,F_z 为轮胎垂直载荷;b_w 为轮胎印迹宽度。

当轮胎印迹内由胎面变形产生的侧向应力和侧向摩擦应力相等时,轮胎开始滑移,起滑点坐标为

$$x_s = l\left(1 - \frac{c_y s_\alpha b_w l^2}{6 F_z \mu_y}\right) \tag{6-5}$$

自由滚动轮胎侧向力为

$$F_y = b_w \int_0^{x_s} q_y \mathrm{d}x + b_w \int_{x_s}^{l} q_{\mu y} \mathrm{d}x = b_w \int_0^{x_s} c_y s_\alpha x \mathrm{d}x + b_w \int_{x_s}^{l} \frac{6\mu_y F_z}{b_w l^2} x\left(1 - \frac{x}{l}\right) \mathrm{d}x$$
$$= \frac{K_y}{l^2} s_\alpha x_s^2 + \mu_y F_z \left(1 - \frac{3 x_s^2}{l^2} + \frac{2 x_s^3}{l^3}\right) \tag{6-6}$$

式中，$K_y = \frac{1}{2} b_w l^2 c_y$，为轮胎侧偏刚度。

自由滚动轮胎回正力矩为

$$M_z = b_w \int_0^{x_s} \left(x - \frac{l}{2}\right) q_y \mathrm{d}x + b_w \int_{x_s}^{l} \left(x - \frac{l}{2}\right) q_{\mu y} \mathrm{d}x$$
$$= b_w \int_0^{x_s} \left(x - \frac{l}{2}\right) c_y s_\alpha x \mathrm{d}x + b_w \int_{x_s}^{l} \left(x - \frac{l}{2}\right) \frac{6\mu_y F_z}{b_w l^2} x\left(1 - \frac{x}{l}\right) \mathrm{d}x \tag{6-7}$$
$$= b_w c_y s_\alpha x_s^2 \left(\frac{x_s}{3} - \frac{l}{4}\right) + \frac{3 \mu_y F_z}{2 l^3} x_s^2 (l - x_s)^2$$

2. 绘制三种不同垂直载荷下的轮胎侧向力-侧偏角关系曲线

根据自由滚动轮胎侧向力数学模型，编写绘制三种不同垂直载荷下的轮胎侧向力-侧偏角关系曲线的 MATLAB 程序如下。

程序	注释
a=0:0.1:10;	定义侧偏角范围
s=tan(a.*(pi/180));	计算侧偏角的正切函数
c=100000;	轮胎侧向刚度
u=0.8;	轮胎摩擦因数
Fz=[3 5 8];	轮胎垂直载荷赋值
L=[0.09 0.12 0.14];	轮胎印迹长度赋值
b=0.1;	轮胎印迹宽度
for i=1:3	循环开始
K=0.5*b*L(i)^2*c;	计算轮胎侧偏刚度
Xi=L(i)*(1-(c*s*b*L(i)^2)/(6*Fz(i)*u));	计算起滑点坐标
Fyi=K/L(i)^2*s.*Xi.^2+u*Fz(i)*(1-(3.*Xi.^2)/L(i)^2+(2.*Xi.^3)/L(i)^3);	计算侧向力
plot(a,Fyi)	绘制侧向力与侧偏角曲线
hold on	保存图形
end	循环结束
axis([0 10 0 7])	定义坐标轴
xlabel('侧偏角/(°)')	x 轴标注
ylabel('侧向力/kN')	y 轴标注
text(7.5,6,'垂直载荷 8kN')	曲线标注
text(7.5,3.6,'垂直载荷 5kN')	曲线标注
text(7.5,2,'垂直载荷 3kN')	曲线标注

在 MATLAB 编辑器中输入这些程序，点击运行按钮，可以得到三种不同垂直载荷下的轮胎侧向力-侧偏角关系曲线，如图 6-2 所示。可以看出，在小侧偏角下，侧向力随着侧偏角的增加而快速增加；随着侧偏角的增大，侧向力增加缓慢；侧向力随着垂直载荷的增加而增加；垂直载荷越大，侧向力越大。

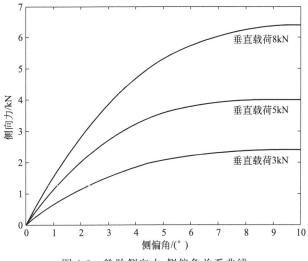

图 6-2　轮胎侧向力-侧偏角关系曲线

3. 绘制三种不同垂直载荷下的轮胎回正力矩-侧偏角关系曲线

根据自由滚动轮胎回正力矩数学模型，编写绘制三种不同垂直载荷下的轮胎回正力矩—侧偏角关系曲线的 MATLAB 程序如下。

程序	注释
a=0:0.1:10;	定义侧偏角范围
s=tan(a.*(pi/180));	计算侧偏角的正切函数
c=100000;	轮胎侧向刚度
u=0.8;	轮胎摩擦因数
Fz=[3 5 8];	轮胎垂直载荷赋值
L=[0.09 0.12 0.14];	轮胎印迹长度赋值
b=0.1;	轮胎印迹宽度
for i=1:3	循环开始
Xi=L(i)*(1-(c*s*b*L(i)^2)/(6*Fz(i)*u));	计算起滑点坐标
Mi=b*c.*Xi.^2.*s.*(Xi/3-L(i)/4)+3*u*Fz(i).*Xi.^2.*(L(i)-Xi).^2/(2*L(i)^3);	计算回正力矩
plot(a,Mi)	绘制回正力矩与侧偏角曲线
hold on	保存图形
end	循环结束
axis([0 10 0 0.06])	定义坐标轴
xlabel('侧偏角/(°)')	x 轴标注
ylabel('回正力矩/kN.m')	y 轴标注

text(2,0.015,'垂直载荷 3kN')	曲线标注
text(2,0.027,'垂直载荷 5kN')	曲线标注
text(2,0.05,'垂直载荷 8kN')	曲线标注

在MATLAB编辑器中输入这些程序，点击运行按钮，可以得到三种不同垂直载荷下的轮胎侧向力-侧偏角关系曲线，如图6-3所示。可以看出，在小侧偏角下，回正力矩随着侧偏角增加快速增加，到达某一个侧偏角下，回正力矩达到最大值；再继续增加侧偏角，回正力矩急剧下降，最后降到零；回正力矩随着垂直载荷的增加而增加。

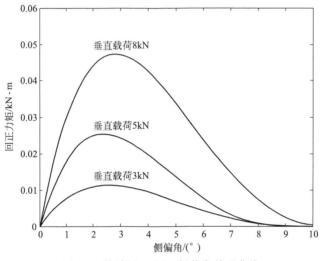

图 6-3 轮胎回正力矩-侧偏角关系曲线

实例 七

制动-驱动工况下的轮胎侧偏特性仿真

汽车时常在不同程度的制动或驱动工况下行驶，为了研究汽车在制动或驱动工况下的操纵稳定性，必须研究制动-驱动工况下的轮胎侧偏特性。

任务描述

主要任务：

1. 建立制动-驱动工况下的轮胎侧偏特性数学模型
2. 绘制不同垂直载荷下的轮胎纵向力-滑动率关系曲线
3. 绘制不同垂直载荷下的轮胎侧向力-滑动率关系曲线
4. 绘制不同垂直载荷下的轮胎回正力矩-滑动率关系曲线

制动-驱动工况下的轮胎侧偏特性仿真所需参数见表 7-1。

表 7-1 制动-驱动工况下的轮胎侧偏特性仿真所需参数

轮胎纵向刚度/(kN/m^3)	轮胎侧向刚度/(kN/m^3)	轮胎印迹宽度/m
1540000	1540000	0.1
轮胎摩擦因数	垂直载荷/N	轮胎印迹长度/m
0.8	4000、6000、8000	0.18

任务实施过程

1. 建立制动-驱动工况下的轮胎侧偏特性数学模型

在建立简化的制动-驱动工况下的轮胎侧偏特性理论模型时,作如下假设。
(1) 轮胎胎体为刚性,轮胎的弹性集中在胎面。
(2) 轮胎的外倾角为零。
(3) 轮胎与路面之间各点的摩擦因数为固定常数。
(4) 垂直载荷在印迹上的分布为均匀分布,在宽度上的分布是相同的。

图 7-1 所示为制动-驱动工况下的轮胎印迹内胎面变形。o 为印迹起始点,C 为印迹终了点,oA 为附着区,AC 是滑移区,l 为印迹长度。ox 为车轮中心旋转平面;路面相对于轮胎的运动速度 u 与 ox 轴成一个侧偏角 α,路面上的一点以速度 u 沿直线 oAB 移动,胎面基上对应的点以速度 u_R 沿 oC 滚动。

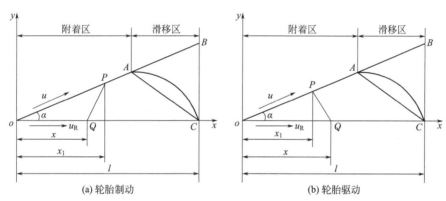

(a) 轮胎制动   (b) 轮胎驱动

图 7-1 制动-驱动工况下的轮胎印迹内胎面变形

在附着区内,胎面上的一点由 o 点开始滚动,经时间 t 后达到 P 点,轮胎继续向前滚动,达到 A 点后,胎面变形产生的应力和摩擦应力相等,轮胎开始进入滑移区,最后回到不变形的初始位置 C;胎面基上的对应点由 o 点滚动至 Q 点,最后达到 C 点。

在附着区,轮胎制动时,胎面层在印迹内任一点 P 的纵向变形为胎面上 P 点的纵向坐标与胎面基上 Q 点的纵向坐标之差,即

$$\Delta x = x_1 - x = ut\cos\alpha\left(1 - \frac{u_R}{u\cos\alpha}\right) = s_{bc} x_1 \tag{7-1}$$

式中,$s_{bc} = 1 - \dfrac{u_R}{u\cos\alpha}$,定义为轮胎侧偏时的制动滑移率;$x_1$ 为胎面坐标。

在附着区,轮胎制动时,胎面层在印迹内任一点 P 的侧向变形为

$$\Delta y = x_1 \tan\alpha = s_\alpha x_1 \tag{7-2}$$

如果用胎面基坐标 x 表示式(7-1) 和式(7-2),则

$$\Delta x = s_{bx} x$$
$$\Delta y = s_{b\alpha} x \tag{7-3}$$

式中，$s_{bx}=\dfrac{s_{bc}}{1-s_{bc}}$，$s_{b\alpha}=\dfrac{s_{\alpha}}{1-s_{bc}}$。

在附着区，轮胎驱动时，胎面层在印迹内任一点 P 的纵向变形为胎面上 P 点的纵向坐标与胎面基上 Q 点的纵向坐标之差，即

$$\Delta x = x_1 - x = u_R t\left(\dfrac{u\cos\alpha}{u_R}-1\right) = s_{dc} x \tag{7-4}$$

式中，$s_{dc}=\dfrac{u\cos\alpha}{u_R}-1$，定义为轮胎侧偏时的驱动滑转率。

在附着区，轮胎驱动时，胎面层在印迹内任一点 P 的侧向变形为

$$\Delta y = ut\sin\alpha = s_{d\alpha} x \tag{7-5}$$

式中，$s_{d\alpha}=(1+s_{dc})s_{\alpha}$。

为了统一描述制动-驱动工况下的轮胎侧偏特性，定义轮胎纵向滑动率和侧向滑动率分别为

$$\begin{aligned}s_x &= s_{bx} = s_{dc}\\ s_y &= s_{b\alpha} = s_{d\alpha}\end{aligned} \tag{7-6}$$

将 s_{bx} 和 s_{dc}、$s_{b\alpha}$ 和 $s_{d\alpha}$ 的表达式代入式(7-6)，可以证明上述定义是成立的。

轮胎在制动-驱动工况下，胎面层在印迹内任一点的纵向变形和侧向变形可统一表示为

$$\begin{aligned}\Delta x &= s_x x\\ \Delta y &= s_y x\end{aligned} \tag{7-7}$$

由轮胎印迹内胎面变形产生的纵向应力和侧向应力分别为

$$\begin{aligned}q_x &= c_x \Delta x = c_x s_x x\\ q_y &= c_y \Delta y = c_y s_y x\end{aligned} \tag{7-8}$$

轮胎印迹内胎面变形产生的合成应力为

$$q = \sqrt{q_x^2 + q_y^2} = \sqrt{(c_x s_x)^2 + (c_y s_y)^2}\, x \tag{7-9}$$

在滑移区，轮胎印迹内胎面和路面之间的滑动速度 u_s、行驶速度 u 以及滚动速度 u_R 三者之间的关系如图 7-2 所示。

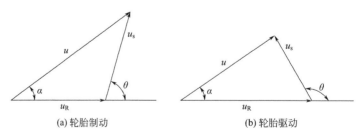

(a) 轮胎制动　　　　　　　　(b) 轮胎驱动

图 7-2　轮胎印迹内滑动速度、行驶速度以及滚动速度之间的关系

轮胎制动时，滑移角 θ 为

$$\begin{aligned}\tan\theta &= \dfrac{u\sin\alpha}{u\cos\alpha - u_R} = \dfrac{s_{\alpha}}{s_{bc}}\\ \theta &= \arctan\dfrac{s_{\alpha}}{s_{bc}}\end{aligned} \tag{7-10}$$

轮胎驱动时，滑移角 θ 为

$$\tan(\pi - \theta) = \frac{u\sin\alpha}{u_R - u\cos\alpha} = -\left(1 + \frac{1}{s_{dc}}\right)s_\alpha$$

$$\theta = \pi + \arctan\left(s_\alpha + \frac{s_\alpha}{s_{dc}}\right) \tag{7-11}$$

轮胎印迹内的摩擦应力为

$$q_m = \mu q_z = \mu \frac{F_z}{b_w l} \tag{7-12}$$

当轮胎印迹内由胎面变形产生的合成应力和摩擦应力相等时，轮胎开始滑移，起滑点坐标为

$$\sqrt{(c_x s_x)^2 + (c_y s_y)^2}\, x_s = \mu \frac{F_z}{b_w l}$$

$$x_s = \frac{\mu F_z}{b_w l \sqrt{(c_x s_x)^2 + (c_y s_y)^2}} \tag{7-13}$$

轮胎的纵向力 F_x、侧向力 F_y 和回正力矩 M_z 分别等于附着区内的纵向力 F_{xa}、侧向力 F_{ya} 和回正力矩 M_{za} 与滑移区内的纵向力 F_{xs}、侧向力 F_{ys} 和回正力矩 M_{zs} 之和，即

$$\begin{aligned} F_x &= F_{xa} + F_{xs} \\ F_y &= F_{ya} + F_{ys} \\ M_z &= M_{za} + M_{zs} \end{aligned} \tag{7-14}$$

轮胎附着区内的纵向力 F_{xa} 和侧向力 F_{ya} 由胎面变形产生的纵向应力和侧向应力在附着区内积分求得，即

$$\begin{aligned} F_{xa} &= b_w \int_0^{x_s} q_x \mathrm{d}x = b_w c_x s_x x_s^2 / 2 \\ F_{ya} &= b_w \int_0^{x_s} q_y \mathrm{d}x = b_w c_y s_y x_s^2 / 2 \end{aligned} \tag{7-15}$$

轮胎附着区内的回正力矩由两部分组成，一部分是由侧向应力产生的，一部分是由纵向应力产生的，其表达式为

$$M_{za} = b_w \left[\int_0^{x_s} \left(x - \frac{l}{2}\right) q_y \mathrm{d}x - \int_0^{x_s} \Delta y q_x \mathrm{d}x \right] = \frac{b_w c_y s_y x_s^2}{4}\left(\frac{4x_s}{3} - l\right) - \frac{b_w c_x s_y s_x x_s^3}{3} \tag{7-16}$$

轮胎滑移区内的纵向力和侧向力分别为

$$\begin{aligned} F_{xs} &= b_w \int_{x_s}^{l} q_m \cos\theta \mathrm{d}x = \frac{\mu F_z}{l}(l - x_s)\cos\theta \\ F_{ys} &= b_w \int_{x_s}^{l} q_m \sin\theta \mathrm{d}x = \frac{\mu F_z}{l^2}(l - x_s)\sin\theta \end{aligned} \tag{7-17}$$

轮胎滑移区内的回正力矩为

$$M_{zs} = b_w \left[\int_{x_s}^{l} \left(x - \frac{l}{2}\right) q_m \sin\theta \mathrm{d}x - \int_{x_s}^{l} y_1 q_m \cos\theta \mathrm{d}x \right] \tag{7-18}$$

y_1 是图 7-1 中直线 AC 的纵向坐标，根据两点坐标建直线方程，可得

$$y_1 = \frac{s_a x_s (l-x)}{l-x_s} \tag{7-19}$$

将式(7-19)代入式(7-18)进行积分得

$$M_{zs} = \frac{\mu F_z x_s}{2l}(l-x_s)\sin\theta - \frac{\mu F_z s_a x_s}{l(l-x_s)}\left(\frac{l^2}{2} - lx_s + \frac{x_s^2}{2}\right)\cos\theta \tag{7-20}$$

2. 绘制不同垂直载荷下的轮胎纵向力-滑动率关系曲线

取侧偏角为5°,垂直载荷分别取4000N、6000N、8000N,根据制动-驱动工况下轮胎纵向力数学模型,编写绘制不同垂直载荷下的轮胎纵向力-滑动率关系曲线的MATLAB程序如下。

程序	注释
Fz=[4000 6000 8000];	垂直载荷赋值
cy=1540000000;	侧向刚度赋值
cx=1540000000;	纵向刚度赋值
L=0.18;	印迹长度赋值
b=0.1;	印迹宽度赋值
uy=0.8;	摩擦因数赋值
Sa=tan(5*pi/180);	计算侧偏角正切值
Sb=0:0.01:1;	设置制动滑移率
Sx=Sb./(1-Sb);	计算纵向滑移率
Sy=Sa./(1-Sb);	计算侧向滑移率
for i=1:3	循环开始
xs=uy*Fz(i)./(L*b*sqrt((Sx.*cx).^2+(Sy.*cy).^2));	计算起滑点坐标
E=atan(Sa./Sb);	计算制动滑移角
Fx1=b*cx*Sx.*(xs.^2)./2;	计算变形纵向力
Fx2=Fz(i)*uy*cos(E).*(L-xs)/L;	计算滑移纵向力
Fx=Fx1+Fx2;	计算总纵向力
gss='- : -';	设置线型
plot(Sb,Fx,[gss(2*i-1)gss(2*i)])	绘制纵向力-滑移率曲线
hold on	保存图形
end	循环结束
Sd=0:-0.01:-1;	设置驱动滑转率
Sx=Sd;	计算纵向滑移率
Sy=(1+Sd)*Sa;	计算侧向滑移率
for i=1:3	循环开始
xs=uy*Fz(i)./(L*b*sqrt((Sx.*cx).^2+(Sy.*cy).^2));	计算起滑点坐标
E=pi+atan(Sa+Sa./Sd);	计算驱动滑移角
Fx1=b*cx*Sx.*(xs.^2)./2;	计算变形纵向力
Fx2=Fz(i)*uy*cos(E).*(L-xs)/L;	计算滑移纵向力
Fx=Fx1+Fx2;	计算总纵向力
gss='- : -';	设置线型
plot(Sd,Fx,[gss(2*i-1)gss(2*i)])	绘制纵向力-滑转率曲线
hold on	保持图形

程序	注释
end	循环结束
x1=[-1 1];	设置 x1 坐标值
y1=[0 0];	设置 y1 坐标值
plot(x1,y1)	绘制 x1 和 y1 直线
x=[0 0];	设置 x 坐标值
y=[-8000 8000];	设置 y 坐标值
plot(x,y)	绘制 x 和 y 直线
xlabel('滑转率 滑移率')	x 轴标注
ylabel('纵向力/N')	y 轴标注
legend('垂直载荷 4000N','垂直载荷 6000N','垂直载荷 8000N')	曲线标注

在 MATLAB 编辑器中输入这些程序,点击运行按钮,就会得到轮胎纵向力-滑动率关系曲线,如图 7-3 所示。其中正的滑移率代表制动,负的滑转率代表驱动;正的纵向力代表制动力,负的纵向力代表驱动力。由图 7-3 可知,随着滑移率或滑转率绝对值的增加,纵向力绝对值快速增加,达到 0.2 左右时,纵向力绝对值达到最大值;再增加滑移率或滑转率绝对值,纵向力基本保持不变。随着垂直载荷的增加,纵向力绝对值增加。

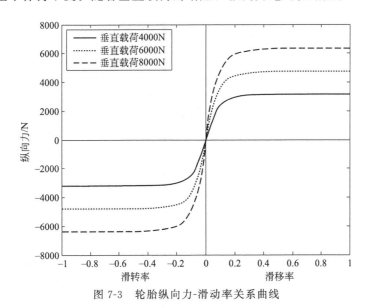

图 7-3　轮胎纵向力-滑动率关系曲线

3. 绘制不同垂直载荷下的轮胎侧向力-滑动率关系曲线

取侧偏角为 5°,垂直载荷分别取 4000N、6000N、8000N,根据制动-驱动工况下轮胎侧向力数学模型,编写绘制不同垂直载荷下的轮胎侧向力-滑动率关系曲线的 MATLAB 程序如下。

程序	注释
Fz=[4000 6000 8000];	垂直载荷赋值
cy=154000000;	侧向刚度赋值
cx=154000000;	纵向刚度赋值
L=0.18;	印迹长度赋值

代码	注释
`b=0.1;`	印迹宽度赋值
`uy=0.8;`	摩擦因数赋值
`Sa=tan(5*pi/180);`	计算侧偏角正切值
`Sb=0:0.01:1;`	设置制动滑移率
`Sx=Sb./(1-Sb);`	计算纵向滑移率
`Sy=Sa./(1-Sb);`	计算侧向滑移率
`for i=1:3`	循环开始
`xs=uy*Fz(i)./(L*b*sqrt((Sx.*cx).^2+(Sy.*cy).^2));`	计算起滑点坐标
`E=atan(Sa./Sb);`	计算制动滑移角
`Fy1=b*cy*Sy.*(xs.^2)./2;`	计算变形侧向力
`Fy2=Fz(i)*uy*sin(E).*(L-xs)/L;`	计算滑移侧向力
`Fy=Fy1+Fy2;`	计算总侧向力
`gss='- : --';`	设置线型
`plot(Sb,Fy,[gss(2*i-1) gss(2*i)])`	绘制侧向力-滑移率曲线
`hold on`	保存图形
`end`	循环结束
`Sd=-0.001:-0.01:-1;`	设置驱动滑转率
`Sx=Sd;`	计算纵向滑移率
`Sy=(1+Sd)*Sa;`	计算侧向滑移率
`for i=1:3`	循环开始
`xs=uy*Fz(i)./(L*b*sqrt((Sx.*cx).^2+(Sy.*cy).^2));`	计算起滑点坐标
`E=pi+atan(Sa+Sa./Sd);`	计算驱动滑移角
`Fy1=b*cy*Sy.*(xs.^2)./2;`	计算变形侧向力
`Fy2=Fz(i)*uy*sin(E).*(L-xs)/L;`	计算滑移侧向力
`Fy=Fy1+Fy2;`	计算总侧向力
`gss='- : --';`	设置线型
`plot(Sd,Fy,[gss(2*i-1)gss(2*i)])`	绘制侧向力-滑转率曲线
`hold on`	保持图形
`end`	循环结束
`x=[0 0];`	设置 x 坐标值
`y=[07000];`	设置 y 坐标值
`plot(x,y)`	绘制 x 和 y 直线
`xlabel('滑转率                    滑移率')`	x 轴标注
`ylabel('侧向力/N')`	y 轴标注
`legend('垂直载荷 4000N','垂直载荷 6000N','垂直载荷 8000N')`	曲线标注

在 MATLAB 编辑器中输入这些程序,点击运行按钮,就会得到轮胎侧向力-滑动率关系曲线,如图 7-4 所示。可以看出,当滑移率或滑转率为 0 时,侧向力最大;随着滑移率或滑转率绝对值的增加,侧向力快速减小,最终趋近于 0。

4. 绘制不同垂直载荷下的轮胎回正力矩-滑动率关系曲线

取侧偏角为 5°,垂直载荷分别取 4000N、6000N、8000N,根据制动-驱动工况下轮胎回正力矩数学模型,编写绘制不同垂直载荷下的轮胎回正力矩-滑动率关系曲线的 MATLAB 程序如下。

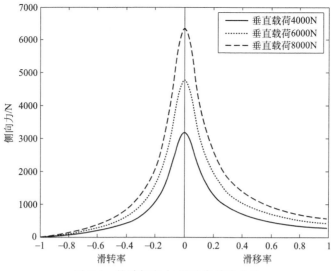

图 7-4 轮胎侧向力-滑动率关系曲线

程序	注释
Fz=[4000 6000 8000];	垂直载荷赋值
cy=154000000;	侧向刚度赋值
cx=154000000;	纵向刚度赋值
L=0.18;	印迹长度赋值
B=0.1;	印迹宽度赋值
uy=0.8;	摩擦因数赋值
Sa=tan(5*pi/180);	计算侧偏角正切值
Sb=0:0.01:1;	设置制动滑移率
Sx=Sb./(1-Sb);	计算纵向滑移率
Sy=Sa./(1-Sb);	计算侧向滑移率
for i=1:3	循环开始
xs=uy*Fz(i)./(L*b*sqrt((Sx.*cx).^2+(Sy.*cy).^2));	计算起滑点坐标
E=atan(Sa./Sb);	计算制动滑移角
Mz1=b*cy*Sy.*(xs.^2).*(4*xs./3-L)./4-b*cx*Sy.*Sx.*(xs.^3)./3;	计算回正力矩1
Mz21=uy*Fz(i)*sin(E).*xs.*(L-xs)/2/L;	计算回正力矩2
Mz22=-uy*Fz(i)*cos(E).*Sa.*xs.*(L^2/2-L*xs+xs.^2/2)./L/(L-xs);	计算回正力矩3
Mz=Mz1+Mz21+Mz22;	计算总回正力矩
gss='-:--';	设置线型
plot(Sb,Mz,[gss(2*i-1)gss(2*i)])	绘制回正力矩-滑移率曲线
hold on	保存图形
end	循环结束
Sd=-0.001:-0.01:-1;	设置驱动滑转率
Sx=Sd;	计算纵向滑移率
Sy=(1+Sd)*Sa;	计算侧向滑移率

代码	注释
`for i=1:3`	循环开始
`xs=uy*Fz(i)./(L*b*sqrt((Sx.*cx).^2+(Sy.*cy).^2));`	计算起滑点坐标
`E=pi+atan(Sa+Sa./Sd);`	计算驱动滑移角
`Mz1=b*cy*Sy.*(xs.^2).*(4*xs./3-L)./4-b*cx*Sy.*Sx.*(xs.^3)./3;`	计算回正力矩 1
`Mz21=uy*Fz(i)*sin(E).*xs.*(L-xs)/2/L;`	计算回正力矩 2
`Mz22=-uy*Fz(i)*cos(E).*Sa.*xs.*(L^2/2-L*xs+xs.^2/2)./L/(L-xs);`	计算回正力矩 3
`Mz=Mz1+Mz21+Mz22;`	计算总回正力矩
`gss='- : --';`	设置线型
`plot(Sd,Mz,[gss(2*i-1)gss(2*i)])`	绘制回正力矩-滑转率曲线
`hold on`	保持图形
`end`	循环结束
`xlabel('滑转率                滑移率')`	x 轴标注
`ylabel('回正力矩/N.m')`	y 轴标注
`legend('垂直载荷 4000N','垂直载荷 6000N','垂直载荷 8000N')`	曲线标注

在 MATLAB 编辑器中输入这些程序，点击运行按钮，就会得到轮胎回正力矩-滑动率关系曲线，如图 7-5 所示。可以看出，当滑移率或滑转率为 0 时，回正力矩最大；随着滑移率或滑转率绝对值的增加，回正力矩快速减小，最终趋近于 0。

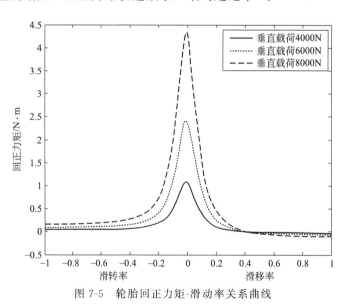

图 7-5 轮胎回正力矩-滑动率关系曲线

实例 八

基于魔术公式的轮胎动力学仿真

轮胎魔术公式是典型的轮胎半经验模型,是目前应用最广泛的轮胎模型之一。魔术公式是用三角函数的组合公式拟合轮胎试验数据,用一套形式相同的公式就可以完整地表达轮胎的纵向力、侧向力、回正力矩以及纵向力、侧向力的联合作用工况。魔术公式较好地描述了轮胎纵向力、侧向力、回正力矩以及联合工况下的轮胎特性,得到了广泛应用。

 **任务描述**

主要任务:

1. 建立轮胎魔术公式数学模型
2. 绘制不同载荷下的轮胎纵向力-滑动率关系曲线
3. 绘制不同载荷下的轮胎侧向力-侧偏角关系曲线
4. 绘制不同载荷下的轮胎回正力矩-侧偏角关系曲线

基于魔术公式的轮胎动力学仿真所需参数见表 8-1。

表 8-1 基于魔术公式的轮胎动力学仿真所需参数

	B_0	B_1	B_2	B_3	B_4	B_5	B_6
纵向力参数	2.37272	−9.46	1490	130	276	0.0886	0.00402
	B_7	B_8	B_9	B_{10}			
	−0.0615	1.2	0.0299	−0.176			
	A_0	A_1	A_2	A_3	A_4	A_5	A_6
侧向力参数	1.65	−34	1250	3036	12.8	0.00501	−0.02103
	A_7	A_8	A_9	A_{10}	A_{11}	A_{12}	A_{13}
	0.77394	0.002289	0.013442	0.003709	19.1656	1.21356	6.26206
	C_0	C_1	C_2	C_3	C_4	C_5	C_6
回正力矩参数	2.34	1.495	6.416654	−3.57403	−0.087737	0.09841	0.0027699
	C_7	C_8	C_9	C_{10}	C_{11}	C_{12}	C_{13}
	−0.0001151	0.1	−1.33329	0.025501	−0.02357	0.03027	−0.0647
	C_{14}	C_{15}	C_{16}	C_{17}			
	0.0211329	0.89469	−0.099443	−3.336941			

任务实施过程

1. 建立轮胎魔术公式数学模型

目前，轮胎魔术公式有多种模型，如 Pacejka89 模型、Pacejka94 模型、MF-Tyre 轮胎模型、PAC2002 轮胎模型等，这里采用的是 Pacejka89 模型。

Pacejka89 轮胎模型采用 SAE 轮胎坐标系，遵守的符号协议为：纵向力与纵向滑动率符号一致；侧向力与侧偏角符号一致；小侧偏角时，回正力矩与侧偏角符号相反。

Pacejka89 轮胎模型是将纵向特征量描述为垂直载荷的函数，侧向特征量描述为垂直载荷与外倾角的函数。垂直载荷与外倾角一定时，Pacejka89 轮胎模型纵向力为纵向滑动率的正弦函数，侧向力与回正力矩为侧偏角的正弦函数，且纵向力、侧向力与回正力矩求解函数是相互独立的。

Pacejka89 轮胎模型采用的单位制有别于国际单位制，垂直载荷单位为 kN，纵向滑动率为％，侧偏角单位为（°），纵向力与侧向力单位为 N，回正力矩单位为 N·m。

Pacejka89 轮胎模型可统一描述为

$$\begin{aligned} Y(x) &= y(x) + S_v \\ y(x) &= D\sin(C\arctan(Bx - E(Bx - \arctan(Bx)))) \\ x &= X + S_h \end{aligned} \quad (8\text{-}1)$$

式中，$Y(x)$ 为轮胎纵向力、侧向力或回正力矩；x 为考虑水平偏移因子时的自变量；$y(x)$ 为不考虑垂直偏移因子的纵向力、侧向力或回正力矩；X 为纵向滑动率或侧偏角；D 为峰值因子，表征 $y(x)$ 曲线的峰值；C 为形状因子，表征 $y(x)$ 曲线的形状；B 为刚度因子，决定 $y(x)$ 曲线原点处的斜率；E 为曲率因子，表征 $y(x)$ 曲线峰值和渐进线附近的曲率；S_v 为垂直偏移因子，表征 $y(x)$ 曲线的垂直偏移程度；S_h 为水平偏移因子，表征 $y(x)$ 曲线的水平偏移程度。

S_v 和 S_h 是由轮胎的帘布层转向效应、轮胎的圆锥度效应、滚动阻力矩和外倾角引起的，用来描述特性曲线相对原点的偏移；BCD 决定 $x=0$ 处的斜率；B、C、D、S_v、S_h 等系数的意义如图 8-1 所示。

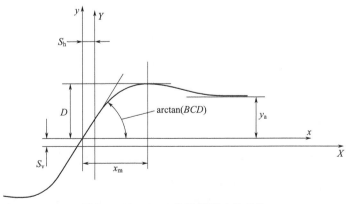

图 8-1 Pacejka89 轮胎模型中的系数

(1) 轮胎纵向力。纯纵滑工况下，Pacejka89 轮胎模型纵向力表达式为

$$F_{x0} = D_x \sin(C_x \arctan(B_x s_{x0} - E_x(B_x s_{x0} - \arctan(B_x s_{x0})))) + S_{vx} \quad (8\text{-}2)$$

式中，$s_{x0} = s_x + S_{hx}$ 为纵向力组合自变量；s_x 为轮胎纵向滑动率，$s_x > 0$ 时为驱动滑转率，$s_x < 0$ 时为制动滑移率；C_x 为纵向力曲线形状因子，表示纵向力曲线的形状；D_x 为纵向力峰值因子，表示最大纵向力值；B_x 为纵向力曲线刚度因子；$B_x C_x D_x$ 为纵向力零点处的纵向刚度；E_x 为纵向力曲率因子，表示曲线峰值附近的形状；S_{vx} 为纵向力曲线垂直偏移因子；S_{hx} 为纵向力曲线水平偏移因子。

Pacejka89 轮胎模型纵向力表达式各项系数为

$$\left. \begin{array}{l} C_x = B_0 \\ D_x = B_1 F_z^2 + B_2 F_z \\ B_x = (B_3 F_z^2 + B_4 F_z) e^{-B_5 F_z} / (C_x D_x) \\ E_x = B_6 F_z^2 + B_7 F_z + B_8 \\ S_{vx} = 0 \\ S_{hx} = B_9 F_z + B_{10} \end{array} \right\} \quad (8\text{-}3)$$

式中，F_z 为轮胎垂直载荷；$B_0 \sim B_{10}$ 为纯纵滑工况下 Pacejka89 轮胎模型纵向力特性参数。

(2) 轮胎侧向力。纯侧偏工况下，Pacejka89 轮胎模型侧向力表达式为

$$F_{y0} = D_y \sin(C_y \arctan(B_y \alpha_y - E_y(B_y \alpha_y - \arctan(B_y \alpha_y)))) + S_{vy} \quad (8\text{-}4)$$

式中，$\alpha_y = \alpha + S_{hy}$ 为侧向力组合自变量；α 为轮胎侧偏角；C_y 为侧向力曲线形状因子，表示侧向力曲线的形状；B_y 为侧向力曲线刚度因子；D_y 为侧向力峰值因子，表示最大侧向力值；$B_y C_y D_y$ 为侧向力零点处的侧向刚度；E_y 为侧向力曲率因子，表示曲线峰值附近的形状；S_{vy} 为侧向力曲线垂直偏移因子；S_{hy} 为侧向力曲线水平偏移因子。

Pacejka89 轮胎模型侧向力表达式各项系数为

$$\left. \begin{array}{l} C_y = A_0 \\ D_y = A_1 F_z^2 + A_2 F_z \\ B_y = A_3 \sin(2\arctan F_z / A_4)(1 - A_5 |\gamma|) / (C_y D_y) \\ E_y = A_6 F_z + A_7 \\ S_{hy} = A_8 \gamma + A_9 F_z + A_{10} \\ S_{vy} = A_{11} F_z \gamma + A_{12} F_z + A_{13} \end{array} \right\} \quad (8\text{-}5)$$

式中，γ 为轮胎外倾角；$A_0 \sim A_{13}$ 为纯侧偏工况下 Pacejka89 轮胎模型侧向力特性参数。

(3) 轮胎回正力矩。纯侧偏工况下，Pacejka89 轮胎模型回正力矩表达式为

$$M_{z0} = D_z \sin(C_z \arctan(B_z \alpha_z - E_z(B_z \alpha_z - \arctan(B_z \alpha_z)))) + S_{vz} \quad (8\text{-}6)$$

式中，$\alpha_z = \alpha + S_{hz}$ 为回正力矩组合自变量；C_z 为回正力矩曲线形状因子，表示回正力矩曲线的形状；D_z 为回正力矩峰值因子，表示最大回正力矩值；B_z 为回正力矩曲线刚度因子；$B_z C_z D_z$ 为回正力矩零点处的扭转刚度；E_z 为回正力矩曲率因子，表示曲线峰值附近的形状；S_{vz} 为回正力矩曲线垂直偏移因子；S_{hz} 为回正力矩曲线水平偏移因子。

Pacejka89 轮胎模型回正力矩表达式各项系数为

$$\left.\begin{aligned}&C_z = C_0\\&D_z = C_1 F_z^2 + C_2 F_z\\&B_z = (C_3 F_z^2 + C_4 F_z)(1 - C_6|\gamma|)\mathrm{e}^{-C_5 F_z}/(C_z D_z)\\&E_z = (C_7 F_z^2 + C_8 F_z + C_9)(1 - C_{10}|\gamma|)\\&S_{hz} = C_{11}\gamma + C_{12} F_z + C_{13}\\&S_{vz} = \gamma(C_{14} F_z^2 + C_{15} F_z) + C_{16} F_z + C_{17}\end{aligned}\right\} \tag{8-7}$$

式中，$C_0 \sim C_{17}$ 为纯侧偏工况下 Pacejka89 轮胎模型回正力矩特性参数。

2. 绘制不同载荷下的轮胎纵向力-滑动率关系曲线

假设轮胎垂直载荷分别为 1kN、3kN、5kN、7kN，外倾角为 0，纵向滑动率为 $-20\%\sim 20\%$。根据轮胎纵向力数学模型，编写绘制不同载荷下的轮胎纵向力-滑动率关系曲线的 MATLAB 程序如下。

程序	注释
Fz=[1 3 5 7];	垂直载荷赋值
gm=0;	外倾角赋值
sx=-20:0.01:20;	定义滑动率范围
B0=2.37272;B1=-9.46;B2=1490;B3=130;B4=276;B5=0.0886;	纵向力系数赋值
B6=0.00402;B7=-0.0615;B8=1.2;B9=0.0299;B10=-0.176;	纵向力系数赋值
for i=1:4	循环开始
Cx=B0;Dx=B1*Fz(i).^2+B2*Fz(i);	纵向力表达式各项系数计算
Bx=(B3*Fz(i).^2+B4*Fz(i))*exp(-B5*Fz(i))./Cx/Dx;	纵向力表达式各项系数计算
Ex=B6*Fz(i).^2+B7*Fz(i)+B8;Svx=0;Shx=B9*Fz(i)+B10;	纵向力表达式各项系数计算
Fxi=(Dx*sin(Cx*atan(Bx*sx-Ex*(Bx*sx-atan(Bx*sx))))+Svx)./1000;	计算纵向力
plot(sx,Fxi)	绘制纵向力曲线
hold on	保存图形
end	循环结束
x=[0 0];	定义 x 坐标点
y=[-10 10];	定义 y 坐标点
plot(x,y)	绘制 y 中心坐标轴
x1=[-20 20];	定义 x 坐标点
y1=[0 0];	定义 y 坐标点
plot(x1,y1)	绘制 x 中心坐标轴
axis([-20 20 -10 10])	定义坐标轴
xlabel('纵向滑动率/%')	x 轴标注
ylabel('纵向力/kN')	y 轴标注
text(15,9,'7kN');text(15,7,'5kN');text(15,4.5,'3kN');text(15,2,'1kN')	曲线标注

在MATLAB编辑器中输入这些程序，点击运行按钮，可以得到四种不同垂直载荷下的轮胎纵向力-滑动率关系曲线，如图8-2所示。可以看出，随着轮胎垂直载荷的增加，轮胎纵向力（绝对值）相应变大；在垂直载荷不变的情况下，轮胎纵向力（绝对值）随着纵向滑动率（绝对值）的增加而迅速增加，在滑动率（绝对值）为5%附近时，达到一个峰值，然后下降。峰值处说明在此滑动率的时刻，轮胎会得到较好的纵向力。

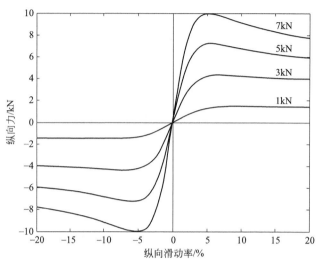

图8-2 不同载荷下的轮胎纵向力-滑动率关系曲线

3. 绘制不同载荷下的轮胎侧向力-侧偏角关系曲线

假设轮胎垂直载荷分别为1kN、3kN、5kN、7kN，外倾角为0，侧偏角为$-20°\sim20°$。根据轮胎侧向力数学模型，编写绘制不同载荷下的轮胎侧向力-侧偏角关系曲线的MATLAB程序如下。

程序	注释
Fz=[1 3 5 7];	垂直载荷赋值
gm=0;	外倾角赋值
A0=1.65;A1=-34;A2=1250;A3=3036;A4=12.8;A5=0.00501; A6=-0.02103;	侧向力系数赋值
A7=0.77394;A8=0.002289;A9=0.013442;A10=0.003709; A11=19.1656;	侧向力系数赋值
A12=1.21356;A13=6.26206;	侧向力系数赋值
rf=-20:0.01:20;	定义侧偏角范围
for i=1:4	循环开始
Cy=A0;Dy=A1*Fz(i).^2+A2*Fz(i);	侧向力表达式各项系数计算
By=A3*sin(2*atan(Fz(i)./A4))*(1-A5*abs(gm))./Cy/Dy;	侧向力表达式各项系数计算
Ey=A6*Fz(i)+A7;Shy=A8*gm+A9*Fz(i)+A10;	侧向力表达式各项系数计算
Svy=A11*Fz(i)*gm+A12*Fz(i)+A13;	侧向力表达式各项系数计算
Fyi=(Dy*sin(Cy*atan(By*rf-Ey*(By*rf-atan(By*rf))))+ Svy)./1000;	计算侧向力

`plot(rf,Fyi)`	绘制侧向力曲线
`hold on`	保存图形
`end`	循环结束
`x=[0 0];`	定义 x 坐标点
`y=[-10 10];`	定义 y 坐标点
`plot(x,y)`	绘制 y 中心坐标轴
`x1=[-20 20];`	定义 x 坐标点
`y1=[0 0];`	定义 y 坐标点
`plot(x1,y1)`	绘制 x 中心坐标轴
`axis([-20 20 -8 8])`	定义坐标轴
`xlabel('侧偏角/(°)')`	x 轴标注
`ylabel('侧向力/kN')`	y 轴标注
`text(15,7.2,'7kN');text(15,5.5,'5kN');text(15,3.8,'3kN');`	曲线标注
`text(15,1.5,'1kN')`	

在 MATLAB 编辑器中输入这些程序，点击运行按钮，可以得到四种不同垂直载荷下的轮胎侧向力-侧偏角关系曲线，如图 8-3 所示。可以看出，轮胎垂直载荷的变化对轮胎侧向力有较大影响，当轮胎垂直载荷增大时，轮胎侧向力（绝对值）基本成正比增长。同一垂直载荷情况下，在侧偏角（绝对值）较小时，轮胎侧向力与侧偏角基本成线性关系，在侧偏角（绝对值）达到 7°左右时，轮胎侧向力（绝对值）达到最大值，然后不再随着侧偏角增大，而是略有下降，说明轮胎侧向力有极限值，数值与路面的附着系数有关。

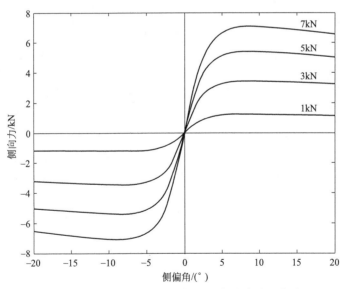

图 8-3 不同载荷下的轮胎侧向力-侧偏角关系曲线

4. 绘制不同载荷下的轮胎回正力矩-侧偏角关系曲线

假设轮胎垂直载荷分别为 1kN、3kN、5kN、7kN，外倾角为 0，侧偏角为 −20°~20°。根据轮胎回正力矩数学模型，编写绘制不同载荷下的轮胎回正力矩-侧偏角关系曲线的 MATLAB 程序如下。

程序	注释
Fz=[1 3 5 7];	垂直载荷赋值
gm=0;	外倾角赋值
C0=2.34; C1=1.495; C2=6.416654; C3=-3.57403; C4=-0.087737; C5=0.09841;	回正力矩系数赋值
C6 = 0.0027699; C7 =-0.0001151; C8 = 0.1; C9 =-1.33329; C10=0.025501;	回正力矩系数赋值
C11=-0.02357; C12= 0.03027; C13=-0.0647; C14= 0.0211329; C15=0.89469;	回正力矩系数赋值
C16=-0.099443;C17=-3.336941;	回正力矩系数赋值
rf=-20:0.01:20;	定义侧偏角范围
for i=1:4	循环开始
Cz=C0;Dz=C1*Fz(i).^2+C2*Fz(i);	回正力矩表达式各项系数计算
Bz=(C3*Fz(i).^2+C4*Fz(i))*(1-C6*abs(gm))*exp(-C5*Fz(i))./Cz/Dz;	回正力矩表达式各项系数计算
Ez=(C7*Fz(i).^2+C8*Fz(i)+C9)*(1-C10*abs(gm));	回正力矩表达式各项系数计算
Shz=C11*gm+C12*Fz(i)+C13;	回正力矩表达式各项系数计算
Svz=gm*(C14*Fz(i).^2+C15*Fz(i))+C16*Fz(i)+C17;	回正力矩表达式各项系数计算
Mzi=(Dz*sin(Cz*atan(Bz*rf-Ez*(Bz*rf-atan(Bz*rf))))+Svz);	计算回正力矩
plot(rf,Mzi)	绘制回正力矩曲线
hold on	保存图形
end	循环结束
x=[0 0];	定义 x 坐标点
y=[-130 130];	定义 y 坐标点
plot(x,y);	绘制 y 中心坐标轴
x1=[-20 20];	定义 x 坐标点
y1=[0 0];	定义 y 坐标点
plot(x1,y1)	绘制 x 中心坐标轴
axis([-20 20 -130 130])	定义坐标轴
xlabel('侧偏角/(°)')	x 轴标注
ylabel('回正力矩/N.m')	y 轴标注
text(-4,120,'7kN');text(-4,70,'5kN');text(-4,35,'3kN');text(-4,10,'1kN')	曲线标注

在 MATLAB 编辑器中输入这些程序，点击运行按钮，可以得到四种不同垂直载荷下的轮胎回正力矩-侧偏角关系曲线，如图 8-4 所示。可以看出，轮胎回正力矩（绝对值）在侧偏角（绝对值）为 2°~3°时最大，侧偏角（绝对值）继续增大时回正力矩（绝对值）渐渐减小。对比轮胎回正力矩和纵向力、侧向力的数值可以发现，回正力矩的数值较小，对汽车行驶动力学的影响较小，可作为动力学分析中的次要因素考虑。

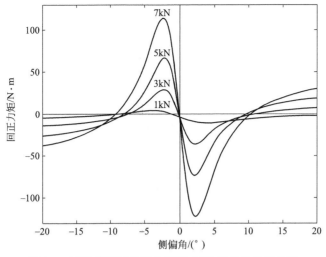

图 8-4　不同载荷下的轮胎回正力矩-侧偏角关系曲线

实例 九
汽车稳态响应特性仿真

汽车稳态响应特性是指汽车稳态状况下的运动响应,其评价指标主要有汽车稳态横摆角速度增益、汽车稳定性因数、前后轮侧偏角之差、转向半径比值、静态储备系数。

任务描述

主要任务：
1. 建立汽车稳态响应特性评价指标模型
2. 绘制汽车横摆角速度增益与速度曲线
3. 绘制汽车前后轮侧偏角之差与侧向加速度曲线
4. 绘制汽车转向半径比值与速度平方曲线
5. 计算汽车稳定性因数和静态储备系数

汽车稳态响应特性仿真所需参数见表9-1。

表 9-1 汽车稳态响应特性仿真所需参数

汽车质量/kg	汽车转动惯量/kg·m²	汽车质心至前轴距离/m
3018	10437	1.84
汽车质心至后轴距离/m	前轮综合侧偏刚度/(N/rad)	后轮综合侧偏刚度/(N/rad)
1.88	−23147	−38318

任务实施过程

汽车稳态响应特性评价指标主要有汽车稳态横摆角速度增益、汽车稳定性因数、前后轮侧偏角之差、转向半径比值和静态储备系数。

汽车稳态横摆角速度增益是指稳态横摆角速度与前轮转角之比,也称转向灵敏度。稳态横摆角速度增益不能太大,以免由于驾驶员无意识轻微转动转向盘而引起汽车很大的响应。稳态横摆角速度增益又不能太小,否则操纵困难。

图 9-1 所示为汽车稳态横摆角速度增益与行驶速度的关系曲线。其中,u_{ch} 称为特征车速;u_{cr} 称为临界车速;K 为汽车稳定性因数。

汽车稳定性因数是表征汽车稳态转向特性的重要参数之一,根据汽车稳定性因数的数值,汽车的稳态响应可分为中性转向、不足转向和过度转向,如图 9-2 所示。

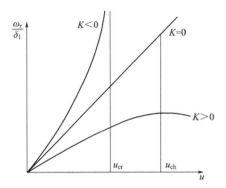

图 9-1 汽车稳态横摆角速度增益与行驶速度的关系曲线

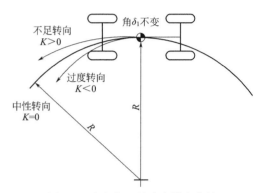

图 9-2 汽车的三种稳态转向特性

前后轮侧偏角之差(绝对值)是指汽车稳态转向特性试验中,前、后轴综合侧偏角的差值。前后轮侧偏角之差与侧向加速度的关系曲线如图 9-3 所示。其中,虚线表明并不是所有工况下前后轮侧偏角之差与侧向加速度之间都存在线性关系。当侧向加速度较大时,轮胎侧偏特性进入明显的非线性区域,汽车稳态响应会发生较大变化。

转向半径比值是指汽车稳态转向特性试验中,质心瞬时转向半径与初始转向半径的比值。转向半径比值与速度平方的关系曲线如图 9-4 所示。

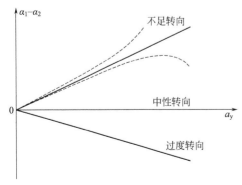

图 9-3 前后轮侧偏角之差与侧向加速度之间的关系曲线

静态储备系数是指中性转向点到前轴的距离与汽车质心到前轴的距离之差与轴距之比。

1. 建立汽车稳态响应特性评价指标模型

汽车二自由度模型如图 9-5 所示。其中,v、u 分别为汽车质心侧向速度和纵向速度;β 为汽车质心侧偏角;ω_r 为汽车横摆角速度;a、b 分别为汽车质心至前、后轴距离;α_F、α_R 分别为汽车前、后轮侧偏角;F_{y_BF}、F_{y_BR} 分别为汽车前、后轮侧向力;δ 为前轮转向角。

汽车质心处侧向加速度为

$$a_y = \dot{v} + u\omega_r \tag{9-1}$$

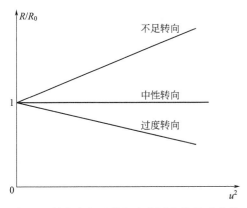

图 9-4 转向半径比值与速度平方的关系曲线

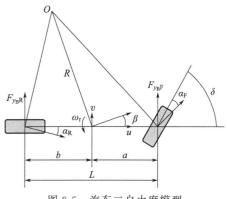

图 9-5 汽车二自由度模型

汽车前轮和后轮的侧偏角分别为

$$\alpha_F = \beta + \frac{a\omega_r}{u} - \delta$$
$$\alpha_R = \beta - \frac{b\omega_r}{u} \tag{9-2}$$

式中,$\beta = \dfrac{v}{u}$。

假设轮胎侧向力处于线性范围内,汽车前轮和后轮侧向力分别为

$$F_{y_BF} = k_1 \alpha_F$$
$$F_{y_BR} = k_2 \alpha_R \tag{9-3}$$

式中,k_1、k_2 分别为前轮和后轮综合侧偏刚度。

根据牛顿定律,可以列出二自由度汽车的微分方程为

$$m(\dot{v} + u\omega_r) = F_{y_BF} + F_{y_BR}$$
$$I_z \dot{\omega}_r = aF_{y_BF} - bF_{y_BR} \tag{9-4}$$

式中,m 为汽车质量;I_z 为汽车转动惯量。

将式(9-1)~式(9-3) 代入式(9-4) 得二自由度汽车运动微分方程为

$$(k_1 + k_2)\beta + \frac{1}{u}(ak_1 - bk_2)\omega_r - k_1\delta = m(\dot{v} + u\omega_r)$$
$$(ak_1 - bk_2)\beta + \frac{1}{u}(a^2 k_1 + b^2 k_2)\omega_r - ak_1\delta = I_z \dot{\omega}_r \tag{9-5}$$

由式(9-5) 可得

$$\dot{\omega}_r = \frac{a^2 k_1 + b^2 k_2}{u I_z}\omega_r + \frac{ak_1 - bk_2}{I_z}\beta - \frac{ak_1}{I_z}\delta \tag{9-6}$$

$$\dot{\beta} = \frac{ak_1 - bk_2 - 1}{mu^2}\omega_r + \frac{k_1 + k_2}{mu}\beta - \frac{k_1}{mu}\delta \tag{9-7}$$

矩阵方程为

$$\begin{bmatrix} \dot{\beta} \\ \dot{\omega}_r \end{bmatrix} = \begin{bmatrix} a_{11} & a_{12} \\ a_{21} & a_{22} \end{bmatrix} \begin{bmatrix} \beta \\ \omega_r \end{bmatrix} + \begin{bmatrix} b_{11} \\ b_{21} \end{bmatrix} \delta_1 \tag{9-8}$$

式中，$a_{11} = \dfrac{K_{\alpha 1} + K_{\alpha 2}}{mu}$；$a_{12} = \dfrac{aK_{\alpha 1} - bK_{\alpha 2} - mu^2}{mu^2}$；$a_{21} = \dfrac{aK_{\alpha 1} - bK_{\alpha 2}}{I_z}$；$a_{22} = \dfrac{a^2 K_{\alpha 1} + b^2 K_{\alpha 2}}{I_z u}$；$b_{11} = -\dfrac{K_{\alpha 1}}{mu}$；$b_{21} = -\dfrac{aK_{\alpha 1}}{I_z}$。

汽车稳态行驶时，横摆角速度为定值，微分项为零。根据式(9-8)可以得到

$$\begin{bmatrix} a_{11} & a_{12} \\ a_{21} & a_{22} \end{bmatrix} \begin{bmatrix} \beta \\ \omega_r \end{bmatrix} + \begin{bmatrix} b_{11} \\ b_{12} \end{bmatrix} \delta = 0 \tag{9-9}$$

(1) 汽车稳态横摆角速度增益。解式(9-9)，可求得汽车稳态横摆角速度增益为

$$\left. \frac{\omega_r}{\delta_1} \right|_s = \frac{u/L}{1 + \dfrac{m}{L^2}\left(\dfrac{a}{K_{\alpha 2}} - \dfrac{b}{K_{\alpha 1}}\right) u^2} = \frac{u/L}{1 + K u^2} \tag{9-10}$$

式中，K 称为汽车稳定性因数，它是表征汽车稳态转向特性的重要参数之一；$K_{\alpha 1}$、$K_{\alpha 2}$ 分别为前、后轮综合侧偏刚度，其值为负值；$L = a + b$ 为汽车轴距。

(2) 汽车稳定性因数。根据式(9-10)，可得汽车稳定性因数为

$$K = \frac{m}{L^2}\left(\frac{a}{K_{\alpha 2}} - \frac{b}{K_{\alpha 1}}\right) \tag{9-11}$$

根据汽车稳定性因数的数值，汽车的稳态响应可分为 3 类：$K = 0$ 时为中性转向；$K > 0$ 时为不足转向；$K < 0$ 时为过度转向。

(3) 前后轮侧偏角之差。如果不知道轮胎侧偏刚度和汽车其他参数，可以通过试验判断汽车稳态响应。测出前后轮侧偏角之差，就可以求出稳定性因数 K。

前后轮侧偏角之差表达式为

$$\alpha_1 - \alpha_2 = a_y L K \tag{9-12}$$

式中，a_y 为汽车侧向加速度（绝对值）。

由式(9-12)可知，当 $\alpha_1 - \alpha_2 = 0$ 时，汽车具有中性转向特性；当 $\alpha_1 - \alpha_2 > 0$ 时，汽车具有不足转向特性；当 $\alpha_1 - \alpha_2 < 0$ 时，汽车具有过度转向特性。

(4) 转向半径比值。其表达式为

$$\frac{R}{R_0} = 1 + K u^2 \tag{9-13}$$

由式(9-13)可知，当转向半径比值等于 1 时，汽车具有中性转向特性；当转向半径比值大于 1 时，汽车具有不足转向特性；当转向半径比值小于 1 时，汽车具有过度转向特性。

(5) 静态储备系数。其表达式为

$$\text{S. M.} = \frac{a' - a}{L} = \frac{K_{\alpha 2}}{K_{\alpha 1} + K_{\alpha 2}} - \frac{a}{L} \tag{9-14}$$

式中，a' 为中性转向点到前轴的距离。

由式(9-14)可知，当 S. M. $= 0$ 时，即中性转向点与汽车质心重合，汽车具有中性转向特性；当 S. M. > 0 时，即中性转向点在汽车质心之后，汽车具有不足转向特性；当 S. M. < 0 时，即中性转向点在汽车质心之前，汽车具有过度转向特性。

2. 绘制汽车横摆角速度增益与速度曲线

根据汽车稳态横摆角速度增益模型，编写绘制汽车横摆角速度增益与速度曲线的 MATLAB 程序如下。

程序	注释
m=3018;I=10437;a=1.84;b=1.88;	汽车参数赋值
k1=-23147;k2=-38318;	轮胎侧偏刚度赋值
k=m./(a+b).^2.*(a./k2-b./k1);	计算稳定性因数
u=0:1:150;	定义速度范围
w1=u./3.6./(a+b)./(1+k.*u.*u./3.6./3.6);	计算汽车横摆角速度增益
plot(u,w1)	绘制汽车横摆角速度增益曲线
hold on	保存图形
w2=u./3.6./(a+b)./(1+0.8*k.*u.*u./3.6./3.6);	计算汽车横摆角速度增益
plot(u,w2,':')	绘制汽车横摆角速度增益曲线
hold on	保存图形
w3=u./3.6./(a+b)./(1+1.2*k.*u.*u./3.6./3.6);	计算汽车横摆角速度增益
plot(u,w3,'--')	绘制汽车横摆角速度增益曲线
hold on	保存图像
axis([0,150,0,2])	定义坐标轴范围
xlabel('车速/(km/h)')	x 轴标注
ylabel('汽车横摆角速度增益/(1/s)')	y 轴标注
legend('1.0K','0.8K','1.2K')	曲线标注

在 MATLAB 编辑器中输入这些程序，点击运行按钮，就会得到汽车横摆角速度增益与速度曲线，如图 9-6 所示。随着车速的增加，汽车横摆角速度增益增加，达到某一车速时，汽车横摆角速度增益达到最大值；再继续增加车速，汽车横摆角速度增益下降。最大横摆角速度增益所对应的车速称为特征车速。该车具有不足转向特性。汽车稳定性因数越大，汽车横摆角速度增益越小，不足转向量越大。

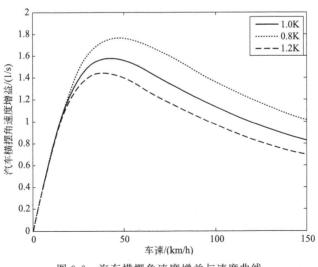

图 9-6 汽车横摆角速度增益与速度曲线

3. 绘制汽车前后轮侧偏角之差与侧向加速度曲线

根据汽车前后轮侧偏角之差模型，编写绘制汽车前后轮侧偏角之差与侧向加速度曲线的 MATLAB 程序如下。

程序	注释
m=3018;I=10437;a=1.84;b=1.88;	汽车参数赋值
k1=-23147;k2=-38318;	轮胎侧偏刚度赋值
k=m./(a+b).^2.*(a./k2-b./k1);	计算稳定性因数
ay=0:0.05:1.5;	定义侧向加速度范围
a1_a2=(a+b).*k.*ay*9.8;	计算汽车前后侧偏角之差
plot(ay,a1_a2)	绘制汽车前后侧偏角之差
hold on	保存图形
a11_a22=(a+b).*0.8*k.*ay*9.8;	计算汽车前后侧偏角之差
plot(ay,a11_a22,':')	绘制汽车前后侧偏角之差
hold on	保存图形
a111_a222=(a+b).*1.2*k.*ay*9.8;	计算汽车前后侧偏角之差
plot(ay,a111_a222,'--')	绘制汽车前后侧偏角之差
hold on	保存图形
xlabel('侧向加速度(×g)')	x 轴标注
ylabel('侧偏角之差/(°)')	y 轴标注
legend('1.0K','0.8K','1.2K')	曲线标注

在 MATLAB 编辑器中输入这些程序，点击运行按钮，就会得到汽车前后侧偏角之差与侧向加速度曲线，如图 9-7 所示。随着侧向加速度的增加，汽车前后侧偏角之差增加。该车具有不足转向特性。汽车稳定性因数越大，汽车前后侧偏角之差越大，不足转向量越大。

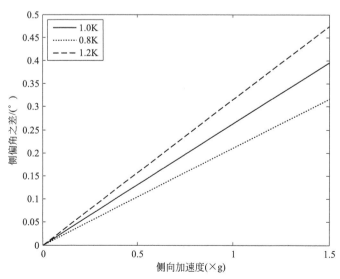

图 9-7 汽车前后轮侧偏角之差与侧向加速度曲线

注：g 表示重力加速度。

4. 绘制汽车转向半径比值与速度平方曲线

根据汽车转向半径比值模型，编写绘制汽车转向半径比值与速度平方曲线的 MATLAB 程序如下。

程序	注释
m=3018;I=10437;a=1.84;b=1.88;	汽车参数赋值
k1=-23147;k2=-38318;	轮胎侧偏刚度赋值
k=m./(a+b).^2.*(a./k2-b./k1);	计算稳定性因数
u=0:1:20;	定义速度范围
R1=1+k*u.^2;	计算汽车转向半径比值
axis([0 300 0 3])	设置坐标轴范围
plot(u.^2,R1)	绘制汽车转向半径比值
hold on	保存图形
R2=1+0.8*k*u.^2;	计算汽车转向半径比值
plot(u.^2,R2,':')	绘制汽车转向半径比值
hold on	保存图形
R3=1+1.2*k*u.^2;	计算汽车转向半径比值
plot(u.^2,R3,'--')	绘制汽车转向半径比值
hold on	保存图形
xlabel('速度平方/(m^2/s^2)')	x 轴标注
ylabel('转向半径之比')	y 轴标注
legend('1.0K','0.8K','1.2K')	曲线标注

在 MATLAB 编辑器中输入这些程序，点击运行按钮，就会得到汽车转向半径比值与速度平方曲线，如图 9-8 所示。随着速度的增加，转向半径比值增大。该车具有不足转向特性。汽车稳定性因数越大，汽车转向半径比值越大，不足转向量越大。

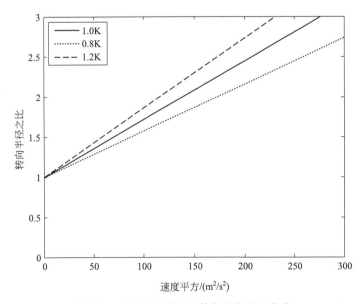

图 9-8　汽车转向半径比值与速度平方曲线

5. 计算汽车稳定性因数和静态储备系数

根据汽车汽车稳定性因数和静态储备系数模型，编写计算汽车稳定性因数和静态储备系数的 MATLAB 程序如下。

程序	注释
m=3018;I=10437;a=1.84;b=1.88;	汽车参数赋值
k1=-23147;k2=-38318;	轮胎侧偏刚度赋值
k=m/(a+b)^2*(a/k2-b/k1);	计算稳定性因数
SM=k2/(k1+k2)-a/(a+b);	计算静态储备系数
fprintf('汽车稳定性因数 K=%.2f\n',k)	汽车稳定性因数输出
fprintf('汽车静态储备系数 S.M.=%.2f\n',SM)	汽车静态储备系数输出

在 MATLAB 编辑器中输入这些程序，点击运行按钮，就会得到汽车稳定性因数和汽车静态储备系数。

通过程序计算得出 $K=0.0072\mathrm{s}^2/\mathrm{m}^2$。$K>0$，该车具有不足转向特性。

由程序得出 S.M.$=0.1288$。S.M.>0，该车具有不足转向特性。

通过 5 种计算，都表明该车具有不足转向特性。

实例 十
汽车瞬态响应特性仿真

　　汽车瞬态响应特性是指汽车瞬态状况下的运动响应,一般分为时域响应特性和频率响应特性。时域响应特性一般是基于角阶跃输入下的瞬态响应;频率响应特性可以用横摆角速度的增益和相位角表示。

 **任务描述**

主要任务:
1. 建立汽车横摆角速度传递函数
2. 绘制不同车速下的汽车横摆角速度时域特性曲线
3. 绘制不同轮胎侧偏刚度下的汽车横摆角速度时域特性曲线
4. 绘制不同转动惯量下的汽车横摆角速度时域特性曲线
5. 绘制不同车速下的汽车横摆角速度频域特性曲线
6. 绘制不同轮胎侧偏刚度下的汽车横摆角速度频域特性曲线
7. 绘制不同转动惯量下的汽车横摆角速度频域特性曲线

汽车瞬态响应特性仿真所需参数见表 10-1。

表 10-1 汽车瞬态响应特性仿真所需参数

汽车质量/kg	汽车转动惯量/kg·m²	汽车质心至前轴距离/m
3018	10437	1.84
汽车质心至后轴距离/m	前轮综合侧偏刚度/(N/rad)	后轮综合侧偏刚度/(N/rad)
1.88	−23147	−38318

任务实施过程

1. 建立汽车横摆角速度传递函数

汽车二自由度模型如图 10-1 所示。其中，v、u 分别为汽车质心侧向速度和纵向速度；β 为汽车质心侧偏角；ω_r 为汽车横摆角速度；a、b 分别为汽车质心至前、后轴距离；α_F、α_R 分别为汽车前、后轮侧偏角；F_{y_BF}、F_{y_BR} 分别为汽车前、后轮侧向力；δ 为前轮转向角。

汽车质心处侧向加速度为

$$a_y = \dot{v} + u\omega_r \tag{10-1}$$

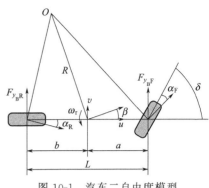

图 10-1 汽车二自由度模型

汽车前轮和后轮的侧偏角分别为

$$\alpha_F = \beta + \frac{a\omega_r}{u} - \delta$$
$$\alpha_R = \beta - \frac{b\omega_r}{u} \tag{10-2}$$

式中，$\beta = \dfrac{v}{u}$。

假设轮胎侧向力处于线性范围内，汽车前轮和后轮侧向力分别为

$$F_{y_BF} = k_1 \alpha_F$$
$$F_{y_BR} = k_2 \alpha_R \tag{10-3}$$

式中，k_1、k_2 分别为前轮和后轮综合侧偏刚度。

根据牛顿定律，可以列出二自由度汽车的微分方程为

$$m(\dot{v} + u\omega_r) = F_{y_BF} + F_{y_BR}$$
$$I_z \dot{\omega}_r = a F_{y_BF} - b F_{y_BR} \tag{10-4}$$

式中，m 为汽车质量；I_z 为汽车转动惯量。

将式(10-1)～式(10-3) 代入式(10-4) 得二自由度汽车运动微分方程为

$$(k_1 + k_2)\beta + \frac{1}{u}(ak_1 - bk_2)\omega_r - k_1 \delta = m(\dot{v} + u\omega_r)$$
$$(ak_1 - bk_2)\beta + \frac{1}{u}(a^2 k_1 + b^2 k_2)\omega_r - ak_1 \delta = I_z \dot{\omega}_r \tag{10-5}$$

由式(10-5) 可得

$$\dot{\omega}_r = \frac{a^2 k_1 + b^2 k_2}{u I_z} \omega_r + \frac{ak_1 - bk_2}{I_z}\beta - \frac{ak_1}{I_z}\delta \tag{10-6}$$

$$\dot{\beta} = \frac{ak_1 - bk_2 - 1}{mu^2}\omega_r + \frac{k_1 + k_2}{mu}\beta - \frac{k_1}{mu}\delta \tag{10-7}$$

矩阵方程为

$$\begin{bmatrix} \dot{\beta} \\ \dot{\omega}_r \end{bmatrix} = \begin{bmatrix} a_{11} & a_{12} \\ a_{21} & a_{22} \end{bmatrix} \begin{bmatrix} \beta \\ \omega_r \end{bmatrix} + \begin{bmatrix} b_{11} \\ b_{21} \end{bmatrix} \delta_1 \tag{10-8}$$

式中，$a_{11} = \dfrac{K_{a1} + K_{a2}}{mu}$；$a_{12} = \dfrac{aK_{a1} - bK_{a2} - mu^2}{mu^2}$；$a_{21} = \dfrac{aK_{a1} - bK_{a2}}{I_z}$；

$a_{22} = \dfrac{a^2 K_{a1} + b^2 K_{a2}}{I_z u}$；$b_{11} = -\dfrac{K_{a1}}{mu}$；$b_{21} = -\dfrac{aK_{a1}}{I_z}$。

对式(10-8)进行拉普拉斯变换得

$$\begin{bmatrix} s - a_{11} & -a_{12} \\ -a_{21} & s - a_{22} \end{bmatrix} \begin{bmatrix} \beta(s) \\ \omega_r(s) \end{bmatrix} = \begin{bmatrix} b_{11} \\ b_{21} \end{bmatrix} \delta_1(s) \tag{10-9}$$

由式(10-9)可得汽车横摆角速度的传递函数为

$$G_{\omega_r}(s) = \frac{\omega_r(s)}{\delta_1(s)} = \frac{b_{21} s + (a_{21} b_{11} - a_{11} b_{21})}{s^2 - (a_{11} + a_{22}) s + a_{11} a_{22} - a_{12} a_{21}} \tag{10-10}$$

2. 绘制不同车速下的汽车横摆角速度时域特性曲线

车速分别选取 10m/s、20m/s 和 30m/s；在仿真时间为 0 时给前轮一个阶跃信号，使前轮转角从 0°转到 10°，并保持不变。根据汽车横摆角速度传递函数式(10-10)，编写绘制不同车速下的汽车横摆角速度时域特性曲线的 MATLAB 程序如下。

程序	注释
m=3018;Iz=10437;a=1.84;b=1.88;	汽车参数赋值
k1=-23147;k2=-38318;	轮胎侧偏刚度赋值
u=[10 20 30];	设置速度范围
for i=1:3	循环开始
a11=(k1+k2)./m/u(i);a12=(a.*k1-b.*k2-m.*u(i).^2)./m/u(i).^2;	计算传递函数各项系数
a21=(a.*k1-b.*k2)./Iz;a22=(a.^2*k1+b.^2*k2)./Iz/u(i);	计算传递函数各项系数
b11=-k1/m/u(i);b21=-a*k1./Iz;	计算传递函数各项系数
b1=b21;b2=a21.*b11-a11.*b21;b3=-a11-a22;b4=a11*a22-a12.*a21;	计算传递函数各项系数
num=[b1,b2];	传递函数分子多项式系数
den=[1,b3,b4];	传递函数分母多项式系数
t=0:0.1:10;	响应时间
Go=step(num,den,t);	单位阶跃响应
Go1=Go*pi./18;	计算横摆角速度
gss='-:--';	定义线型
plot(t,Go1,[gss(2*i-1)gss(2*i)])	绘制横摆角速度响应曲线
hold on	保存图形
end	循环结束
xlabel('时间/s')	x 轴标注
ylabel('横摆角速度/(rad/s)')	y 轴标注
legend('速度 10m/s','速度 20m/s','速度 30m/s')	曲线标注

在 MATLAB 编辑器中输入这些程序，点击运行按钮，就会得到不同车速下的汽车横摆角速度时域特性曲线，如图 10-2 所示。可以看出，车速越高，最大横摆角速度越大，而且汽车横摆角速度的超调量越大，达到稳态值所用的时间增加，汽车稳定性变差。

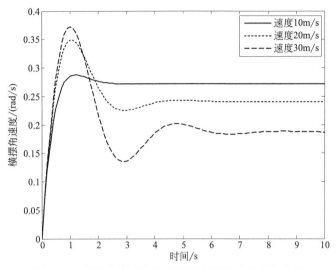

图 10-2　不同车速下的汽车横摆角速度时域特性曲线

3. 绘制不同轮胎侧偏刚度下的汽车横摆角速度时域特性曲线

选取车速为 20m/s，前、后轮胎综合侧偏刚度由 -23147N/rad、-38318N/rad 变为 -33124N/rad、-69972N/rad，其他条件不变。编写绘制不同轮胎侧偏刚度下的汽车横摆角速度时域特性曲线的 MATLAB 程序如下。

程序	注释
m=3018;Iz=10437;a=1.84;b=1.88;	汽车参数赋值
k1=[-23147 -33124];	设置前轮胎侧偏刚度范围
k2=[-38318 -69972];	设置后轮胎侧偏刚度范围
u=20;	速度赋值
for i=1:2	循环开始
a11=(k1(i)+k2(i))./m/u;a12=(a.*k1(i)-b.*k2(i)-m.*u.^2)./m/u.^2;	计算传递函数各项系数
a21=(a.*k1(i)-b.*k2(i))./Iz;a22=(a.^2*k1(i)+b.^2*k2(i))./Iz/u;	计算传递函数各项系数
b11=-k1(i)/m/u;b21=-a*k1(i)./Iz;	计算传递函数各项系数
b1=b21;b2=a21.*b11-a11.*b21;b3=-a11-a22;b4=a11*a22-a12.*a21;	计算传递函数各项系数
num=[b1,b2];	传递函数分子多项式系数
den=[1,b3,b4];	传递函数分母多项式系数
t=[0:0.1:10];	响应时间
Go=step(num,den,t);	单位阶跃响应
Go1=Go*pi./18;	计算横摆角速度

程序	注释
gss='- :';	设置线型
plot(t,Go1,[gss(2*i-1)gss(2*i)])	绘制横摆角速度响应曲线
hold on	保存图形
end	循环结束
xlabel('时间/s')	x轴标注
ylabel('横摆角速度/(rad/s)')	y轴标注
legend('k1=-23147N/rad,k2=-38318N/rad','k1=-33124N/rad,k2=-69972N/rad')	曲线标注

在MATLAB编辑器中输入这些程序,点击运行按钮,就会得到不同轮胎侧偏刚度下的汽车横摆角速度时域特性曲线,如图10-3所示。可以看出,汽车在行驶速度相同、前轮转角输入一样的情况下,较大的轮胎侧偏刚度,使汽车响应时间缩短,最大横摆角速度减小,稳定性变好。

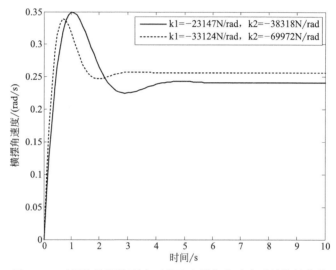

图10-3 不同轮胎侧偏刚度下的汽车横摆角速度时域特性曲线

4. 绘制不同转动惯量下的汽车横摆角速度时域特性曲线

选取车速为20m/s,转动惯量由10437kg·m^2变为5537kg·m^2和20237kg·m^2,其他条件不变。编写绘制不同转动惯量下的汽车横摆角速度时域特性曲线的MATLAB程序如下。

程序	注释
m=3018;a=1.84;b=1.88;	汽车参数赋值
k1=-23147;k2=-38318;	设置轮胎侧偏刚度范围
Iz=[5537 10347 20237];	设置转动惯量范围
u=20;	速度赋值
for i=1:3	循环开始
a11=(k1+k2)./m/u;a12=(a.*k1-b.*k2-m.*u.^2)./m/u.^2;	计算传递函数各项系数
a21=(a.*k1-b.*k2)./Iz(i);a22=(a.^2*k1+b.^2*k2)./Iz(i)/u;	计算传递函数各项系数

程序	注释

b11=-k1/m/u;b21=-a*k1./Iz(i);
b1=b21;b2=a21.*b11-a11.*b21;b3=-a11-a22;b4=a11*a22-a12.*a21;
num=[b1,b2];
den=[1,b3,b4];
t=0:0.1:10;
Go=step(num,den,t);
Go1=Go*pi./18;
gss='- :--';
plot(t,Go1,[gss(2*i-1)gss(2*i)])
hold on
end
xlabel('时间/s')
ylabel('横摆角速度/(rad/s)')
legend('Iz=5537kg.m^2','Iz=10347kg.m^2','Iz=20237kg.m^2')
	计算传递函数各项系数
	计算传递函数各项系数
	
	传递函数分子多项式系数
	传递函数分母多项式系数
	响应时间
	单位阶跃响应
	计算横摆角速度
	设置线型
	绘制横摆角速度响应曲线
	保存图形
	循环结束
	x轴标注
	y轴标注
	曲线标注

在 MATLAB 编辑器中输入这些程序,点击运行按钮,就会得到不同转动惯量下的汽车横摆角速度时域特性曲线,如图 10-4 所示。可以看出,汽车在行驶速度相同、前轮转角输入一样的情况下,较大的汽车转动惯量,可以使最大横摆角速度减小,但响应时间变长。

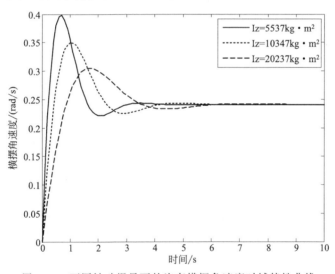

图 10-4 不同转动惯量下的汽车横摆角速度时域特性曲线

5. 绘制不同车速下的汽车横摆角速度频域特性曲线

车速分别选取 10m/s、20m/s 和 30m/s,根据汽车横摆角速度传递函数式(10-10),编写绘制不同车速下的汽车横摆角速度频域特性曲线的 MATLAB 程序如下。

程序	注释

m=3018;Iz=10437;a=1.84;b=1.88;
k1=-23147;k2=-38318;
u=[10 20 30];
	汽车参数赋值
	轮胎侧偏刚度赋值
	设置速度范围

程序	注释
`for i=1:3`	循环开始
`a11=(k1+k2)./m/u(i);a12=(a.*k1-b.*k2-m.*u(i).^2)./m/u(i).^2;`	计算传递函数各项系数
`a21=(a.*k1-b.*k2)./Iz;a22=(a.^2*k1+b.^2*k2)./Iz/u(i);`	计算传递函数各项系数
`b11=-k1/m/u(i);b21=-a*k1./Iz;`	计算传递函数各项系数
`H=tf([b21,a21*b11-a11*b21],[1,-(a11+a22),a11*a22-a12*a21]);`	设置传递函数分子、分母系数
`gss='- : --';`	设置线型
`bode(H,[gss(2*i-1)gss(2*i)])`	绘制波德图
`hold on`	保存图形
`end`	循环结束
`legend('速度10m/s','速度20m/s','速度30m/s')`	曲线标注

在 MATLAB 编辑器中输入这些程序,点击运行按钮,就会得到不同车速下的汽车横摆角速度频域特性曲线,如图 10-5 所示。可以看出,速度越高,增益越大,相位差也越大。

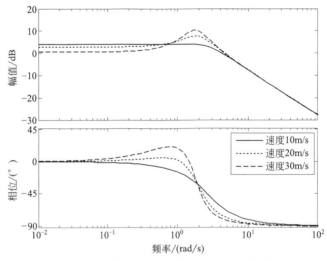

图 10-5 不同速度下的汽车横摆角速度频域特性曲线

6. 绘制不同轮胎侧偏刚度下的汽车横摆角速度频域特性曲线

选取车速为 20m/s,前、后轮胎综合侧偏刚度由 -23147N/rad、-38318N/rad 变为 -33124N/rad、-69972N/rad,其他条件不变。编写绘制不同轮胎侧偏刚度下的汽车横摆角速度频域特性曲线的 MATLAB 程序如下。

程序	注释
`m=3018;Iz=10437;a=1.84;b=1.88;`	汽车参数赋值
`k1=[-23147 -33124];`	设置前轮胎侧偏刚度范围
`k2=[-38318 -69972];`	设置后轮胎侧偏刚度范围
`u=20;`	速度赋值
`for i=1:2`	循环开始
`a11=(k1(i)+k2(i))./m/u;a12=(a.*k1(i)-b.*k2(i)-m.*u.^2)./m/u.^2;`	计算传递函数各项系数

程序	注释
a21=(a.*k1(i)-b.*k2(i))./Iz;a22=(a.^2*k1(i)+b.^2*k2(i))./Iz/u;	计算传递函数各项系数
b11=-k1(i)/m/u;b21=-a*k1(i)./Iz;	计算传递函数各项系数
H=tf([b21,a21*b11-a11*b21],[1,-(a11+a22),a11*a22-a12*a21]);	设置传动函数分子、分母系数
gss='- :--';	设置线型
bode(H,[gss(2*i-1)gss(2*i)])	绘制波德图
hold on	保存图形
end	循环结束
legend('k1=-23147N/rad,k2=-38318N/rad','k1=-33124N/rad,k2=-69972N/rad')	曲线标注

在MATLAB编辑器中输入这些程序,点击运行按钮,就会得到不同轮胎侧偏刚度下的汽车横摆角速度频域特性曲线,如图10-6所示。可以看出,轮胎侧偏刚度增大,增益减小,相位差也减小。

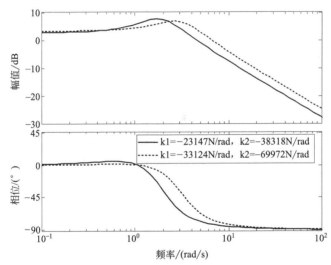

图10-6 不同轮胎侧偏刚度下的汽车横摆角速度频域特性曲线

7. 绘制不同转动惯量下的汽车横摆角速度频域特性曲线

选取车速为20m/s,转动惯量由10437kg·m^2变为5537kg·m^2和20237kg·m^2,其他条件不变。编写绘制不同转动惯量下的汽车横摆角速度频域特性曲线的MATLAB程序如下。

程序	注释
m=3018;a=1.84;b=1.88;	汽车参数赋值
k1=-23147;k2=-38318;	设置轮胎侧偏刚度范围
Iz=[5537 10347 20237];	设置转动惯量范围
u=20;	速度赋值
for i=1:3	循环开始
a11=(k1+k2)./m/u;a12=(a.*k1-b.*k2-m.*u.^2)./m/u.^2;	计算传递函数各项系数

代码	说明
`a21=(a.*k1-b.*k2)./Iz(i);a22=(a.^2*k1+b.^2*k2)./Iz(i)/u;`	计算传递函数各项系数
`b11=-k1/m/u;b21=-a*k1./Iz(i);`	计算传递函数各项系数
`H=tf([b21,a21*b11-a11*b21],[1,-(a11+a22),a11*a22-a12*a21]);`	设置传动函数分子、分母系数
`gss='- : --';`	设置线型
`bode(H,[gss(2*i-1)gss(2*i)])`	绘制波德图
`hold on`	保存图形
`end`	循环结束
`legend('Iz=5537kg.m^2','Iz=10347kg.m^2','Iz=20237kg.m^2')`	曲线标注

在MATLAB编辑器中输入这些程序，点击运行按钮，就会得到不同转动惯量下的汽车横摆角速度频域特性曲线，如图10-7所示。可以看出，汽车转动惯量越大，增益越大，相位差也越大。

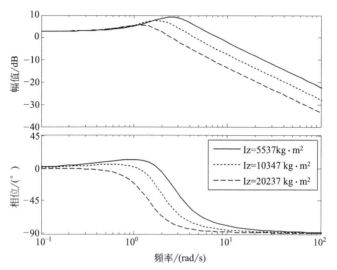

图10-7 不同转动惯量下的汽车横摆角速度频域特性曲线

实例十一

四轮转向汽车操纵稳定性仿真

汽车操纵稳定性是在驾驶员无过度疲劳与紧张的驾驶情况下,汽车能够按照驾驶员转向意图,并通过控制转向盘按给定的方向行驶,当受到干扰时,汽车可以抵抗干扰且保持稳定行驶的性能。操纵稳定性不仅影响汽车驾驶的方便程度,而且是高速车辆安全行驶的一个主要性能。

 **任务描述**

主要任务:
1. 建立四轮转向汽车操纵稳定性数学模型
2. 绘制不同车速下的汽车横摆角速度时域特性曲线
3. 绘制不同车速下的汽车质心侧偏角时域特性曲线
4. 比较前轮转向和四轮转向的区别

四轮转向汽车操纵稳定性仿真所需参数见表 11-1。

表 11-1 四轮转向汽车操纵稳定性仿真所需参数

汽车质量/kg	汽车转动惯量/kg·m^2	汽车质心至前轴距离/m
2050	5600	1.5
汽车质心至后轴距离/m	前轮综合侧偏刚度/(N/rad)	后轮综合侧偏刚度/(N/rad)
1.8	−38900	−39200

任务实施过程

1. 建立四轮转向汽车操纵稳定性数学模型

二自由度四轮转向汽车模型如图 11-1 所示。其中，a、b 分别为汽车质心至前、后轴距离；u、v 分别为汽车质心纵向速度和侧向速度；ω_r 为汽车横摆角速度；α_1、α_2 分别为汽车前、后轮侧偏角；β 为汽车质心侧偏角；δ_1、δ_2 分别为汽车前、后轮转向角。

汽车质心处侧向加速度为

$$a_y = \dot{v} + u\omega_r \tag{11-1}$$

汽车前、后轮的侧偏角分别为

$$\alpha_1 = \beta + \frac{a\omega_r}{u} - \delta_1$$

$$\alpha_2 = \beta - \frac{b\omega_r}{u} - \delta_2 \tag{11-2}$$

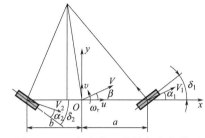

图 11-1 二自由度四轮转向汽车模型

汽车前、后轮侧向力分别为

$$F_{y1} = K_{\alpha 1} \alpha_1$$

$$F_{y2} = K_{\alpha 2} \alpha_2 \tag{11-3}$$

式中，$K_{\alpha 1}$、$K_{\alpha 2}$ 分别为前、后轮综合侧偏刚度。

根据牛顿定律，可以列出二自由度四轮转向汽车的微分方程为

$$m(\dot{v} + u\omega_r) = F_{y1} + F_{y2}$$

$$I_z \dot{\omega}_r = aF_{y1} - bF_{y2} \tag{11-4}$$

式中，m 为汽车质量；I_z 为汽车转动惯量。

将式(11-1)~式(11-3) 代入式(11-4) 得

$$m(\dot{v} + u\omega_r) = K_{\alpha 1}\left(\beta + \frac{a\omega_r}{u} - \delta_1\right) + K_{\alpha 2}\left(\beta - \frac{b\omega_r}{u} - \delta_2\right)$$

$$I_z \dot{\omega}_r = aK_{\alpha 1}\left(\beta + \frac{a\omega_r}{u} - \delta_1\right) - bK_{\alpha 2}\left(\beta - \frac{b\omega_r}{u} - \delta_2\right) \tag{11-5}$$

将式(11-5) 写成矩阵方程为

$$\begin{bmatrix} \dot{\beta} \\ \dot{\omega}_r \end{bmatrix} = \begin{bmatrix} a_{11} & a_{12} \\ a_{21} & a_{22} \end{bmatrix} \begin{bmatrix} \beta \\ \omega_r \end{bmatrix} + \begin{bmatrix} b_{11} \\ b_{21} \end{bmatrix} \delta_1 + \begin{bmatrix} b_{12} \\ b_{22} \end{bmatrix} \delta_2 \tag{11-6}$$

式中，$a_{11} = \dfrac{K_{\alpha 1} + K_{\alpha 2}}{mu}$；$a_{12} = \dfrac{aK_{\alpha 1} - bK_{\alpha 2} - mu^2}{mu^2}$；$a_{21} = \dfrac{aK_{\alpha 1} - bK_{\alpha 2}}{I_z}$；

$a_{22} = \dfrac{a^2 K_{\alpha 1} + b^2 K_{\alpha 2}}{I_z u}$；$b_{11} = -\dfrac{K_{\alpha 1}}{mu}$；$b_{21} = -\dfrac{aK_{\alpha 1}}{I_z}$；$b_{12} = -\dfrac{K_{\alpha 2}}{mu}$；$b_{22} = \dfrac{bK_{\alpha 2}}{I_z}$。

对式(11-6) 进行拉普拉斯变换得

$$\begin{bmatrix} s - a_{11} & -a_{12} \\ -a_{21} & s - a_{22} \end{bmatrix} \begin{bmatrix} \beta(s) \\ \omega_r(s) \end{bmatrix} = \begin{bmatrix} b_{11} & b_{12} \\ b_{21} & b_{22} \end{bmatrix} \begin{bmatrix} \delta_1(s) \\ \delta_2(s) \end{bmatrix} \tag{11-7}$$

利用克莱姆法则，汽车质心侧偏角的传递函数为

$$G_\beta(s) = \frac{b_{11}s + a_{12}b_{21} - a_{22}b_{11}}{s^2 - (a_{11} + a_{22})s + a_{11}a_{22} - a_{12}a_{21}}\delta_1(s) + \frac{b_{12}s + a_{12}b_{22} - a_{22}b_{12}}{s^2 - (a_{11} + a_{22})s + a_{11}a_{22} - a_{12}a_{21}}\delta_2(s) \tag{11-8}$$

汽车横摆角速度的传递函数为

$$G_{\omega_r}(s) = \frac{b_{21}s + a_{21}b_{11} - a_{11}b_{21}}{s^2 - (a_{11} + a_{22})s + a_{11}a_{22} - a_{12}a_{21}}\delta_1(s) + \frac{b_{22}s + a_{21}b_{12} - a_{11}b_{22}}{s^2 - (a_{11} + a_{22})s + a_{11}a_{22} - a_{12}a_{21}}\delta_2(s) \tag{11-9}$$

四轮转向系统采用前轮转向角比例控制，控制目标是稳态质心侧偏角为零。后轮转向角为

$$\begin{aligned}\delta_2 &= G_{21}\delta_1 \\ \delta_2(s) &= G_{21}\delta_1(s)\end{aligned} \tag{11-10}$$

式中，G_{21} 是前后轮转向角之比。

将式(11-10) 带入式(11-9)，汽车横摆角速度的传递函数为

$$\frac{G_{\omega_r}(s)}{\delta_1(s)} = \frac{(b_{21} + G_{21}b_{22})s + a_{21}(b_{11} + G_{21}b_{12}) - a_{11}(b_{21} + G_{21}b_{22})}{s^2 - (a_{11} + a_{22})s + a_{11}a_{22} - a_{12}a_{21}} \tag{11-11}$$

汽车质心侧偏角的传递函数为

$$\frac{G_\beta(s)}{\delta_1(s)} = \frac{(b_{11} + G_{21}b_{12})s + a_{12}(b_{21} + G_{21}b_{22}) - a_{22}(b_{11} + G_{21}b_{12})}{s^2 - (a_{11} + a_{22})s + a_{11}a_{22} - a_{12}a_{21}} \tag{11-12}$$

当 $G_{21}=0$ 时，可得前轮转向汽车质心侧偏角和横摆角速度的传递函数。

汽车稳态行驶时，横摆角速度为定值，微分项为零。

由式(11-6) 可得

$$\begin{bmatrix}\beta \\ \omega_r\end{bmatrix} = -\begin{bmatrix}a_{11} & a_{12} \\ a_{21} & a_{22}\end{bmatrix}^{-1}\begin{bmatrix}b_{11} + b_{12}G_{21} \\ b_{21} + b_{22}G_{21}\end{bmatrix}\delta_1 \tag{11-13}$$

由式(11-13) 可得稳态质心侧偏角为

$$\beta = \frac{\begin{vmatrix}b_{11} + G_{21}b_{12} & a_{12} \\ b_{21} + G_{21}b_{22} & a_{22}\end{vmatrix}}{\begin{vmatrix}a_{11} & a_{12} \\ a_{21} & a_{22}\end{vmatrix}}\delta_1 \tag{11-14}$$

为使稳态侧偏角始终为零，应有

$$\begin{vmatrix}b_{11} + G_{21}b_{12} & a_{12} \\ b_{21} + G_{21}b_{22} & a_{22}\end{vmatrix} = 0 \tag{11-15}$$

$$G_{21} = \frac{a_{12}b_{21} - a_{22}b_{11}}{a_{22}b_{12} - a_{12}b_{22}} = \frac{mu^2 aK_{a1} + bLK_{a1}K_{a2}}{mu^2 bK_{a2} - aLK_{a1}K_{a2}}$$

如果按照式(11-15) 设定前后轮转向角之比，就可以保证汽车稳态行驶时的质心侧偏角为零，它随汽车的行驶速度变化而变化。

低速时 G_{21} 值为负，前后各轮转动方向相反，这可以减小转弯半径，提高汽车的操纵灵活性；高速时 G_{21} 值为正，前后各轮转动方向相同。研究表明在这样的 G_{21} 值下，侧向加速度响应时间缩短，其增益大幅度减小。该系统也称为车速感应型四轮转向系统。

2. 绘制不同车速下的汽车横摆角速度时域特性曲线

车速分别选取 20m/s、30m/s 和 40m/s；在仿真时间为 0 时给前轮一个阶跃信号，使前轮转角从 0°转到 10°，并保持不变。根据汽车横摆角速度传递函数式(11-11)，编写绘制不同车速下的汽车横摆角速度时域特性曲线的 MATLAB 程序如下。

程序	注释
m=2050;Iz=5600;a=1.5;b=1.8;L=3.3;	汽车参数赋值
k1=-38900;k2=-39200;	轮胎侧偏刚度赋值
u=[20 30 40];	设置速度范围
for i=1:3	循环开始
a11=(k1+k2)./m/u(i);a12=(a.*k1-b.*k2-m.*u(i).^2)./m/u(i).^2;	计算传递函数各项系数
a21=(a.*k1-b.*k2)./Iz;a22=(a.^2*k1+b.^2*k2)./Iz/u(i);	计算传递函数各项系数
b11=-k1./m/u(i);b21=-a*k1./Iz;b12=-k2./m/u(i);b22=b*k2./Iz;	计算传递函数各项系数
G12=(m*a*k1*u(i).^2+b*L*k1*k2)./(m*b*k2*u(i).^2-a*L*k1*k2);	计算前后轮转向角之比
b1=b21+G12*b22;b2=a21.*(b11+G12*b12)-a11.*(b21+G12*b22);	计算传递函数各项系数
b3=-a11-a22;b4=a11.*a22-a12.*a21;	计算传递函数各项系数
num=[b1,b2];	传递函数分子多项式系数
den=[1,b3,b4];	传递函数分母多项式系数
t=0:0.1:10;	响应时间
Go=step(num,den,t);	单位阶跃响应
Go1=Go*pi./18;	计算横摆角速度
gss='-:--';	定义线型
plot(t,Go1,[gss(2*i-1) gss(2*i)])	绘制横摆角速度响应曲线
hold on	保存图形
end	循环结束
xlabel('时间/s')	x 轴标注
ylabel('横摆角速度/(rad/s)')	y 轴标注
legend('速度 20m/s','速度 30m/s','速度 40m/s')	曲线标注

在 MATLAB 编辑器中输入这些程序，点击运行按钮，就会得到不同车速下的汽车横摆角速度时域特性曲线，如图 11-2 所示。可以看出，车速越高，最大横摆角速度越小，而且达到稳态值所用的时间越长。这是因为高速时，前后转向角之比为正值，前后转向轮转动方向相同，使横摆角速度减小；低速时，前后转向角之比为负值，前后转向轮转动方向相反，使横摆角速度增大。

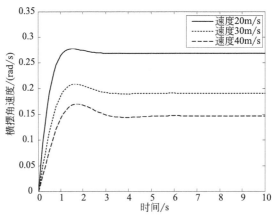

图 11-2　不同车速下的汽车横摆角速度时域特性曲线

3. 绘制不同车速下的汽车质心侧偏角时域特性曲线

车速分别选取 20m/s、30m/s 和 40m/s；在仿真时间为 0 时给前轮一个阶跃信号，使前轮转角从 0°转到 10°，并保持不变。根据汽车质心侧偏角传递函数式(11-12)，编写绘制不同车速下的汽车质心侧偏角时域特性曲线 MATLAB 程序如下。

程序	注释
m=2050;Iz=5600;a=1.5;b=1.8;L=3.3;	汽车参数赋值
k1=-38900;k2=-39200;	轮胎侧偏刚度赋值
u=[20 30 40];	设置速度范围
for i=1:3	循环开始
a11=(k1+k2)./m/u(i);a12=(a.*k1-b.*k2-m.*u(i).^2)./m/u(i).^2;	计算传递函数各项系数
a21=(a.*k1-b.*k2)./Iz;a22=(a.^2*k1+b.^2*k2)./Iz/u(i);	计算传递函数各项系数
b11=-k1./m/u(i);b21=-a*k1./Iz;b12=-k2./m/u(i);b22=b*k2./Iz;	计算传递函数各项系数
G12=(m*a*k1*u(i).^2+b*L*k1*k2)./(m*b*k2*u(i).^2-a*L*k1*k2);	计算前后轮转向角之比
b1=b11+G12*b12;b2= a12.*(b21+G12*b22)-a22.*(b11+G12*b12);	计算传递函数各项系数
b3=-a11-a22;b4=a11.*a22-a12.*a21;	计算传递函数各项系数
num=[b1,b2];	传递函数分子多项式系数
den=[1,b3,b4];	传递函数分母多项式系数
t=0:0.1:10;	响应时间
Go=step(num,den,t);	单位阶跃响应
Go1=Go*pi./18;	计算横摆角速度
gss='-:--';	定义线型
plot(t,Go1,[gss(2*i-1)gss(2*i)])	绘制横摆角速度响应曲线
hold on	保存图形
end	循环结束
xlabel('时间/s')	x 轴标注

程序	注释
ylabel('质心侧偏角/rad')	y轴标注
legend('速度20m/s','速度30m/s','速度40m/s')	曲线标注

在MATLAB编辑器中输入这些程序，点击运行按钮，就会得到不同车速下的汽车质心侧偏角时域特性曲线，如图11-3所示。可以看出，经过一定时间，汽车质心侧偏角趋于0，而且速度越大，趋于0的时间越长，符合设计要求。

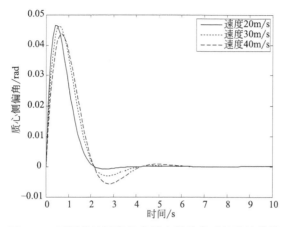

图11-3 不同车速下的汽车质心侧偏角时域特性曲线

4. 比较前轮转向和四轮转向的区别

车速选取20m/s，在仿真时间为0时给前轮一个阶跃信号，使前轮转角从0°转到10°，并保持不变。根据汽车横摆角速度传递函数式(11-11)，编写绘制前轮转向（二轮转向）和四轮转向的汽车横摆角速度时域特性曲线的MATLAB程序如下。

程序	注释
m=2050;Iz=5600;a=1.5;b=1.8;L=3.3;	汽车参数赋值
k1=-38900;k2=-39200;	轮胎侧偏刚度赋值
u=20;	设置速度
a11=(k1+k2)./m/u;a12=(a.*k1-b.*k2-m.*u.^2)./m/u.^2;	计算传递函数各项系数
a21=(a.*k1-b.*k2)./Iz;a22=(a.^2*k1+b.^2*k2)./Iz/u;	计算传递函数各项系数
b11=-k1./m/u;b21=-a*k1./Iz;b12=-k2./m/u;b22=b*k2./Iz	计算传递函数各项系数
G12=(m*a*k1*u.^2+b*L*k1*k2)./(m*b*k2*u.^2-a*L*k1*k2);	计算前后轮转向角之比
b1=b21+G12*b22;b2=a21.*(b11+G12*b12)-a11.*(b21+G12*b22);	计算传递函数各项系数
b3=-a11-a22;b4=a11.*a22-a12.*a21;	计算传递函数各项系数
num=[b1,b2];	传递函数分子多项式系数
den=[1,b3,b4];	传递函数分母多项式系数
t=[0:0.1:10];	响应时间
Go=step(num,den,t);	单位阶跃响应
Go1=Go*pi./18;	计算横摆角速度
plot(t,Go1)	绘制横摆角速度响应曲线
hold on	保存图形

`G21=0;`	设置 G21
`b1=b21+G12*b22;b2=a21.*(b11+G12*b12)-a11.*(b21+G12*b22);`	计算传递函数各项系数
`b3=-a11-a22;b4=a11.*a22-a12.*a21;`	计算传递函数各项系数
`num=[b1,b2];`	传递函数分子多项式系数
`den=[1,b3,b4];`	传递函数分母多项式系数
`t=[0:0.1:10];`	响应时间
`Go=step(num,den,t);`	单位阶跃响应
`Go1=Go*pi./18`	计算横摆角速度
`plot(t,Go1,'--')`	绘制横摆角速度响应曲线
`hold on`	保存图形
`xlabel('时间/s')`	x 轴标注
`ylabel('横摆角速度/(rad/s)')`	y 轴标注
`legend('四轮转向','二轮转向')`	曲线标注

在 MATLAB 编辑器中输入这些程序，点击运行按钮，就会得到二轮转向和四轮转向的汽车横摆角速度时域特性曲线，如图 11-4 所示。可以看出，四轮转向汽车比二轮转向汽车的横摆角速度大幅度减小。

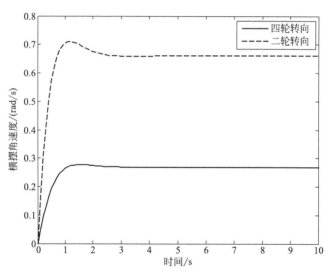

图 11-4 车速为 20m/s 时二轮转向和四轮转向汽车横摆角速度时域特性曲线

当车速取 40m/s 时，二轮转向和四轮转向的汽车横摆角速度时域特性曲线如图 11-5 所示。可以看出，四轮转向汽车比二轮转向汽车的横摆角速度大幅度减小。对于二轮转向汽车，车速越高，最大横摆角速度越大；对于四轮转向汽车，车速越高，最大横摆角速度越小。

车速选取 20m/s，在仿真时间为 0 时给前轮一个阶跃信号，使前轮转角从 0°转到 10°，并保持不变。根据汽车质心侧偏角传递函数式(11-12)，编写绘制前轮转向和四轮转向的汽车质心侧偏角时域特性曲线的 MATLAB 程序如下。

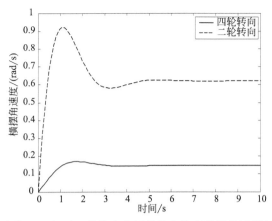

图 11-5 车速为 40m/s 时二轮转向和四轮转向汽车横摆角速度时域特性曲线

程序	注释
m=2050;Iz=5600;a=1.5;b=1.8;L=3.3;	汽车参数赋值
k1=-38900;k2=-39200;	轮胎侧偏刚度赋值
u=20;	设置速度
a11=(k1+k2)./m/u;a12=(a.*k1-b.*k2-m.*u.^2)./m/u.^2;	计算传递函数各项系数
a21=(a.*k1-b.*k2)./Iz;a22=(a.^2*k1+b.^2*k2)./Iz/u;	计算传递函数各项系数
b11=-k1./m/u;b21=-a*k1./Iz;b12=-k2./m/u;b22=b*k2./Iz;	计算传递函数各项系数
G12=(m*a*k1*u.^2+b*L*k1*k2)./(m*b*k2*u.^2-a*L*k1*k2);	计算前后轮转向角之比
b1=b11+G12*b12;b2=a12.*(b21+G12*b22)-a22.*(b11+G12*b12);	计算传递函数各项系数
b3=-a11-a22;b4=a11.*a22-a12.*a21;	计算传递函数各项系数
num=[b1,b2];	传递函数分子多项式系数
den=[1,b3,b4];	传递函数分母多项式系数
t=0:0.1:10;	响应时间
Go=step(num,den,t);	单位阶跃响应
Go1=Go*pi./18;	计算质心侧偏角
plot(t,Go1)	绘制质心侧偏角响应曲线
hold on	保存图形
G12=0;	设置 G12
b1=b11+G12*b12;b2=a12.*(b21+G12*b22)-a22.*(b11+G12*b12);	计算传递函数各项系数
b3=-a11-a22;b4=a11.*a22-a12.*a21;	计算传递函数各项系数
num=[b1,b2];	传递函数分子多项式系数
den=[1,b3,b4];	传递函数分母多项式系数
t=0:0.1:10;	响应时间
Go=step(num,den,t);	单位阶跃响应
Go1=Go*pi./18;	计算质心侧偏角
plot(t,Go1,'--')	绘制质心侧偏角响应曲线
hold on	保存图形

`xlabel('时间/s')`	x轴标注
`ylabel('质心侧偏角/rad')`	y轴标注
`legend('四轮转向','二轮转向')`	曲线标注

在 MATLAB 编辑器中输入这些程序，点击运行按钮，就会得到二轮转向和四轮转向的汽车质心侧偏角时域特性曲线，如图 11-6 所示。可以看出，四轮转向汽车质心侧偏角明显小于二轮转向汽车质心侧偏角。

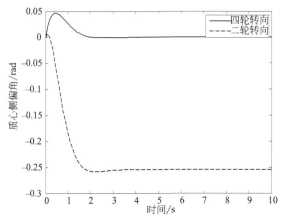

图 11-6 车速为 20m/s 时二轮转向和四轮转向汽车质心侧偏角时域特性曲线

当车速取 40m/s 时，二轮转向和四轮转向的汽车质心侧偏角时域特性曲线如图 11-7 所示。可以看出，四轮转向汽车比二轮转向汽车的质心侧偏角大幅度减小。对于二轮转向汽车，车速越高，最大质心侧偏角越大；对于四轮转向汽车，车速越高，最大质心侧偏角越小，最终趋近于 0。

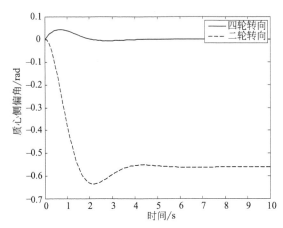

图 11-7 车速为 40m/s 时二轮转向和四轮转向汽车质心侧偏角时域特性曲线

实例十二

六轮转向汽车操纵稳定性仿真

采用多轮转向技术是提高多轴汽车转向性能的有效方法。以三轴汽车为例,对三轴汽车六轮转向模型的理论推导及控制方法进行研究。

任务描述

主要任务:
1. 建立三轴六轮转向汽车操纵稳定性数学模型
2. 建立转向盘比例前馈六轮转向控制模型
3. 建立三种不同转向控制方式下的稳态横摆角速度增益
4. 建立三轴六轮转向汽车横摆角速度和质心侧偏角的传递函数
5. 绘制三种不同转向控制方式下的稳态横摆角速度增益曲线
6. 绘制低速和高速下的三轴二轮转向和六轮转向汽车横摆角速度时域特性
7. 绘制低速和高速下的三轴二轮转向和六轮转向汽车质心侧偏角时域特性

六轮转向汽车操纵稳定性仿真所需参数见表 12-1。

表 12-1 六轮转向汽车操纵稳定性仿真所需参数

汽车质量/kg	汽车转动惯量/kg·m^2	汽车质心至前轴距离/m	汽车质心至中轴距离/m
6000	10800	2.65	0.3
汽车质心至后轴距离/m	前轮综合侧偏刚度 /(N/rad)	中轮综合侧偏刚度 /(N/rad)	后轮综合侧偏刚度 /(N/rad)
2.55	−70000	−80000	−80000

任务实施过程

1. 建立三轴六轮转向汽车操纵稳定性数学模型

以三轴六轮转向汽车为例，建立汽车操纵稳定性数学模型。将三轴六轮转向汽车简化为一个二自由度三轮单轨模型，引入了以下假设。

（1）忽略转向系统的作用，直接以前轮转角作为输入。

（2）忽略悬架的作用，认为汽车只作平行于地面的平面运动，即汽车沿 z 轴的位移、绕 y 轴的俯仰角和绕 x 轴的侧倾角均为零。

（3）汽车沿 x 轴的前进速度 u 视为不变，这样汽车只有沿 y 轴的侧向运动和绕 z 轴的横摆运动两个自由度。

（4）轮胎侧偏特性处于线性范围。

（5）驱动力不大，不考虑地面切向力对轮胎侧偏特性的影响。

（6）忽略空气动力的作用。

（7）忽略左、右轮胎由于载荷变化引起轮胎特性的变化以及轮胎回正力矩的作用。

简化后的汽车模型如图 12-1 所示。它是一个由三个有侧向弹性的轮胎支撑于地面、具有侧向和横摆两个自由度的汽车模型。图 12-1 中，β 为汽车质心侧偏角；u 为汽车质心前进速度；v 为汽车质心侧向速度；ω_r 为汽车横摆角速度；a 为汽车质心至前轴距离；b 为汽车质心至中轴距离；c 为汽车质心至后轴距离；L 为前、后轴的轴距；α_1、α_2、α_3 分别为前轮、中轮和后轮侧偏角；δ_1、δ_2、δ_3 分别为前轮、中轮和后轮转角；F_{y1}、F_{y2}、F_{y3} 分别为前轮、中轮和后轮侧向力。

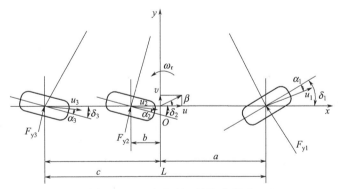

图 12-1　二自由度三轴汽车模型

汽车质心处侧向加速度为

$$a_y = \dot{v} + u\omega_r \tag{12-1}$$

汽车前轮、中轮、后轮的侧偏角分别为

$$\alpha_1 = \beta + \frac{a\omega_r}{u} - \delta_1$$

$$\alpha_2 = \beta - \frac{b\omega_r}{u} - \delta_2$$

$$\alpha_3 = \beta - \frac{c\omega_r}{u} - \delta_3 \tag{12-2}$$

汽车前轮、中轮和后轮侧向力分别为

$$F_{y1} = K_{\alpha 1}\alpha_1$$
$$F_{y2} = K_{\alpha 2}\alpha_2 \tag{12-3}$$
$$F_{y3} = K_{\alpha 3}\alpha_3$$

式中，$K_{\alpha 1}$、$K_{\alpha 2}$、$K_{\alpha 3}$ 分别为前轮、中轮和后轮综合侧偏刚度。

根据牛顿定律，可以列出二自由度汽车的微分方程为

$$m(\dot{v} + u\omega_r) = F_{y1} + F_{y2} + F_{y3}$$
$$I_z\dot{\omega}_r = aF_{y1} - bF_{y2} - cF_{y3} \tag{12-4}$$

式中，m 为汽车质量；I_z 为汽车转动惯量。

将式(12-1)～式(12-3) 代入式(12-4) 得

$$m(\dot{v} + u\omega_r) = K_{\alpha 1}\left(\beta + \frac{a\omega_r}{u} - \delta_1\right) + K_{\alpha 2}\left(\beta - \frac{b\omega_r}{u} - \delta_2\right) + K_{\alpha 3}\left(\beta - \frac{c\omega_r}{u} - \delta_3\right)$$
$$I_z\dot{\omega}_r = aK_{\alpha 1}\left(\beta + \frac{a\omega_r}{u} - \delta_1\right) - bK_{\alpha 2}\left(\beta - \frac{b\omega_r}{u} - \delta_2\right) - cK_{\alpha 3}\left(\beta - \frac{c\omega_r}{u} - \delta_3\right) \tag{12-5}$$

将式(12-5) 写成矩阵方程为

$$\begin{bmatrix} \dot{\beta} \\ \dot{\omega}_r \end{bmatrix} = \begin{bmatrix} a_{11} & a_{12} \\ a_{21} & a_{22} \end{bmatrix} \begin{bmatrix} \beta \\ \omega_r \end{bmatrix} + \begin{bmatrix} b_{11} \\ b_{21} \end{bmatrix}\delta_1 + \begin{bmatrix} b_{12} \\ b_{22} \end{bmatrix}\delta_2 + \begin{bmatrix} b_{13} \\ b_{23} \end{bmatrix}\delta_3 \tag{12-6}$$

式中，$a_{11} = \dfrac{K_{\alpha 1} + K_{\alpha 2} + K_{\alpha 3}}{mu}$；$a_{12} = \dfrac{aK_{\alpha 1} - bK_{\alpha 2} - cK_{\alpha 3} - mu^2}{mu^2}$；

$a_{21} = \dfrac{aK_{\alpha 1} - bK_{\alpha 2} - cK_{\alpha 3}}{I_z}$；$a_{22} = \dfrac{a^2K_{\alpha 1} + b^2K_{\alpha 2} + c^2K_{\alpha 3}}{I_z u}$；$b_{11} = -\dfrac{K_{\alpha 1}}{mu}$；$b_{12} = -\dfrac{K_{\alpha 2}}{mu}$；

$b_{13} = -\dfrac{K_{\alpha 3}}{mu}$；$b_{21} = -\dfrac{aK_{\alpha 1}}{I_z}$；$b_{22} = \dfrac{bK_{\alpha 2}}{I_z}$；$b_{23} = \dfrac{cK_{\alpha 3}}{I_z}$。

2. 建立转向盘比例前馈六轮转向控制模型

将后两轴转角和前轮转角成比例的六轮转向比例控制作为前馈控制器来计算前馈比例系数。六轮转向比例控制是为了尽量保证车辆转弯时的质心侧偏角为零。为了减少轮胎的磨损，各轮转角理论上都应该满足阿克曼转角关系，但实际上使它们均满足阿克曼转角关系是很困难的，在各车轮的转角不是很大的情况下，可以近似认为同一转向轴的内外侧车轮转角相同，因此可以将模型转换为单轨模型。设中轴、后轴转角和前轴转角的比例关系为

$$\delta_2 = G_{21}\delta_1$$
$$\delta_3 = G_{31}\delta_1 \tag{12-7}$$

式中，G_{21}、G_{31} 分别为中轮、后轮转角与前轮转角的比值。

根据图 12-2 不同转向轴的阿克曼转角关系，得出

$$\frac{\tan\delta_2}{\tan\delta_1} = \frac{L_2}{L_1}$$
$$\frac{\tan\delta_3}{\tan\delta_1} = \frac{L_3}{L_1} \tag{12-8}$$

式中，L_1 为前轴距离转向中心的垂直距离；L_2 为中轴距离转向中心的垂直距离；L_3 为后轴距离转向中心的垂直距离。

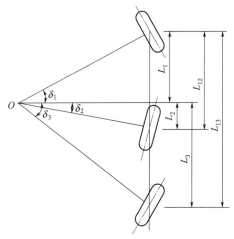

图 12-2 不同转轴的阿克曼转角关系

因为各车轮转角较小，所以 $\tan\delta_i \approx \delta_i (i=1,2,3)$，又根据图 12-2 的几何关系可得出

$$\frac{L_2}{L_1} = \frac{L_1 - L_{12}}{L_1} = 1 - \frac{L_{12}}{L_1}$$

$$\frac{L_3}{L_1} = \frac{L_1 - L_{13}}{L_1} = 1 - \frac{L_{13}}{L_1} \tag{12-9}$$

式中，$L_{12} = a + b$；$L_{13} = a + c$。

中轴、后轴和前轴的转角比例系数为

$$G_{21} = 1 - L_{12}/L_1$$
$$G_{31} = 1 - L_{13}/L_1 \tag{12-10}$$

由式(12-10) 可知，要确定比例系数 G_{21}、G_{31}，就要先确定 L_1。依据零质心侧偏角控制策略确定 L_1。

车辆转弯达到稳态时，质心侧偏角 $\beta = 0$，并且还满足 $\dot{\beta}=0$、$\dot{\omega}_r=0$。将 $\beta=0$、$\dot{\beta}=0$、$\dot{\omega}_r=0$、$\delta_2 = \left(1 - \frac{L_{12}}{L_1}\right)\delta_1$、$\delta_3 = \left(1 - \frac{L_{13}}{L_1}\right)\delta_3$ 带入式(12-6)，可以得到

$$L_1 = \frac{(a^2 k_1 + b^2 k_2 + c^2 k_3)(k_2 L_{12} + k_3 L_{13}) + (ak_1 - bk_2 - ck_3 - mu^2)(bk_2 L_{12} + ck_3 L_{13})}{(a^2 k_1 + b^2 k_2 + c^2 k_3)(k_1 + k_2 + k_3) - (ak_1 - bk_2 - ck_3)^2 + mu^2(ak_1 - bk_2 - ck_3)} \tag{12-11}$$

将 L_1 带入式(12-10)，就能够得到前馈比例系数 G_{21}、G_{31}。

由此可见，三轴汽车六轮转向时，为使其稳态质心侧偏角为 0，中轴、后轴转角与前轮转角之间的比例系数 G_{21}、G_{31} 与车速及整车参数有关。

3. 建立三种不同转向控制方式下的稳态横摆角速度增益

汽车稳态行驶时，横摆角速度为定值，微分项为零。由式(12-6) 可得

$$\begin{bmatrix} \beta \\ \omega_r \end{bmatrix} = -\begin{bmatrix} a_{11} & a_{12} \\ a_{21} & a_{22} \end{bmatrix}^{-1} \begin{bmatrix} b_{11} + b_{12}G_{21} + b_{13}G_{31} \\ b_{21} + b_{22}G_{21} + b_{23}G_{31} \end{bmatrix} \delta_1 \tag{12-12}$$

当三轴汽车稳态转向时，由式(12-12)可求得三轴六轮转向汽车稳态横摆角速度增益为

$$\left.\frac{\omega_r}{\delta_1}\right|_{6WS} = \frac{\dfrac{L_{12}K_{\alpha1}K_{\alpha2}(1-G_{21})+L_{13}K_{\alpha1}K_{\alpha3}(1-G_{31})+L_2K_{\alpha2}K_{\alpha3}(G_{21}-G_{31})}{L_{12}^2K_{\alpha1}K_{\alpha2}+L_{13}^2K_{\alpha1}K_{\alpha3}+L_2^2K_{\alpha2}K_{\alpha3}}u}{1+m\dfrac{aK_{\alpha1}-bK_{\alpha2}-cK_{\alpha3}}{L_{12}^2K_{\alpha1}K_{\alpha2}+L_{13}^2K_{\alpha1}K_{\alpha3}+L_2^2K_{\alpha2}K_{\alpha3}}u^2}$$

(12-13)

式中，$L_2 = c - b$。

三轴六轮转向汽车稳定性因数定义为

$$K = m\frac{aK_{\alpha1}-bK_{\alpha2}-cK_{\alpha3}}{L_{12}^2K_{\alpha1}K_{\alpha2}+L_{13}^2K_{\alpha1}K_{\alpha3}+L_2^2K_{\alpha2}K_{\alpha3}}$$

(12-14)

式(12-14)分母永远是正值，所以，汽车稳定性因数的正负主要取决于分子。

当 $K=0$，即 $aK_{\alpha1}-bK_{\alpha2}-cK_{\alpha3}=0$ 时，三轴六轮转向汽车具有中性转向特性。

当 $K>0$，即 $aK_{\alpha1}-bK_{\alpha2}-cK_{\alpha3}>0$ 时，三轴六轮转向汽车具有不足转向特性。

当 $K<0$，即 $aK_{\alpha1}-bK_{\alpha2}-cK_{\alpha3}<0$ 时，三轴六轮转向汽车具有过度转向特性。

当三轴汽车前后轮转向时，其横摆角速度增益为

$$\left.\frac{\omega_r}{\delta_1}\right|_{4WS} = \frac{\dfrac{L_{12}K_{\alpha1}K_{\alpha2}+L_{13}K_{\alpha1}K_{\alpha3}(1-G_{31})-L_2K_{\alpha2}K_{\alpha3}G_{31}}{L_{12}^2K_{\alpha1}K_{\alpha2}+L_{13}^2K_{\alpha1}K_{\alpha3}+L_2^2K_{\alpha2}K_{\alpha3}}u}{1+m\dfrac{aK_{\alpha1}-bK_{\alpha2}-cK_{\alpha3}}{L_{12}^2K_{\alpha1}K_{\alpha2}+L_{13}^2K_{\alpha1}K_{\alpha3}+L_2^2K_{\alpha2}K_{\alpha3}}u^2}$$

(12-15)

当三轴汽车前轮转向时，其横摆角速度增益为

$$\left.\frac{\omega_r}{\delta_1}\right|_{2WS} = \frac{\dfrac{L_{12}K_{\alpha1}K_{\alpha2}+L_{13}K_{\alpha1}K_{\alpha3}}{L_{12}^2K_{\alpha1}K_{\alpha2}+L_{13}^2K_{\alpha1}K_{\alpha3}+L_2^2K_{\alpha2}K_{\alpha3}}u}{1+m\dfrac{aK_{\alpha1}-bK_{\alpha2}-cK_{\alpha3}}{L_{12}^2K_{\alpha1}K_{\alpha2}+L_{13}^2K_{\alpha1}K_{\alpha3}+L_2^2K_{\alpha2}K_{\alpha3}}u^2}$$

(12-16)

4. 建立三轴六轮转向汽车横摆角速度和质心侧偏角的传递函数

对式(12-6)进行拉普拉斯变换得

$$\begin{bmatrix} s-a_{11} & -a_{12} \\ -a_{21} & s-a_{22} \end{bmatrix}\begin{bmatrix} \beta(s) \\ \omega_r(s) \end{bmatrix} = \begin{bmatrix} b_{11} & b_{12} & b_{13} \\ b_{21} & b_{22} & b_{23} \end{bmatrix}\begin{bmatrix} \delta_1(s) \\ \delta_2(s) \\ \delta_3(s) \end{bmatrix}$$

(12-17)

中轴、后轴和前轴的转角关系为

$$\delta_2(s) = G_{21}\delta(s)$$
$$\delta_2(s) = G_{31}\delta(s)$$

(12-18)

将式(12-18)带入式(12-17)，并求解可得三轴六轮转向汽车横摆角速度传递函数为

$$\frac{\omega_r(s)}{\delta_1(s)} = \frac{E_1 s + E_2 + E_3 G_{21} + E_4 G_{31}}{s^2 + E_5 s + E_6}$$

(12-19)

式中，$E_1 = b_{21}+b_{22}G_{21}+b_{23}G_{31}$；$E_2 = a_{21}b_{11}-a_{11}b_{21}$；$E_3 = a_{21}b_{12}-a_{11}b_{22}$；$E_4 = a_{21}b_{13}-a_{11}b_{23}$；$E_5 = -a_{11}-a_{22}$；$E_6 = a_{11}a_{22}-a_{12}a_{21}$。

三轴六轮转向汽车质心侧偏角传递函数为

$$\frac{\beta(s)}{\delta_1(s)} = \frac{F_1 s + F_2 + F_3 G_{21} + F_4 G_{31}}{s^2 + E_5 s + E_6} \tag{12-20}$$

式中，$F_1 = b_{11} + b_{12} G_{21} + b_{13} G_{31}$；$F_2 = a_{12} b_{21} - a_{22} b_{11}$；$F_3 = a_{12} b_{22} - a_{22} b_{12}$；$F_4 = a_{12} b_{23} - a_{22} b_{13}$。

5. 绘制三种不同转向控制方式下的稳态横摆角速度增益曲线

根据汽车稳态横摆角速度增益模型，编写绘制汽车横摆角速度增益曲线的 MATLAB 程序如下。

程序	注释
m=6000;I=10800;a=2.65;b=0.3;c=2.55;	汽车参数赋值
L12=2.95;L13=5.2;L2=2.25;	汽车参数赋值
k1=-70000;k2=-80000;k3=-80000;	轮胎侧偏刚度赋值
k=m*(a*k1-b*k2-c*k3)./(k1*k2*L12.^2+k1*k3*L13.^2+k2*k3*L2.^2);	计算稳定性因数
u=0:1:40;	定义速度范围
g1=k1*a.^2+k2*b.^2+k3*c.^2;g2=k2*L12+k3*L13;	计算系数
g3=b*k2*L12+c*k3*L13;g4=k1+k2+k3;	计算系数
g5=a*k1-b*k2-c*k3;	计算系数
L1=(g1*g2+(g5-m*u.^2)*g3)./(g1*g4-g5^2+g5*m*u.^2);	计算 L1
G21=1-L12./L1;	计算 G21
G31=1-L13./L1;	计算 G31
f61=L12*k1*k2.*(1-G21)+L13*k1*k3.*(1-G31)+L2*k2*k3.*(G21-G31);	计算系数
f62=k1*k2*L12.^2+k1*k3*L13.^2+k2*k3*L2.^2;	计算系数
W6=f61.*u./3.6/f62./(1+k*u.^2/3.6/3.6);	计算六轮转向横摆角速度增益
plot(u,W6)	绘制汽车横摆角速度增益曲线
hold on	保存图形
f41=L12*k1*k2+L13*k1*k3*(1-G31)-L2*k2*k3*G21;	计算系数
W4=f41.*u./3.6/f62./(1+k*u.*u./3.6/3.6);	计算四轮转向横摆角速度增益
plot(u,W4,':')	绘制汽车横摆角速度增益曲线
hold on	保存图形
f21=L12*k1*k2+L13*k1*k3;	计算系数
W2=f21.*u./3.6/f62./(1+k*u.*u./3.6/3.6);	计算前轮转向横摆角速度增益
plot(u,W2,'--')	绘制汽车横摆角速度增益曲线
hold on	保存图形
xlabel('车速/(km/h)')	x 轴标注
ylabel('汽车横摆角速度增益/(1/s)')	y 轴标注
legend('六轮转向','四轮转向','二轮转向')	曲线标注

在 MATLAB 编辑器中输入这些程序，点击运行按钮，就会得到三种不同转向控制方式下的稳态横摆角速度增益曲线，如图 12-3 所示。可以看出，在低速区，三轴汽车六轮转向、前后四轮转向的横摆角速度增益比前轮转向的高，表明低速时采用六轮转向或前后四轮转向

方式，三轴汽车更容易转向，即低速机动性好。在高速区域时，采用六轮转向或前后四轮转向方式时，三轴汽车具有较强的不足转向特性。超过一定车速后，二轮转向汽车横摆角速度增益明显大于六轮转向或四轮转向的横摆角速度增益。

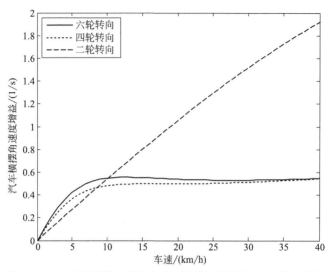

图 12-3　三种不同转向控制方式下的稳态横摆角速度增益曲线

6. 绘制低速和高速下的三轴二轮转向和六轮转向汽车横摆角速度时域特性

车速分别选取 5m/s 和 30m/s；在仿真时间为 0 时给前轮一个阶跃信号，使前轮转角从 0°转到 10°，并保持不变。根据汽车横摆角速度传递函数式，编写绘制低速和高速下的三轴二轮转向和六轮转向汽车横摆角速度时域特性曲线的 MATLAB 程序如下。

程序	注释
m=6000;Iz=10800;a=2.65;b=0.3;c=2.55;	汽车参数赋值
L12=2.95;L13=5.2;L2=2.25;	汽车参数赋值
k1=-70000;k2=-80000;k3=-80000;	轮胎侧偏刚度赋值
u=5;	设置速度
g1=k1*a.^2+k2*b.^2+k3*c.^2;g2=k2*L12+k3*L13;	计算 L1 系数
g3=b*k2*L12+c*k3*L13;g4=k1+k2+k3;	计算 L1 系数
g5=a*k1-b*k2-c*k3;	计算 L1 系数
L1=(g1*g2+(g5-m*u.^2)*g3)./(g1*g4-g5^2+g5*m*u.^2);	计算 L1
G21=1-L12./L1;	计算 G21
G31=1-L13./L1;	计算 G31
a11=(k1+k2+k3)./m/u;a12=(a.*k1-b.*k2-c.*k3-m.*u.^2)./m/u.^2;	计算方程系数
a21=(a.*k1-b.*k2-c.*k3)./Iz;a22=(a.^2*k1+b.^2*k2+c.^2*k3)./Iz/u;	计算方程系数
b11=-k1./m/u;b12=-k2./m/u;b13=-k3./m/u;	计算方程系数
b21=-a*k1./Iz;b22=b*k2./Iz;b23=c*k3./Iz;	计算方程系数
E1=b21+b22.*G21+b23.*G31;E2=a21.*b11-a11.*b21;	计算传递函数系数
E3=a21.*b12-a11.*b22;E4=a21.*b13-a11.*b23;	计算传递函数系数

代码	说明
E5=-a11-a22;E6=a11.*a22-a12.*a21;	计算传递函数系数
E=E2+E3*G21+E4*G31;	计算传递函数系数
num=[E1,E];	设定传递函数分子系数
den=[1,E5,E6];	设定传递函数分母系数
t=[0:0.1:10];	响应时间
Go=step(num,den,t);	单位阶跃响应
Go1=Go*pi./18;	计算横摆角速度
plot(t,Go1)	绘制横摆角速度响应曲线
hold on	保存图形
G21=0;	设置 G21
G31=0;	设置 G31
a11=(k1+k2+k3)./m/u;a12=(a.*k1-b.*k2-c.*k3-m.*u.^2)./m/u.^2;	计算方程系数
a21=(a.*k1-b.*k2-c.*k3)./Iz;a22=(a.^2*k1+b.^2*k2+c.^2*k3)./Iz/u;	计算方程系数
b11=-k1./m/u;b12=-k2./m/u;b13=-k3./m/u;	计算方程系数
b21=-a*k1./Iz;b22=b*k2./Iz;b23=c*k3./Iz;	计算方程系数
E1=b21+b22.*G21+b23.*G31;E2=a21.*b11-a11.*b21;	计算传递函数系数
E3=a21.*b12-a11.*b22;E4=a21.*b13-a11.*b23;	计算传递函数系数
E5=-a11-a22;E6=a11.*a22-a12.*a21;	计算传递函数系数
E=E2+E3*G21+E4*G31;	计算传递函数系数
num=[E1,E];	设定传递函数分子系数
den=[1,E5,E6];	设定传递函数分母系数
t=0:0.1:10;	响应时间
Go=step(num,den,t);	单位阶跃响应
Go1=Go*pi./18;	计算横摆角速度
plot(t,Go1,'--')	绘制横摆角速度响应曲线
hold on	保存图形
xlabel('时间/s')	x 轴标注
ylabel('横摆角速度/(rad/s)')	y 轴标注
legend('六轮转向','二轮转向')	曲线标注

在 MATLAB 编辑器中输入这些程序，点击运行按钮，就会得到车速为 5m/s 时的三轴二轮转向和六轮转向汽车横摆角速度时域特性曲线，如图 12-4 所示。可以看出，低速时，六轮转向汽车横摆角速度大于二轮转向汽车横摆角速度，表明六轮转向汽车更容易转向，即低速机动性好。

将车速改为 30m/s 时，三轴二轮转向和六轮转向汽车横摆角速度时域特性曲线如图 12-5 所示。可以看出，高速时，二轮转向汽车横摆角速度大于六轮转向汽车横摆角速度，表明二轮转向汽车高速稳定性差，六轮转向汽车具有较好的稳定性。

7. 绘制低速和高速下的三轴二轮转向和六轮转向汽车质心侧偏角时域特性

车速分别选取 5m/s 和 30m/s；在仿真时间为 0 时给前轮一个阶跃信号，使前轮转角从 0°转到 10°，并保持不变。根据汽车质心侧偏角传递函数式，编写绘制低速和高速下的三轴二轮转向和六轮转向汽车质心侧偏角时域特性曲线的 MATLAB 程序如下：

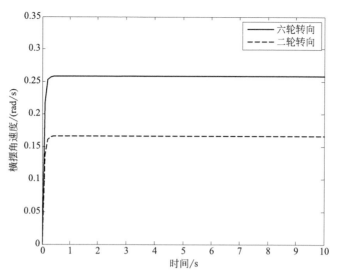

图 12-4 车速为 5m/s 时的三轴二轮转向和六轮转向汽车横摆角速度时域特性曲线

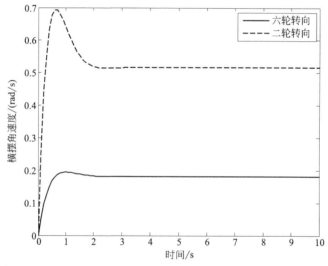

图 12-5 车速为 30m/s 时的三轴二轮转向和六轮转向汽车横摆角速度时域特性曲线

程序	注释
m=6000;Iz=10800;a=2.65;b=0.3;c=2.55;	汽车参数赋值
L12=2.95;L13=5.2;L2=2.25;	汽车参数赋值
k1=-70000;k2=-80000;k3=-80000;	轮胎侧偏刚度赋值
u=5;	设置速度
g1=k1*a.^2+k2*b.^2+k3*c.^2;g2=k2*L12+k3*L13;	计算 L1 系数
g3=b*k2*L12+c*k3*L13;g4=k1+k2+k3;	计算 L1 系数
g5=a*k1-b*k2-c*k3;	计算 L1 系数
L1=(g1*g2+(g5-m*u.^2)*g3)./(g1*g4-g5^2+g5*m*u.^2);	计算 L1
G21=1-L12./L1;	计算 G21

代码	注释
`G31=1-L13./L1;`	计算 G31
`a11=(k1+k2+k3)./m/u;a12=(a.*k1-b.*k2-c.*k3-m.*u.^2)./m/u.^2;`	计算方程系数
`a21=(a.*k1-b.*k2-c.*k3)./Iz;a22=(a.^2*k1+b.^2*k2+c.^2*k3)./Iz/u;`	计算方程系数
`b11=-k1./m/u;b12=-k2./m/u;b13=-k3./m/u;`	计算方程系数
`b21=-a*k1./Iz;b22=b*k2./Iz;b23=c*k3./Iz;`	计算方程系数
`F1=b11+b12.*G21+b13.*G31;F2=a12*b21-a22*b11;`	计算传递函数系数
`F3=a12*b22-a22*b12;F4=a12*b23-a22*b13;`	计算传递函数系数
`E5=-a11-a22;E6=a11.*a22-a12.*a21;`	计算传递函数系数
`F=F2+F3*G21+F4*G31;`	计算传递函数系数
`num=[F1,F];`	设定传递函数分子系数
`den=[1,E5,E6];`	设定传递函数分母系数
`t=0:0.1:10;`	响应时间
`Go=step(num,den,t);`	单位阶跃响应
`Go1=Go*pi./18;`	计算横摆角速度
`plot(t,Go1)`	绘制横摆角速度响应曲线
`hold on`	保存图形
`G21=0;`	设置 G21
`G31=0;`	设置 G31
`a11=(k1+k2+k3)./m/u;a12=(a.*k1-b.*k2-c.*k3-m.*u.^2)./m/u.^2;`	计算方程系数
`a21=(a.*k1-b.*k2-c.*k3)./Iz;a22=(a.^2*k1+b.^2*k2+c.^2*k3)./Iz/u;`	计算方程系数
`b11=-k1./m/u;b12=-k2./m/u;b13=-k3./m/u;`	计算方程系数
`b21=-a*k1./Iz;b22=b*k2./Iz;b23=c*k3./Iz;`	计算方程系数
`F1=b11+b12.*G21+b13.*G31;F2=a12*b21-a22*b11;`	计算传递函数系数
`F3=a12*b22-a22*b12;F4=a12*b23-a22*b13;`	计算传递函数系数
`E5=-a11-a22;E6=a11.*a22-a12.*a21;`	计算传递函数系数
`F=F2+F3*G21+F4*G31;`	计算传递函数系数
`num=[F1,F];`	设定传递函数分子系数
`den=[1,E5,E6];`	设定传递函数分母系数
`t=0:0.1:10;`	响应时间
`Go=step(num,den,t);`	单位阶跃响应
`Go1=Go*pi./18;`	计算横摆角速度
`plot(t,Go1,'--')`	绘制横摆角速度响应曲线
`hold on`	保存图形
`xlabel('时间/s')`	x 轴标注
`ylabel('质心侧偏角/rad')`	y 轴标注
`legend('六轮转向','二轮转向')`	曲线标注

在 MATLAB 编辑器中输入这些程序，点击运行按钮，就会得到车速为 5m/s 时的三轴二轮转向和六轮转向汽车质心侧偏角时域特性曲线，如图 12-6 所示。可以看出，低速时，六轮转向汽车质心侧偏角小于二轮转向汽车质心侧偏角，而且到达稳定时间也短，说明稳定性好。

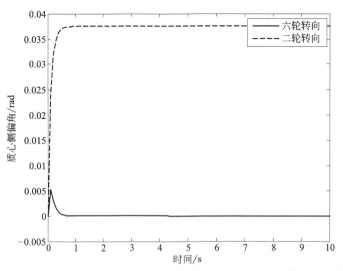

图 12-6 车速为 5m/s 时的三轴二轮转向和六轮转向汽车质心侧偏角时域特性曲线

将车速改为 30m/s 时，三轴二轮转向和六轮转向汽车质心侧偏角时域特性曲线如图 12-7 所示。可以看出，高速时，二轮转向汽车高速时质心侧偏角较大，导致汽车的运动姿态变化较大，容易造成甩尾、侧滑等危险；六轮转向汽车质心侧偏角基本保持为零，且到达稳定时间也短，汽车的运动姿态得到了很好的控制。

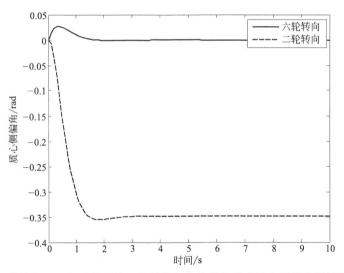

图 12-7 车速为 30m/s 时的三轴二轮转向和六轮转向汽车质心侧偏角时域特性曲线

实例十三

汽车平顺性仿真

　　汽车平顺性是指汽车以正常车速行驶时能保证乘员不致因车身振动而引起不舒适和疲乏感觉以及保持运载货物完整无损的性能。由于汽车平顺性主要是根据乘员的舒适程度来评价,所以它有时又称为乘坐舒适性。要获得良好的汽车行驶平顺性,需要对悬架系统进行合理设计和匹配。根据汽车整车性能对悬架系统的要求,通常用车身垂直加速度、悬架动挠度和车轮动载荷来评价悬架系统的优劣。

任务描述

主要任务:

1. 建立 1/2 汽车平顺性数学模型
2. 绘制时域路面不平度曲线
3. 绘制汽车输出变量随时间变化的曲线
4. 利用 Simulink 对汽车平顺性仿真

汽车平顺性仿真所需参数见表 13-1。

表 13-1 汽车平顺性仿真所需参数

悬挂质量/kg	转动惯量/kg·m²	前非悬挂质量/kg	后非悬挂质量/kg
690	1222	40.5	45.4
前悬架刚度/(kN/m)	后悬架刚度/(kN/m)	前悬架阻尼系数/(kN·s/m)	后悬架阻尼系数/(kN·s/m)
17	22	1.5	1.5
前轮胎刚度/(kN/m)	后轮胎刚度/(kN/m)	车身质心至前轴距离/m	车身质心至后轴距离/m
192	192	1.25	1.51

任务实施过程

1. 建立 1/2 汽车平顺性数学模型

汽车平顺性模型包括整车模型和路面输入模型,其中整车模型以 1/2 汽车为例。

(1) 1/2 汽车平顺性数学模型。在建立 1/2 汽车平顺性数学模型时,假设汽车对称其纵轴线,且左、右车轮的路面不平度函数相等;不考虑非线性因素;认为轮胎不离开地面。

1/2 被动悬架汽车行驶动力学模型如图 13-1 所示。m_s 为悬挂质量;m_{sf}、m_{sr} 分别为悬挂质量等效在前、后车轮上的质量;m_{wf}、m_{wr} 分别为非悬挂质量等效在前、后车轮上的质量;I_{sy} 为悬挂质量绕 y 轴的转动惯量;a、b、L 分别为车身质心至前、后轴距离和轴距;K_{sf}、K_{sr} 分别为前、后悬架刚度,C_{sf}、C_{sr} 分别为前、后悬架阻尼系数;K_{wf}、K_{wr} 分别为前、后轮胎刚度;ϕ 为车身俯仰角;q_f、q_r 分别为汽车前、后轮地面不平度的位移函数;z_{wf}、z_{wr} 分别为前、后轴非悬挂质量的垂直位移;z_{sf}、z_{sr} 分别为前、后车轮上方悬挂质量的垂直位移;z_s 为车身质心处的垂直位移,坐标原点在各自的平衡位置。

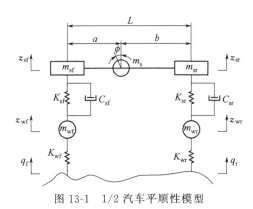

图 13-1 1/2 汽车平顺性模型

1/2 汽车平顺性模型包括四个自由度,即车身的垂直和俯仰运动以及前、后非悬挂质量的垂直运动。

以车身为研究对象,由垂直方向力的平衡和绕质心的力矩平衡得

$$\begin{aligned}
m_s \ddot{z}_s &= K_{sf}(z_{wf}-z_{sf}) + C_{sf}(\dot{z}_{wf}-\dot{z}_{sf}) + K_{sr}(z_{wr}-z_{sr}) + C_{sr}(\dot{z}_{wr}-\dot{z}_{sr}) \\
I_{sy} \ddot{\phi} &= bK_{sr}(z_{wr}-z_{sr}) + bC_{sr}(\dot{z}_{wr}-\dot{z}_{sr}) - aK_{sf}(z_{wf}-z_{sf}) - aC_{sf}(\dot{z}_{wf}-\dot{z}_{sf})
\end{aligned} \quad (13\text{-}1)$$

以前、后非悬挂质量为研究对象,由垂直方向力的平衡得

$$\begin{aligned}
m_{wf} \ddot{z}_{wf} &= K_{wf}(q_f - z_{wf}) - K_{sf}(z_{wf}-z_{sf}) - C_{sf}(\dot{z}_{wf}-\dot{z}_{sf}) \\
m_{wr} \ddot{z}_{wr} &= K_{wr}(q_r - z_{wr}) - K_{sr}(z_{wr}-z_{sr}) - C_{sr}(\dot{z}_{wr}-\dot{z}_{sr})
\end{aligned} \quad (13\text{-}2)$$

当俯仰角较小时,前、后车轮上方悬挂质量的垂直位移与车身质心处的垂直位移、俯仰角之间的关系为

$$\begin{aligned}
z_{sf} &= z_s - a\phi \\
z_{sr} &= z_s + b\phi
\end{aligned} \quad (13\text{-}3)$$

选取车身垂直位移、车身俯仰角、前轴和后轴非悬挂质量的垂直位移、前轮和后轮地面不平度的位移、车身垂直速度、车身俯仰角速度、前轴和后轴非悬挂质量的垂直速度为系统的状态变量，即 $X = \begin{bmatrix} z_s & \phi & z_{wf} & z_{wr} & q_f & q_r & \dot{z}_s & \dot{\phi} & \dot{z}_{wf} & \dot{z}_{wr} \end{bmatrix}^T$，则由式(13-1)～式(13-3)可得1/2汽车系统状态方程式为

$$\dot{X} = AX + Bu \tag{13-4}$$

式中，A 为 10×10 阶系统矩阵，其中 $a_{71} = -(K_{sf}+K_{sr})/m_s$；$a_{72} = (aK_{sf}-bK_{sr})/m_s$；$a_{73} = K_{sf}/m_s$；$a_{74} = K_{sr}/m_s$；$a_{77} = -(C_{sf}+C_{sr})/m_s$；$a_{78} = (aC_{sf}-bC_{sr})/m_s$；$a_{79} = C_{sf}/m_s$；$a_{710} = C_{sr}/m_s$；$a_{81} = (aK_{sf}-bK_{sr})/I_{sy}$；$a_{82} = -(a^2K_{sf}+b^2K_{sr})/I_{sy}$；$a_{83} = -aK_{sf}/I_{sy}$；$a_{84} = bK_{sr}/I_{sy}$；$a_{87} = (aC_{sf}-bC_{sr})/I_{sy}$；$a_{88} = -(a^2C_{sf}+b^2C_{sr})/I_{sy}$；$a_{89} = -aC_{sf}/I_{sy}$；$a_{810} = bC_{sr}/I_{sy}$；$a_{91} = K_{sf}/m_{wf}$；$a_{92} = -aK_{sf}/m_{wf}$；$a_{93} = -(K_{sf}+K_{wf})/m_{wf}$；$a_{95} = K_{wf}/m_{wf}$；$a_{97} = C_{sf}/m_{wf}$；$a_{98} = -aC_{sf}/m_{wf}$；$a_{99} = -C_{sf}/m_{wf}$；$a_{101} = K_{sr}/m_{wr}$；$a_{102} = bK_{sr}/m_{wr}$；$a_{104} = -(K_{sr}+K_{wr})/m_{wr}$；$a_{106} = K_{wr}/m_{wr}$；$a_{107} = C_{sr}/m_{wr}$；$a_{108} = bC_{sr}/m_{wr}$；$a_{1010} = -C_{sr}/m_{wr}$；$a_{17} = a_{28} = a_{39} = a_{410} = 1$；其余为0；$B$ 为 10×2 阶扰动矩阵，其中 $b_{51} = 1$；$b_{62} = 1$；其余为0；$u = \begin{bmatrix} \dot{q}_f & \dot{q}_r \end{bmatrix}^T$ 为扰动向量。

设前、后悬架动挠度分别为 $z_{swf} = z_{sf} - z_{wf}$ 和 $z_{swr} = z_{sr} - z_{wr}$，前、后轮胎动变形分别为 $z_{qwf} = q_f - z_{wf}$ 和 $z_{qwr} = q_r - z_{wr}$，选择车身垂直加速度、车身俯仰角加速度、前悬架和后悬架动挠度、前轮胎和后轮胎动载荷为系统输出变量，即 $Y = \begin{bmatrix} \ddot{z}_s & \ddot{\phi} & z_{swf} & z_{swr} & K_{wf}z_{qwf} & K_{wr}z_{qwr} \end{bmatrix}^T$，则1/2汽车系统输出方程式为

$$Y = CX \tag{13-5}$$

式中，C 为 6×10 阶输出矩阵。

输出矩阵为

$$C = \begin{bmatrix} a_{71} & a_{72} & a_{73} & a_{74} & 0 & 0 & a_{77} & a_{78} & a_{79} & a_{710} \\ a_{81} & a_{82} & a_{83} & a_{84} & 0 & 0 & a_{87} & a_{88} & a_{89} & a_{810} \\ 1 & -a & -1 & 0 & 0 & 0 & 0 & 0 & 0 & 0 \\ 1 & b & -1 & 0 & 0 & 0 & 0 & 0 & 0 & 0 \\ 0 & 0 & -K_{wf} & 0 & K_{wf} & 0 & 0 & 0 & 0 & 0 \\ 0 & 0 & 0 & -K_{wr} & 0 & K_{wr} & 0 & 0 & 0 & 0 \end{bmatrix} \tag{13-6}$$

式(13-6)中 a 的表达式与式(13-4)中的相对应。

(2) 汽车路面输入模型。汽车路面模型采用滤波白噪声时域路面输入模型，即

$$\dot{q}(t) = -2\pi f_0 q(t) + 2\pi \sqrt{S_q(n_0)u}\, w(t) \tag{13-7}$$

式中，$q(t)$ 为路面位移；f_0 为下截止频率；$S_q(n_0)$ 为路面不平度系数，与路面等级有关；u 为汽车行驶速度；$w(t)$ 为均值为0、强度为1的均匀分布白噪声。

下截止频率计算式为

$$f_0 = 2\pi n_{00} u \tag{13-8}$$

式中，n_{00} 为路面空间截止频率，$n_{00} = 0.011 \mathrm{m}^{-1}$。

2. 绘制时域路面不平度曲线

根据式(13-7)和式(13-8)编写绘制时域路面不平度曲线的MATLAB程序如下。

程序	注释
n00=0.011;	路面空间截止频率赋值
u=16.67;	速度赋值
f0=2*pi*n00*u;	计算下截止频率
Sq=0.000256;	设置路面不平度系数
white_noise=1-2*1*rand(1,1000);	设置1000个白噪声数据
for i=1:1000	路面输入模型循环计算
q(1)=0;	设置初始输入为0
q(i+1)=0.01*(-2*pi*f0*q(i)+2*pi*(sqrt(Sq*u))*white_noise(i))+q(i);	离散化输入,时间间隔为0.01
dq=100*diff(q);	路面位移求导,时间间隔为0.01;
end	循环结束
t=0:0.01:10;	设置时间间隔为0.01
plot(t,q)	绘制路面不平度曲线
xlabel('时间/s')	x轴标注
ylabel('路面位移/m')	y轴标注

在MATLAB编辑器中输入这些程序,点击运行按钮,就会得到时域路面不平度曲线图,如图13-2所示。改变速度,可以得到不同速度下的路面时域曲线。

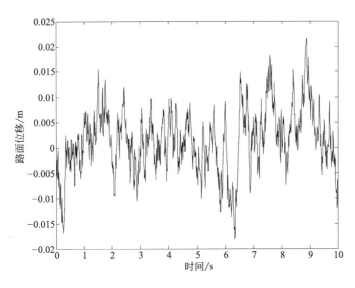

图13-2 时域路面不平度曲线

3. 绘制汽车输出变量随时间变化的曲线

根据车身垂直加速度数学模型和路面输入模型,编写绘制汽车输出变量随时间变化的曲线MATLAB程序如下。

程序	注释
ms=690;Isy=1222;mwf=40.5;mwr=45.4;Ksf=17000;Ksr=22000;Csf=1500;Csr=1500;Kwf=192000;Kwr=192000;a=1.25;b=1.51;L=a+b;	设置汽车模型参数输入

```
n00=0.011;                                                设置路面空间截止频率
u=16.67;                                                  设置行驶车速
f0=2*pi*n00*u;                                            计算下截止频率
Sq=0.000256;                                              设置路面不平度系数
A=[0 0 0 0 0 0 1 0 0 0 ;                                  计算A矩阵
   0 0 0 0 0 0 0 1 0 0 ;
   0 0 0 0 0 0 0 0 1 0 ;
   0 0 0 0 0 0 0 0 0 1 ;
   0 0 0 0 0 0 0 0 0 0 ;
   0 0 0 0 0 0 0 0 0 0 ;
-1*(Ksf+Ksr)/ms (a*Ksf-b*Ksr)/ms Ksf/ms Ksr/ms 0 0
   -1*(Csf+Csr)/ms (a*Csf-b*Csr)/ms Csf/ms Csr/ms ;
(a*Ksf-b*Ksr)/Isy -1*(a*a*Ksf+b*b*Ksr)/Isy -1*a*
Ksf/Isy b*Ksr/Isy 0 0 (a*Csf-b*Csr)/Isy -1*(a*a*Csf+
b*b*Csr)/Isy -1*a*Csf/Isy;
   b*Csr/Isy ;
Ksf/mwf -1*a*Ksf/mwf -1*(Ksf+Kwf) 0 Kwf/mwf 0 Csf/
mwf -1*a*Csf/mwf -1*Csf/mwf 0 ;
Ksr/mwr b*Ksr/mwr 0 -1*(Ksr+Kwr)/mwr 0 Kwr/mwr Csr/
mwr b*Csr/mwr 0 -1*(Csr/mwr) ];
B=[0 0 0 0 1 0 0 0 0 0;0 0 0 0 0 1 0 0 0 0]';           设置B矩阵并转置
C=[-1*(Ksf+Ksr)/ms (a*Ksf-b*Ksr)/ms Ksf/ms Ksr/ms 0     计算C矩阵
0 -1*(Csf+Csr)/ms (a*Csf-b*Csr)/ms Csf/ms Csr/ms ;
(a*Ksf-b*Ksr)/Isy -1*(a*a*Ksf+b*b*Ksr)/Isy -1*a*Ksf/
Isy b*Ksr/Isy 0 0 (a*Csf-b*Csr)/Isy -1*(a*a*Csf+b*
b*Csr)/Isy -1*a*Csf/Isy b*Csr/Isy ;
1 -1*a -1 0 0 0 0 0 0 0;
1 b -1 0 0 0 0 0 0 0;
0 0 -1*Kwf 0 Kwf 0 0 0 0;
0 0 0 -1*Kwr 0 Kwr 0 0 0];
white_noise=1-2*1*rand(1,1000);                          设置1000个白噪声数据
for i=1:1000                                             路面输入模型循环计算
   q(1)=0;                                               设置初始输入为0
   q(i+1)=0.01*(-2*pi*f0*q(i)+2*pi*(sqrt(Sq*u))*        式(13-7)离散化输入,时
white_noise(i))+q(i);                                    间间隔为0.01

   dq=100*diff(q);                                       路面位移求导,时间间隔
                                                         为0.01
end                                                      循环结束
dq(2,:)=dq(1,:);                                         设置前、后轮输入
for i=1:1000                                             1/2汽车模型循环开始
   x(:,1)=[0;0;0;0;0;0;0;0;0;0];                         设置初始输入为0
```

`    [G,H]=c2d(A,B,0.01);`	计算状态方程离散化系数,时间间隔为0.01
`    x(:,i+1)=G*x(:,i)+H*dq(:,i);`	迭代求解x
`    y(:,i)=C*x(:,i);`	迭代计算系统输出
`end`	循环结束
`figure(1)`	设置图形窗口1
`t1=0.01:0.01:10;`	设置时间间隔为0.01
`plot(t1,y(1,:))`	绘制车身垂直加速度随时间变化曲线
`xlabel('时间/s')`	x轴标注
`ylabel('车身垂直加速度/(m/s^2)')`	y轴标注
`figure(2)`	设置图形窗口2
`t1=0.01:0.01:10;`	设置时间间隔为0.01
`plot(t1,y(2,:))`	绘制车身俯仰角加速度随时间变化曲线
`xlabel('时间/s');ylabel('车身俯仰角加速度/(rad/s^2)')`	设置横、纵坐标
`figure(3)`	设置图形窗口3
`t1=0.01:0.01:10;`	设置时间间隔为0.01
`plot(t1,y(3,:))`	绘制前悬架动挠度随时间变化曲线
`xlabel('时间/s');ylabel('前悬架动挠度/m')`	设置横、纵坐标
`figure(4)`	设置图形窗口4
`t1=0.01:0.01:10;`	设置时间间隔为0.01
`plot(t1,y(4,:))`	绘制后悬架动挠度随时间变化曲线
`xlabel('时间/s')`	x轴标注
`ylabel('后悬架动挠度/m')`	y轴标注
`figure(5)`	设置图形窗口5
`t1=0.01:0.01:10;`	设置时间间隔为0.01
`plot(t1,y(5,:))`	绘制前轮胎动载荷随时间变化曲线
`xlabel('时间/s')`	x轴标注
`ylabel('前轮胎动载荷/N')`	y轴标注
`figure(6)`	设置图形窗口6
`t1=0.01:0.01:10;`	设置时间间隔为0.01
`plot(t1,y(6,:))`	绘制后轮胎动载荷随时间变化曲线
`xlabel('时间/s')`	x轴标注
`ylabel('后轮胎动载荷/N')`	y轴标注

在 MATLAB 编辑器中输入这些程序,点击运行按钮,就会得到车身垂直加速度随时间变化曲线,如图13-3所示;车身俯仰角加速度随时间变化曲线如图13-4所示;前悬架动挠度随时间变化曲线如图13-5所示;后悬架动挠度随时间变化曲线如图13-6所示;前轮胎动

载荷随时间变化曲线如图 13-7 所示;后轮胎动载荷随时间变化曲线如图 13-8 所示。

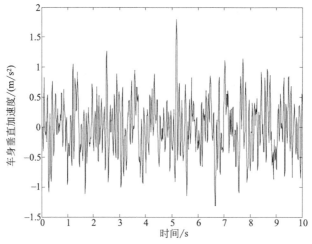

图 13-3 车身垂直加速度随时间变化曲线

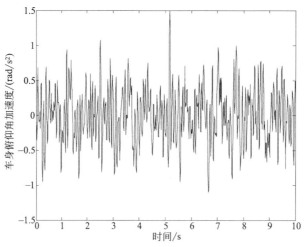

图 13-4 车身俯仰角加速度随时间变化曲线

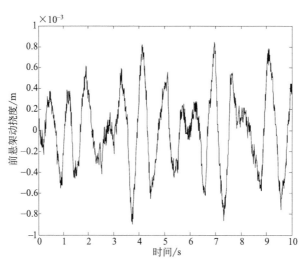

图 13-5 前悬架动挠度随时间变化曲线

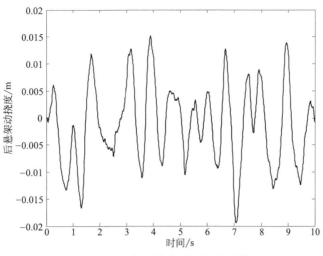

图 13-6　后悬架动挠度随时间变化曲线

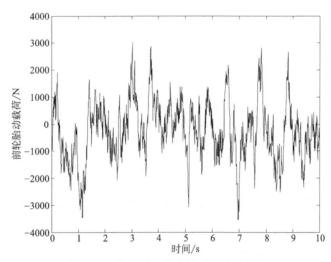

图 13-7　前轮胎动载荷随时间变化曲线

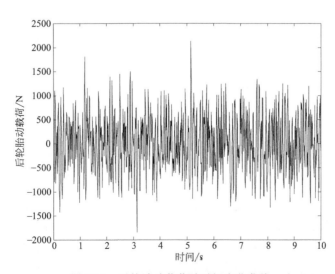

图 13-8　后轮胎动载荷随时间变化曲线

4. 利用 Simulink 对汽车平顺性仿真

利用 m 文件编写汽车平顺性仿真程序，需要对路面输入模型和 1/2 汽车系统状态方程式进行离散化处理。

利用 Simulink 建立时域仿真模型进行直接仿真。在建立过程中，首先在 MATLAB 菜单栏主页上打开 Simulink 库，弹出 Simulink Library Browser，如图 13-9 所示。

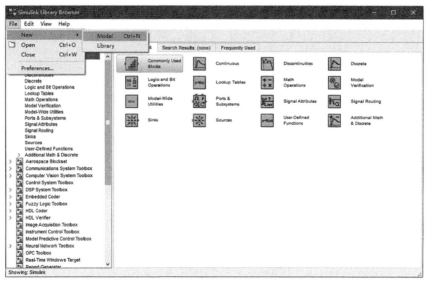

图 13-9　Simulink 起始界面

点击菜单栏的 File→New→Model，得到空白模型搭建窗口，如图 13-10 所示。

图 13-10　模型搭建窗口

（1）模块选择拖入。在 Simulink Library Browser 中的 Simulink→Sources 中选择 Band-Limited White Noise 白噪声模块，拖入模型搭建窗口中，如图 13-11 所示。

以相同的方式在 Simulink Library Browser 中选择 Simulink，再选择 Math Operations 中的 Gain（增益）、Subtract（相减）模块，以及 Continuous 中的 Integrator（积分）模块

拖入模型搭建窗口，如图 13-12 所示。

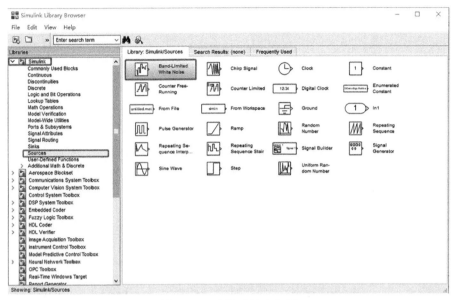

图 13-11　白噪声输入选择

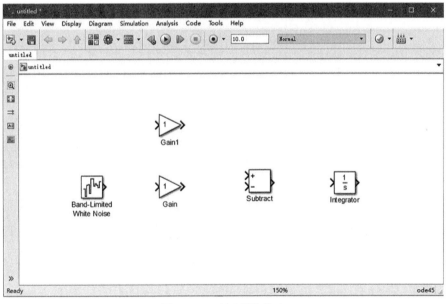

图 13-12　完成模块拖入

（2）模块名修改。完成模块拖入后，可以双击模块下方的英文，对其名字进行修改，将 Band-Limited White Noise 改为白噪声，Gain 改为路面位移增益和白噪声增益，Subtract 改为累加，Integrator 改为积分，如图 13-13 所示。

（3）加减号顺序修改。双击 Subtract 模块，在 List of signs 中按模块中从上到下的显示顺序修改加减号位置，如图 13-14 所示。

（4）模块连接。根据数学模型的计算过程将 Simulink 模块连接起来，如图 13-15 所示。

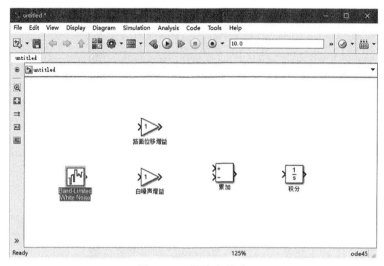

图 13-13　模块名修改

图 13-14　加减号显示顺序修改

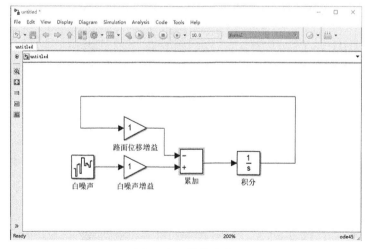

图 13-15　模块连接

（5）设置参数。在白噪声模块中设置 Noise Power（强度）为 0.1，实际上它的强度为 $0.1\div0.1=1$，设置 Sample time（采样时间）为 0.01s，如图 13-16 所示。

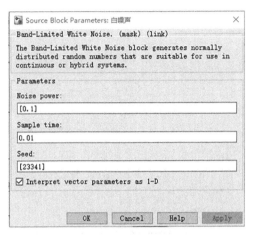

图 13-16　白噪声参数设置

设置路面位移增益为 $2*pi*f0$，设置白噪声增益为 $2*pi*sqrt(Sq*u)$，如图 13-17 和图 13-18 所示。

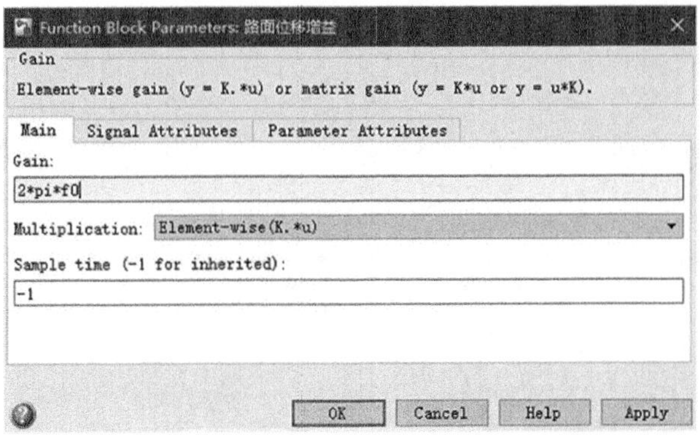

图 13-17　路面增益设置

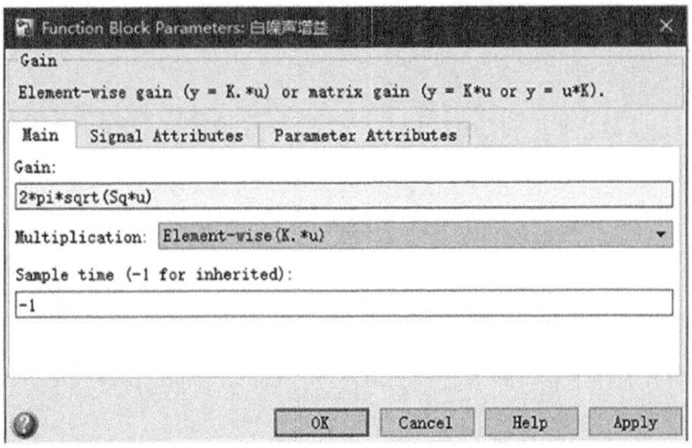

图 13-18　白噪声增益设置

(6) 示波器设置。在 Simulink Library Browser 中的 Sinks 组中可以选择 Scope（示波器）插入模型中，显示相应节点的数据输出。这里可以在路面位移和路面位移导数处放置示波器，从而完成路面输入模型搭建，如图 13-19 所示。

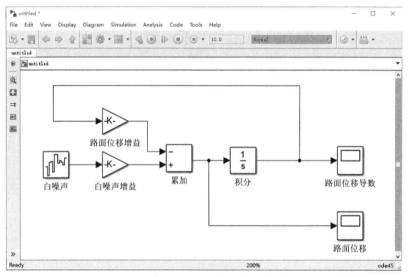

图 13-19　示波器放置

(7) 状态方程设置。完成路面模型搭建后，再进行状态方程的设置。在 Simulink Library Browser 中选择 Continuous 组中的 State-Space（状态方程）并拖入模型中，由于状态方程的输入为前、后轮路面扰动向量，故需要将图 13-19 中的模型复制，全选后右键 Copy 并在空白处右键 Paste，完成后如图 13-20 所示。

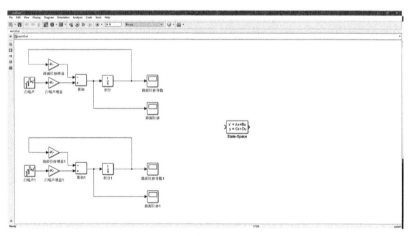

图 13-20　状态方程设置

(8) 输入输出设置。由于模型为 2 输入 6 输出，因此需要采用多输入多输出模块，在 Simulink Library Browser 中的 Signal Routing 组中选择 Demux 和 Mux 拖入模型中，再拖入六个示波器，如图 13-21 所示。

(9) 状态方程参数设置。双击状态方程模块，输入 A、B、C、D 矩阵，如图 13-22 所示。双击输出模块 Demux，在 Number of outputs 中输入 6 配置输出，如图 13-23 所示。

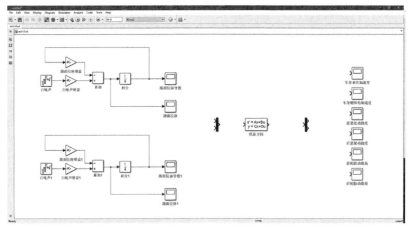

图 13-21 输入输出设置

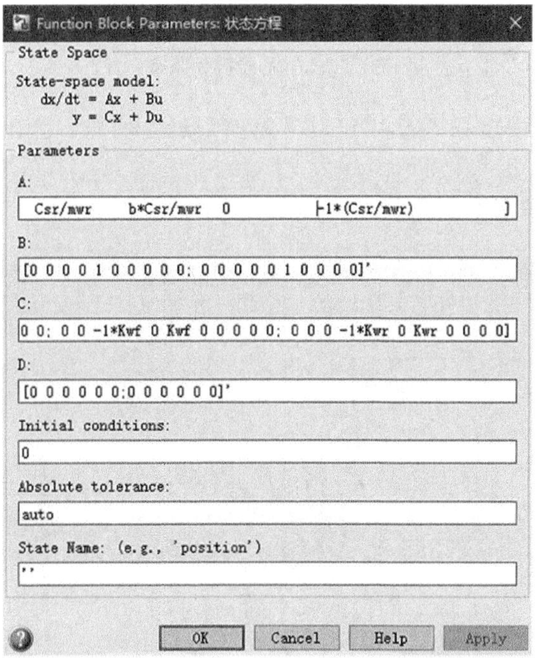

图 13-22 状态方程参数设置

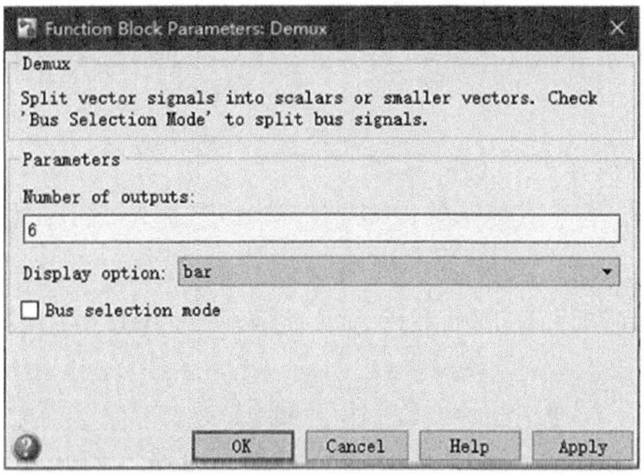

图 13-23 输出数目设置

连接输入和输出，如图 13-24 所示。

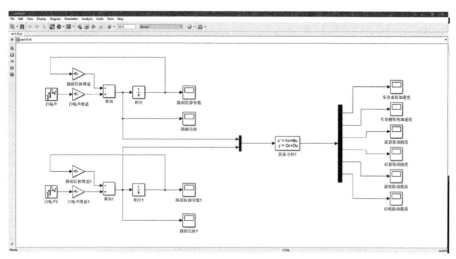

图 13-24　完成模型搭建

（10）模型封装。Simulink 模型中可以采用模型封装功能，美化界面，也便于相同的模型可以成组复制。框选需要封装的内容，右键 Create Subsystem from Selection（快捷键 Ctrl＋G），如图 13-25 所示。

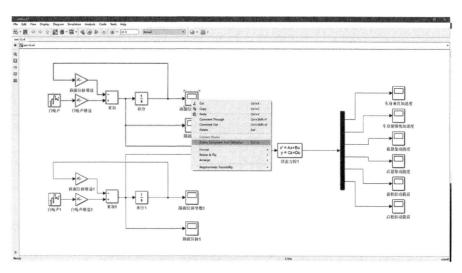

图 13-25　模型封装

最后得到如图 13-26 所示汽车仿真模型。

双击前轮路面输入或者后轮路面输入可以得到路面输入模型，如图 13-27 所示。

（11）仿真结果。在示波器中可以直接查看仿真结果，如果需要输入到 MATLAB 工作区，则需要仿真前在示波器设置中的 History 勾选 Save data to workspace，并设置变量名称。如图 13-28 所示。

由于 Simulink 模型中的参数均含有变量，需要在 MATLAB 工作区中调用，因此需要在 matlab 命令行窗口进行赋值，或者编写函数运行后赋值，程序如下。

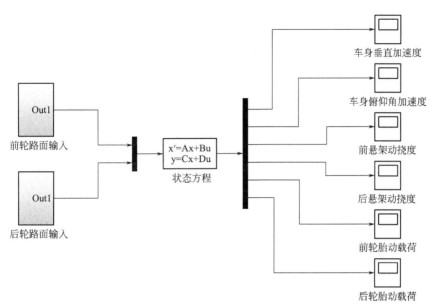

图 13-26　汽车 Simulink 仿真模型

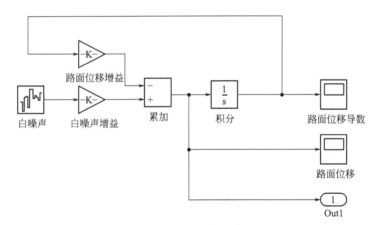

图 13-27　路面输入模型

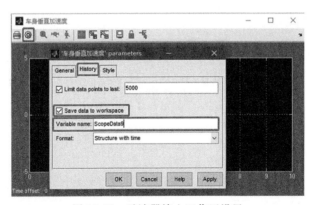

图 13-28　示波器输入工作区设置

程序	注释
clear all;	清空工作区
clc;	清空命令执行窗口
ms=690;Isy=1222;mwf=40.5;mwr=45.4;Ksf=17000;Ksr=22000; Csf=1500;Csr=1500;Kwf=192000;Kwr=192000;a=1.25;b=1.51; L=a+b;	设置汽车模型参数输入
n00=0.011;	设置路面空间截止频率
u=16.67;	设置行驶车速
f0=2*pi*n00*u;	计算下截止频率
Sq=0.000256;	设置路面不平度系数

完成变量赋值后，在 Simulink 模型中设置仿真时长并点击运行，如图 13-29 所示，完成运行后可以双击示波器查看运行结果，也可以在 MATLAB 命令执行窗口运用 plot 函数绘制曲线。

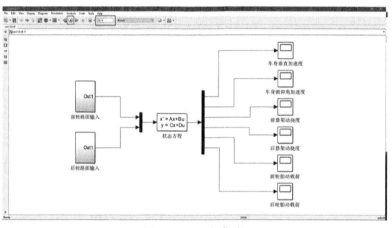

图 13-29　运行仿真

仿真结果如图 13-30～图 13-36 所示。其中路面位移由于白噪声没有上下限设置，而 m 函数为 [-1,1] 取值，且数值随机变化，故与图 13-2 存在不同。所有结果的数量级均在相同范围内，Simulink 仿真结果与 m 函数结果一致。

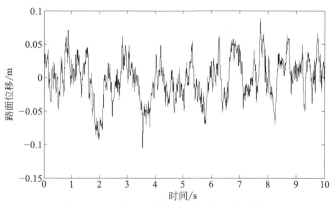

图 13-30　路面垂直位移随时间变化曲线

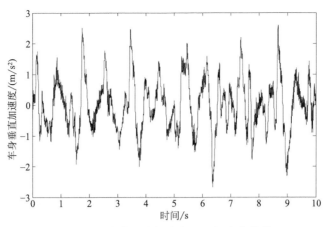

图 13-31　车身垂直加速度随时间变化曲线

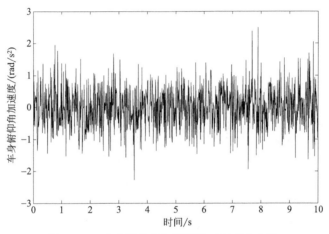

图 13-32　车身俯仰角加速度随时间变化曲线

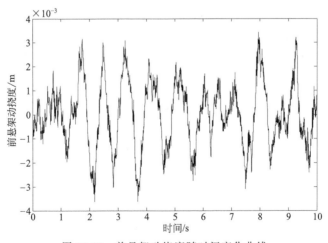

图 13-33　前悬架动挠度随时间变化曲线

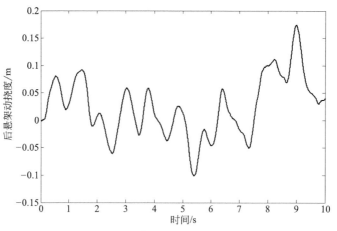

图 13-34 后悬架动挠度随时间变化曲线

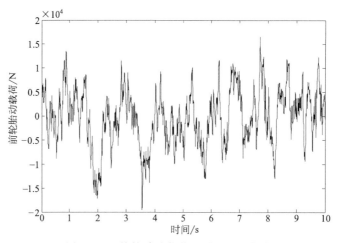

图 13-35 前轮胎动载荷随时间变化曲线

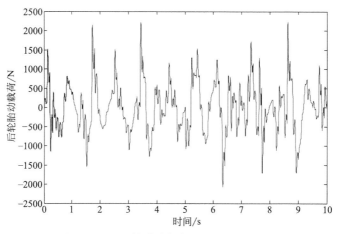

图 13-36 后轮胎动载荷随时间变化曲线

实例十四

汽车被动悬架特性仿真

　　汽车被动悬架是指悬架的刚度和阻尼是固定不变的，汽车姿态（状态）只能被动地取决于路面、行驶状况和汽车的弹性元件、导向装置及减振器等。悬架系统评价指标主要有车身垂直加速度、悬架动挠度、轮胎动载荷。车身垂直加速度是影响汽车行驶平顺性的最主要指标，降低车身垂直加速度幅值，也就提高了乘坐舒适性；悬架动挠度与其限位行程有关，过大的动挠度会导致撞击限位块，因此，减小动挠度有利于提高汽车的平顺性；车轮与路面的动载荷直接影响车轮与路面的附着效果，这与汽车操纵稳定性有关，在一定范围内降低轮胎动载荷，有利于提高汽车操纵稳定性。

任务描述

主要任务:
1. 建立汽车被动悬架特性数学模型
2. 建立车身垂直加速度、悬架动挠度和轮胎动载荷的传递函数
3. 绘制车身垂直加速度、悬架动挠度和轮胎动载荷时域特性曲线
4. 绘制车身垂直加速度、悬架动挠度和轮胎动载荷频域特性曲线

汽车被动悬架特性仿真所需参数见表 14-1。

表 14-1 汽车被动悬架特性仿真所需参数

悬挂质量/kg	非悬挂质量/kg	悬架刚度/(N/m)	悬架阻尼系数/(N·s/m)
320	50	22000	1500
轮胎刚度/(N/m)	下截止频率/Hz	路面不平度系数	仿真时间/s
195000	0.07	5×10^{-6}	10

任务实施过程

1. 建立汽车被动悬架特性数学模型

在建立汽车被动悬架特性数学模型时，假设只考虑垂直方向振动；不考虑非线性因素；轮胎不离开地面；被动悬架系统由弹簧和减振器组成，其特征参数是悬架刚度和悬架阻尼系数。轮胎由弹簧组成，其特征参数是轮胎刚度，不考虑轮胎阻尼。汽车被动悬架动力学模型如图14-1所示。m_s 为悬挂质量，m_w 为非悬挂质量；K_s 为悬架刚度，C_s 为悬架阻尼系数；K_w 为轮胎刚度；z_w、z_s 分别为车轮轴和车身的垂直位移坐标，坐标原点在各自的平衡位置；q 为路面不平度的位移函数。

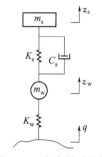

图 14-1 汽车被动悬架动力学模型

汽车被动悬架动力学模型包括两个自由度，即悬挂质量和非悬挂质量的垂直运动。

根据图14-1，被动悬架动力学方程式为

$$m_s \ddot{z}_s = K_s(z_w - z_s) + C_s(\dot{z}_w - \dot{z}_s)$$
$$m_w \ddot{z}_w = K_w(q - z_w) - K_s(z_w - z_s) - C_s(\dot{z}_w - \dot{z}_s) \quad (14\text{-}1)$$

根据式(14-1)，汽车被动悬架系统动力学方程式可以写成矩阵形式，即

$$\begin{bmatrix} m_w & 0 \\ 0 & m_s \end{bmatrix} \begin{bmatrix} \ddot{z}_w \\ \ddot{z}_s \end{bmatrix} + \begin{bmatrix} C_s & -C_s \\ -C_s & C_s \end{bmatrix} \begin{bmatrix} \dot{z}_w \\ \dot{z}_s \end{bmatrix} + \begin{bmatrix} K_w + K_s & -K_s \\ -K_s & K_s \end{bmatrix} \begin{bmatrix} z_w \\ z_s \end{bmatrix} = \begin{bmatrix} K_w q \\ 0 \end{bmatrix} \quad (14\text{-}2)$$

选取滤波白噪声作为路面输入模型，即

$$\dot{q}(t) = -2\pi f_0 q(t) + 2\pi \sqrt{S_q(n_0) u} \, w(t) \quad (14\text{-}3)$$

式中，$q(t)$ 为路面位移；f_0 为下截止频率；$S_q(n_0)$ 为路面不平度系数，与路面等级有关；u 为汽车行驶速度；$w(t)$ 为均值为0、强度为1的均匀分布白噪声。

在现代控制理论中，利用系统状态方程式可以进行计算机仿真，是研究系统动态特性最常用的方法。

设悬架动挠度为 $z_{sw} = z_s - z_w$，轮胎动变形为 $z_{qw} = q - z_w$，选取悬架动挠度、车身垂直速度、轮胎动变形、车轮轴垂直速度为系统状态变量，即 $\boldsymbol{X} = \begin{bmatrix} z_{sw} & \dot{z}_s & z_{qw} & \dot{z}_w \end{bmatrix}^T$，则被动悬架系统状态方程式为

$$\begin{bmatrix} \dot{z}_{sw} \\ \ddot{z}_s \\ \dot{z}_{qw} \\ \ddot{z}_w \end{bmatrix} = \begin{bmatrix} 0 & 1 & 0 & -1 \\ -K_s/m_s & -C_s/m_s & 0 & C_s/m_s \\ 0 & 0 & 0 & -1 \\ K_s/m_w & C_s/m_w & K_w/m_w & -C_s/m_w \end{bmatrix} \begin{bmatrix} z_{sw} \\ \dot{z}_s \\ z_{qw} \\ \dot{z}_w \end{bmatrix} + \begin{bmatrix} 0 \\ 0 \\ 1 \\ 0 \end{bmatrix} [\dot{q}] \quad (14\text{-}4)$$

选取车身垂直加速度、悬架动挠度、轮胎动载荷为系统输出变量，即 $\boldsymbol{Y} = \begin{bmatrix} \ddot{z}_s & z_{sw} & K_w z_{qw} \end{bmatrix}^T$，则被动悬架系统输出方程式为

$$\begin{bmatrix} \ddot{z}_s \\ z_{sw} \\ K_w z_{qw} \end{bmatrix} = \begin{bmatrix} -K_s/m_s & -C_s/m_s & 0 & C_s/m_s \\ 1 & 0 & 0 & 0 \\ 0 & 0 & K_w & 0 \end{bmatrix} \begin{bmatrix} z_{sw} \\ \dot{z}_s \\ z_{qw} \\ \dot{z}_w \end{bmatrix} \tag{14-5}$$

被动悬架系统状态方程矩阵为

$$\dot{X} = AX + BU \tag{14-6}$$
$$Y = CX$$

式中，$A = \begin{bmatrix} 0 & 1 & 0 & -1 \\ -K_s/m_s & -C_s/m_s & 0 & C_s/m_s \\ 0 & 0 & 0 & -1 \\ K_s/m_w & C_s/m_w & K_w/m_w & -C_s/m_w \end{bmatrix}$；$B = \begin{bmatrix} 0 \\ 0 \\ 1 \\ 0 \end{bmatrix}$；$U = [\dot{q}]$；

$C = \begin{bmatrix} -K_s/m_s & -C_s/m_s & 0 & C_s/m_s \\ 1 & 0 & 0 & 0 \\ 0 & 0 & K_w & 0 \end{bmatrix}$。

2. 建立车身垂直加速度、悬架动挠度和轮胎动载荷的传递函数

对式(14-1)取拉普拉斯变换，可以得到车身垂直加速度对路面位移的传递函数为

$$G_1(s) = \frac{\ddot{z}_s(s)}{q(s)} = \frac{s^2 z_s(s)}{q(s)} = \frac{K_w(C_s s + K_s)s^2}{\Delta(s)} \tag{14-7}$$

式中，$\Delta(s) = m_s m_w s^4 + (m_s + m_w)C_s s^3 + (m_s K_s + m_s K_w + m_w K_s)s^2 + C_s K_w s + K_w K_s$。

悬架动挠度对路面位移的传递函数为

$$G_2(s) = \frac{z_s(s) - z_w(s)}{q(s)} = \frac{-m_w K_w s^2}{\Delta(s)} \tag{14-8}$$

轮胎动载荷对路面位移的传递函数为

$$G_3(s) = \frac{K_w[q(s) - z_w(s)]}{q(s)} = \frac{[m_s m_w s^2 + (m_s + m_w)C_s s + (m_s + m_w)K_s]K_w s^2}{\Delta(s)} \tag{14-9}$$

3. 绘制车身垂直加速度、悬架动挠度和轮胎动载荷时域特性曲线

根据汽车被动悬架特性数学模型，编写绘制车身垂直加速度、悬架动挠度和轮胎动载荷时域特性曲线的 MATLAB 程序如下。

程序	注释
ms=320;mw=50;Ks=22000;Cs=1500;Kw=195000;	设置汽车模型参数输入
u=16.67;	设置行驶车速
f0=0.07;	下截止频率
Sq=0.000005;	设置路面不平度系数
A=[0 1 0 -1; -Ks/ms -Cs/ms 0 Cs/ms; 0 0 0 -1;	计算 A 矩阵

```
Ks/mw Cs/mw Kw/mw -Cs/mw];                         设置B矩阵并转置
B=[0 0 1 0]';                                       计算C矩阵
C=[-Ks/ms -Cs/ms 0 Cs/ms;
1 0 0 0;
0 0 Kw 0];
white_noise=1-2*1*rand(1,1000);                     设置1000个白噪声数据
for i=1:1000                                        路面输入模型循环计算
    q(1)=0;                                         设置初始输入为0
    q(i+1)=0.01*(-2*pi*f0*q(i)+2*pi*(sqrt(Sq*       计算路面位移
    u))*white_noise(i))+q(i);
    dq=100*diff(q);                                 路面位移求导
end                                                 循环结束
for i=1:1000                                        汽车模型循环开始
    x(:,1)=[0;0;0;0];                               设置初始输入为0
    [G,H]=c2d(A,B,0.01);                            计算状态方程离散化系数
    x(:,i+1)=G*x(:,i)+H*dq(i);                      迭代求解x
    y(:,i)=C*x(:,i);                                迭代计算系统输出
end                                                 循环结束
figure(1)                                           设置图形窗口1
t=0:0.01:10;                                        设置时间间隔为0.01
plot(t,q)                                           绘制路面位移随时间变化曲线
xlabel('时间/s')                                    x轴标注
ylabel('路面位移/m')                                y轴标注
figure(2)                                           设置图形窗口2
t1=0.01:0.01:10;                                    设置时间间隔为0.01
plot(t1,y(1,:))                                     绘制车身垂直加速度随时间变化
                                                    曲线
xlabel('时间/s')                                    x轴标注
ylabel('车身垂直加速度/(m/s^2)')                    y轴标注
figure(3)                                           设置图形窗口3
t1=0.01:0.01:10;                                    设置时间间隔为0.01
plot(t1,y(2,:))                                     绘制悬架动挠度随时间变化曲线
xlabel('时间/s')                                    x轴标注
ylabel('悬架动挠度/m')                              y轴标注
figure(4)                                           设置图形窗口4
t1=0.01:0.01:10;                                    设置时间间隔为0.01
plot(t1,y(3,:))                                     绘制轮胎动载荷随时间变化曲线
xlabel('时间/s')                                    x轴标注
ylabel('轮胎动载荷/N')                              y轴标注
```

在MATLAB编辑器中输入这些程序，点击运行按钮，就会得到路面位移时域特性曲线（图14-2）、车身垂直加速度时域特性曲线（图14-3）、悬架动挠度时域特性曲线（图14-4）、胎动载荷时域特性曲线（图14-5）。可以看出，路面输入为随机信号时，被动悬架的车身垂直加速度、悬架动挠度、轮胎动载荷均为随机信号，而且均值接近为0。通过改变车速，可以求得

不同车速下的被动悬架的车身垂直加速度、悬架动挠度、轮胎动载荷随时间的变化曲线。

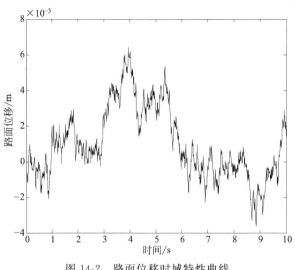

图 14-2 路面位移时域特性曲线

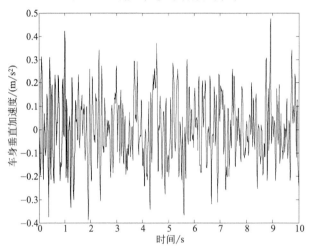

图 14-3 车身垂直加速度时域特性曲线

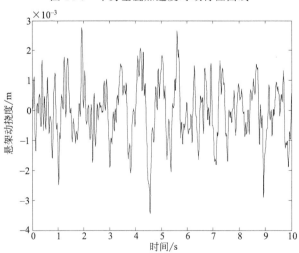

图 14-4 悬架动挠度时域特性曲线

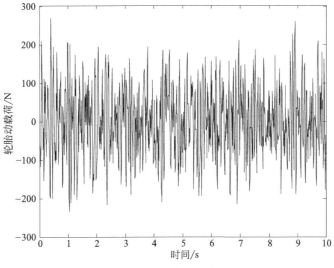

图 14-5 轮胎动载荷时域特性曲线

4. 绘制车身垂直加速度、悬架动挠度和轮胎动载荷频域特性曲线

根据车身垂直加速度、悬架动挠度、轮胎动载荷的传递函数式,编写绘制车身垂直加速度、悬架动挠度、轮胎动载荷频域特性曲线的 MATLAB 程序如下。

程序	注释
ms=320;mw=50;Ks=22000;Cs=1500;Kw=195000;	汽车参数赋值
b3=Ks*Cs;b2=Kw*Ks;b1=0;b0=0;	计算车身垂直加速度传递函数分子系数
a4=ms*mw;a3=(ms+mw)*Cs;a2=ms*Ks+ms*Kw+mw*Ks;	计算车身垂直加速度传递函数分母系数
a1=Cs*Kw;a0=Kw*Ks;	
w=[0,logspace(-2,2,200)];	设置频率范围
H1=tf([b3,b2,b1,b0],[a4,a3,a2,a1,a0]);	设置车身垂直加速度传递函数
figure(1)	设置图形窗口 1
bode(H1,w)	绘制车身垂直加速度波德图
figure(2)	设置图形窗口 2
c2=-mw*Kw;c1=0;c0=0;	计算悬架动挠度传递函数分子系数
H2=tf([c2,c1,c0],[a4,a3,a2,a1,a0]);	设置悬架动挠度传递函数
bode(H2,w)	绘制悬架动挠度波德图
figure(3)	设置图形窗口 3
d4=ms*mw*Kw;d3=(ms+mw)*Cs*Kw;	计算轮胎动载荷传递函数分子系数
d2=(ms+mw)*Ks*Kw;d1=0;d0=0;	
H3=tf([d4,d3,d2,d1,d0],[a4,a3,a2,a1,a0]);	设置轮胎动载荷传递函数
bode(H3,w)	绘制轮胎动载荷波德图

在 MATLAB 编辑器中输入这些程序,点击运行按钮,就会得到车速垂直加速度的频域特性曲线,如图 14-6 所示。可以看出,随着频率的增大,车身垂直加速度增益总体呈上升趋势,由 -80dB 增加到 50dB,在 10rad/s 和 100rad/s 附近有两极值点。频率在 0.01 到

1rad/s 内时，相位角基本保持 180°不变；当频率继续增大时，相位角减小；当频率达到 100rad/s 时，相位角减小到－90°附近。

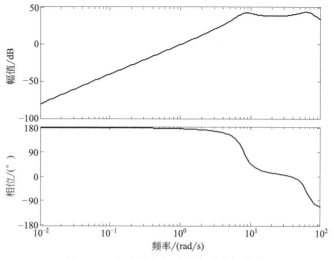

图 14-6　车身垂直加速度频域特性曲线

悬架动挠度频域特性曲线如图 14-7 所示。可以看出，随着频率的增大，悬架动挠度增益总体呈上升趋势，由－120dB 增加到 0dB，10rad/s 和 100rad/s 附近有两极值点。频率在 0.01 到 1rad/s 内时，相位角基本保持 360°不变；当频率继续增大时，相位角减小；当频率达到 100rad/s 时，相位角减小到 0°附近。

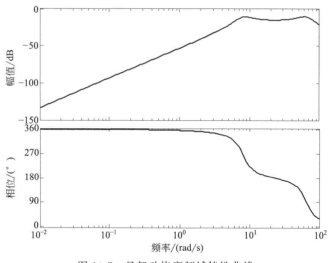

图 14-7　悬架动挠度频域特性曲线

轮胎动载荷频域特性曲线如图 14-8 所示。可以看出，随着频率的增大，轮胎相对动载荷增益总体呈上升趋势，由－25dB 增加到 100dB，在 10rad/s 和 100rad/s 附近有两极值点。频率在 0.01～1rad/s 内时，相位角基本保持 180°不变；当频率继续增大时，相位角减小；当频率达到 10rad/s 时，减小到极小值点，此时相位角为 90°；频率在 10～100rad/s 内，相位角先增大后减小，最后减小为 0°。

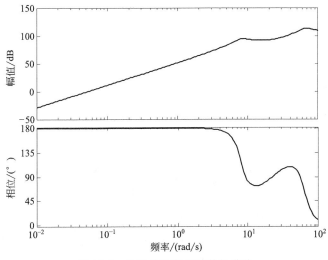

图 14-8 轮胎动载荷频域特性曲线

实例十五

汽车半主动悬架最优控制仿真

半主动悬架介于被动悬架和全主动悬架之间，它通过改变减振器的阻尼特性适应不同的道路和行驶状况的需要，改善乘坐舒适性和操纵稳定性。由于半主动悬架在控制品质上接近全主动悬架，且结构简单，不需要力源，能量损耗小，因此被广泛使用。

任务描述

主要任务:
1. 建立汽车半主动悬架数学模型
2. 建立汽车半主动悬架最优控制数学模型
3. 求汽车半主动悬架最优控制参数
4. 绘制汽车半主动悬架输出变量的时域特性曲线

汽车半主动悬架最优控制仿真所需参数见表 15-1。

表 15-1 汽车半主动悬架最优控制仿真所需参数

悬挂质量/kg	非悬挂质量/kg	悬架刚度/(N/m)	悬架不变阻尼系数/(N·s/m)
280	50	19000	1400
轮胎刚度/(N/m)	下截止频率/Hz	路面不平度系数	仿真时间/s
180000	0.07	5×10^{-6}	10

任务实施过程

1. 建立汽车半主动悬架数学模型

假设半主动悬架系统由弹簧和减振器组成,其中弹簧刚度是不变的,减振器阻尼系数包括不变阻尼系数和可变阻尼系数。半主动悬架汽车行驶动力学模型如图 15-1 所示。m_s 为悬挂质量;m_w 为非悬挂质量;K_s 为悬架刚度;C_s 为半主动悬架不变阻尼系数;F_{uc} 为半主动悬架可变阻尼力;K_w 为轮胎刚度;z_w、z_s 分别为车轮轴和车身的垂直位移坐标,坐标原点在各自的平衡位置;q 为路面不平度的位移函数。

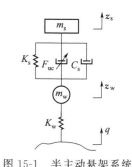

图 15-1 半主动悬架系统动力学模型

根据牛顿定律,半主动悬架系统动力学方程式为

$$m_s \ddot{z}_s = K_s(z_w - z_s) + C_s(\dot{z}_w - \dot{z}_s) + F_{uc}$$
$$m_w \ddot{z}_w = K_w(q - z_w) - K_s(z_w - z_s) - C_s(\dot{z}_w - \dot{z}_s) - F_{uc} \tag{15-1}$$

选取悬架动挠度、车身垂直速度、轮胎动变形、车轮轴垂直速度为系统状态变量,即 $\boldsymbol{X} = [z_{sw} \quad \dot{z}_s \quad z_{qw} \quad \dot{z}_w]^T$,则半主动悬架系统状态方程式为

$$\begin{bmatrix} \dot{z}_{sw} \\ \ddot{z}_s \\ \dot{z}_{qw} \\ \ddot{z}_w \end{bmatrix} = \begin{bmatrix} 0 & 1 & 0 & -1 \\ -\dfrac{K_s}{m_s} & -\dfrac{C_s}{m_s} & 0 & \dfrac{C_s}{m_s} \\ 0 & 0 & 0 & -1 \\ \dfrac{K_s}{m_w} & \dfrac{C_s}{m_w} & \dfrac{K_w}{m_w} & -\dfrac{C_s}{m_w} \end{bmatrix} \begin{bmatrix} z_{sw} \\ \dot{z}_s \\ z_{qw} \\ \dot{z}_w \end{bmatrix} + \begin{bmatrix} 0 \\ \dfrac{1}{m_s} \\ 0 \\ -\dfrac{1}{m_w} \end{bmatrix} [F_{uc}] + \begin{bmatrix} 0 \\ 0 \\ 1 \\ 0 \end{bmatrix} [\dot{q}] \tag{15-2}$$

选取车身垂直加速度、悬架动挠度、轮胎动载荷为系统输出变量,即 $\boldsymbol{Y} = [\ddot{z}_s \quad z_{sw} \quad K_w z_{qw}]^T$,则半主动悬架系统输出方程式为

$$\begin{bmatrix} \ddot{z}_s \\ z_{sw} \\ K_w z_{qw} \end{bmatrix} = \begin{bmatrix} -\dfrac{K_s}{m_s} & -\dfrac{C_s}{m_s} & 0 & \dfrac{C_s}{m_s} \\ 1 & 0 & 0 & 0 \\ 0 & 0 & K_w & 0 \end{bmatrix} \begin{bmatrix} z_{sw} \\ \dot{z}_s \\ z_{qw} \\ \dot{z}_w \end{bmatrix} + \begin{bmatrix} \dfrac{1}{m_s} \\ 0 \\ 0 \end{bmatrix} [F_{uc}] \tag{15-3}$$

选取滤波白噪声作为路面输入模型,即

$$\dot{q}(t) = -2\pi f_0 q(t) + 2\pi \sqrt{S_q(n_0) u}\, w(t) \tag{15-4}$$

式中,$q(t)$ 为路面位移;f_0 为下截止频率;$S_q(n_0)$ 为路面不平度系数,与路面等级有关;u 为汽车行驶速度;$w(t)$ 为均值为 0、强度为 1 的均匀分布白噪声。

根据式(15-2)和式(15-3),可得汽车半主动悬架系统状态方程式和输出方程式为

$$\dot{\boldsymbol{X}} = \boldsymbol{AX} + \boldsymbol{BU} + \boldsymbol{EW}$$
$$\boldsymbol{Y} = \boldsymbol{CX} + \boldsymbol{DU} \tag{15-5}$$

式中,$\boldsymbol{X} = [z_{sw} \quad \dot{z}_s \quad z_{qw} \quad \dot{z}_w]^T$;$\boldsymbol{Y} = [\ddot{z}_s \quad z_{sw} \quad K_w z_{qw}]^T$;

$$\boldsymbol{A} = \begin{bmatrix} 0 & 1 & 0 & -1 \\ -\dfrac{K_s}{m_s} & -\dfrac{C_s}{m_s} & 0 & \dfrac{C_s}{m_s} \\ 0 & 0 & 0 & -1 \\ \dfrac{K_s}{m_w} & \dfrac{C_s}{m_w} & \dfrac{K_w}{m_w} & -\dfrac{C_s}{m_w} \end{bmatrix}; \quad \boldsymbol{B} = \begin{bmatrix} 0 \\ \dfrac{1}{m_s} \\ 0 \\ -\dfrac{1}{m_w} \end{bmatrix}; \quad \boldsymbol{E} = \begin{bmatrix} 0 \\ 0 \\ 1 \\ 0 \end{bmatrix};$$

$$\boldsymbol{C} = \begin{bmatrix} -\dfrac{K_s}{m_s} & -\dfrac{C_s}{m_s} & 0 & \dfrac{C_s}{m_s} \\ 1 & 0 & 0 & 0 \\ 0 & 0 & K_w & 0 \end{bmatrix}; \quad \boldsymbol{D} = \begin{bmatrix} \dfrac{1}{m_s} \\ 0 \\ 0 \end{bmatrix}; \quad \boldsymbol{U} = [F_{uc}]; \quad \boldsymbol{W} = [\dot{q}]。$$

2. 建立汽车半主动悬架最优控制数学模型

半主动悬架系统性能的目标函数取为

$$J = \int_0^\infty [q_1 \ddot{z}_s^2 + q_2 z_{sw}^2 + q_3 (K_w z_{qw})^2 + q_4 F_{uc}^2] dt \tag{15-6}$$

式中，q_1、q_2、q_3、q_4 为权重系数。

式(15-6) 还可表示为二次型目标函数

$$J = \int_0^\infty (\boldsymbol{Y}^T \boldsymbol{Q} \boldsymbol{Y} + \boldsymbol{U}^T \boldsymbol{R} \boldsymbol{U}) dt \tag{15-7}$$

式中，$\boldsymbol{Q} = \text{diag}(q_1 \ q_2 \ q_3)$ 为状态变量的加权矩阵；$\boldsymbol{R} = (q_4)$ 为控制变量的加权矩阵。

将式(15-5) 中的 $\boldsymbol{Y}$ 表达式代入式(15-7) 得

$$J = \int_0^\infty (\boldsymbol{X}^T \boldsymbol{Q}_d \boldsymbol{X} + 2\boldsymbol{X}^T \boldsymbol{N}_d \boldsymbol{U} + \boldsymbol{U}^T \boldsymbol{R}_d \boldsymbol{U}) dt \tag{15-8}$$

式中，$\boldsymbol{Q}_d = \boldsymbol{C}^T \boldsymbol{Q} \boldsymbol{C} = \begin{bmatrix} \dfrac{q_1 K_s^2}{m_s^2} + q_2 & \dfrac{q_1 K_s C_s}{m_s^2} & 0 & -\dfrac{q_1 K_s C_s}{m_s^2} \\ \dfrac{q_1 K_s C_s}{m_s^2} & \dfrac{q_1 C_s^2}{m_s^2} & 0 & -\dfrac{q_1 C_s^2}{m_s^2} \\ 0 & 0 & q_3 K_s^2 & 0 \\ -\dfrac{q_1 K_s C_s}{m_s^2} & -\dfrac{q_1 C_s^2}{m_s^2} & 0 & \dfrac{q_1 C_s^2}{m_s^2} \end{bmatrix};$

$\boldsymbol{N}_d = \boldsymbol{C}^T \boldsymbol{Q} \boldsymbol{D} = \begin{bmatrix} -\dfrac{q_1 K_s}{m_s^2} & -\dfrac{q_1 C_s}{m_s^2} & 0 & \dfrac{q_1 C_s}{m_s^2} \end{bmatrix}^T$; $\boldsymbol{R}_d = \boldsymbol{R} + \boldsymbol{D}^T \boldsymbol{Q} \boldsymbol{D} = q_4 + q_1/m_s^2$。

取控制律 $\boldsymbol{U} = -\boldsymbol{K} \boldsymbol{X}$ 可满足给定条件下系统性能指标最小，此时 $\boldsymbol{K} = \boldsymbol{R}_d^{-1}(\boldsymbol{N}_d^T + \boldsymbol{B}^T \boldsymbol{P})$。矩阵 $\boldsymbol{P}$ 由黎卡提方程求得。

$$\boldsymbol{P}\boldsymbol{A} + \boldsymbol{A}^T \boldsymbol{P} - \boldsymbol{P} \boldsymbol{B} \boldsymbol{R}_d^{-1} \boldsymbol{B}^T \boldsymbol{P} + \boldsymbol{Q}_d = 0 \tag{15-9}$$

最优控制规律可由状态变量的线性函数给出，即

$$F_{uc}(t) = -[k_1 z_{sw}(t) + k_2 \dot{z}_s(t) + k_3 z_{qw}(t) + k_4 \dot{z}_w(t)] \tag{15-10}$$

将式(15-10) 带入式(15-5) 可得

$$\dot{X} = A_1 X + EW$$
$$Y = C_1 X \tag{15-11}$$

式中，$X = \begin{bmatrix} z_{sw} & \dot{z}_s & z_{qw} & \dot{z}_w \end{bmatrix}^T$；$Y = \begin{bmatrix} \ddot{z}_s & z_{sw} & K_w z_{qw} \end{bmatrix}^T$；

$$A_1 = \begin{bmatrix} 0 & 1 & 0 & -1 \\ -\dfrac{K_s}{m_s} - \dfrac{k_1}{m_s} & -\dfrac{C_s}{m_s} - \dfrac{k_2}{m_s} & -\dfrac{k_3}{m_s} & \dfrac{C_s}{m_s} - \dfrac{k_4}{m_s} \\ 0 & 0 & 0 & -1 \\ \dfrac{K_s}{m_w} + \dfrac{k_1}{m_w} & \dfrac{C_s}{m_w} + \dfrac{k_2}{m_w} & \dfrac{K_w}{m_w} + \dfrac{k_3}{m_w} & -\dfrac{C_s}{m_w} + \dfrac{k_4}{m_w} \end{bmatrix}; \quad E = \begin{bmatrix} 0 \\ 0 \\ 1 \\ 0 \end{bmatrix};$$

$$C_1 = \begin{bmatrix} -\dfrac{K_s}{m_s} - \dfrac{k_1}{m_s} & -\dfrac{C_s}{m_s} - \dfrac{k_2}{m_s} & -\dfrac{k_3}{m_s} & \dfrac{C_s}{m_s} - \dfrac{k_4}{m_s} \\ 1 & 0 & 0 & 0 \\ 0 & 0 & K_w & 0 \end{bmatrix}; \quad W = [\dot{q}].$$

3. 求汽车半主动悬架最优控制参数

根据汽车半主动悬架最优控制数学模型，编写求汽车半主动悬架最优控制参数的MATLAB程序如下。

程序	注释
ms=280;mw=50;ks=19000;Cs=1400;kw=180000;	设置汽车模型参数输入
q1=30000000;q2=4000000;q3=200;q4=1;	设置权重系数
A=[0 1 0 -1	计算 A 矩阵
-ks/ms -Cs/ms 0 Cs/ms	
0 0 0 -1	
ks/mw Cs/mw kw/mw -Cs/mw];	
B=[0 1.0/ms 0 -1/mw]';	计算 B 矩阵并转置
E=[0 0 1 0]';	设置 C 矩阵并转置
Qd=[q1*ks^2/(ms^2)+q2 q1*ks*Cs/(ms^2) 0 -q1*ks*Cs/(ms^2)	计算 Qd 矩阵
q1*ks*Cs/(ms^2) q1*Cs^2/(ms^2) 0 -q1*Cs^2/(ms^2)	
0 0 q3*ks^2 0	
-q1*ks*Cs/(ms^2) -q1*Cs^2/(ms^2) 0 q1*Cs^2/ms^2];	
Rd=q4+q1/ms^2;	计算 Rd
Nd=1/ms^2 * [-q1*ks -q1*Cs 0 q1*Cs]';	计算 Nd
[K,S,E]=lqr(A,B,Qd,Rd,Nd);	解黎卡提方程
fprintf('K=%6.2f\n\n',K)	输出控制参数

在 MATLAB 编辑器中输入这些程序，点击运行按钮，就会得到汽车半主动悬架最优控制参数为

$k_1 = -18024.61$，$k_2 = -675.99$，$k_3 = 196.44$，$k_4 = 1160.70$

4. 绘制汽车半主动悬架输出变量的时域特性曲线

根据汽车半主动悬架特性数学模型，编写绘制路面位移、车身垂直加速度、悬架动挠度和轮胎动载荷时域特性曲线的 MATLAB 程序如下。

程序	注释
ms=280;mw=50;Ks=19000;Cs=1400;Kw=180000;	设置汽车模型参数输入
k1=-18024.61;k2=-675.99;k3=196.44;k4=1160.70;	设置最优控制参数
u=16.67;	设置行驶车速
f0=0.07;	下截止频率
Sq=0.000005;	设置路面不平度系数
A=[0　1　0　-1; -Ks/ms-k1/ms　-Cs/ms-k2/ms　-k3/ms　Cs/ms-k4/ms; 0　0　0　-1; Ks/mw+k1/mw　Cs/mw+k2/mw　Kw/mw+k3/mw　-Cs/mw+k4/mw];	计算 A 矩阵
B=[0 0 1 0]';	设置 B 矩阵并转置
C=[-Ks/ms-k1/ms　-Cs/ms-k2/ms　-k3/ms　Cs/ms-k4/ms; 1　0　0　0; 0　0　Kw　0];	计算 C 矩阵
white_noise=1-2*1*rand(1,1000);	设置 1000 个白噪声数据
for i=1:1000	路面输入模型循环计算
q(1)=0;	设置初始输入为 0
q(i+1)=0.01*(-2*pi*f0*q(i)+2*pi*(sqrt(Sq*u))*white_noise(i))+q(i);	计算路面位移
dq=100*diff(q);	路面位移求导
end	循环结束
for i=1:1000	汽车模型循环开始
x(:,1)=[0;0;0;0];	设置初始输入为 0
[G,H]=c2d(A,B,0.01);	计算状态方程离散化系数
x(:,i+1)=G*x(:,i)+H*dq(i);	迭代求解 x
y(:,i)=C*x(:,i);	迭代计算系统输出
end	循环结束
figure(1)	设置图形窗口 1
t=0:0.01:10;	设置时间间隔为 0.01
plot(t,q)	绘制路面位移随时间变化曲线
xlabel('时间/s')	x 轴标注
ylabel('路面位移/m');	y 轴标注
figure(2)	设置图形窗口 2
t1=0.01:0.01:10;	设置时间间隔为 0.01
plot(t1,y(1,:))	绘制车身垂直加速度随时间变化曲线
xlabel('时间/s')	x 轴标注
ylabel('车身垂直加速度/(m/s^2)')	y 轴标注
figure(3)	设置图形窗口 3

`t1=0.01:0.01:10;`	设置时间间隔为0.01
`plot(t1,y(2,:))`	绘制悬架动挠度随时间变化曲线
`xlabel('时间/s')`	x轴标注
`ylabel('悬架动挠度/m')`	y轴标注
`figure(4)`	设置图形窗口4
`t1=0.01:0.01:10;`	设置时间间隔为0.01
`plot(t1,y(3,:))`	绘制轮胎动载荷随时间变化曲线
`xlabel('时间/s')`	x轴标注
`ylabel('轮胎动载荷/N')`	y轴标注

在MATLAB编辑器中输入这些程序，点击运行按钮，就会得到路面位移时域特性曲线（图15-2）、车身垂直加速度时域特性曲线（图15-3）、悬架动挠度时域特性曲线（图15-4）、轮胎动载荷时域特性曲线（图15-5）。

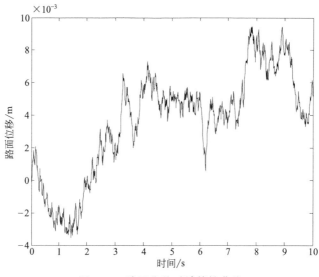

图15-2 路面位移时域特性曲线

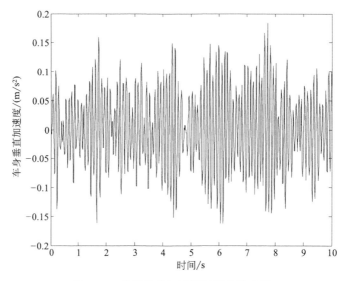

图15-3 车身垂直加速度时域特性曲线

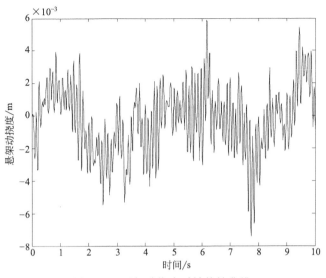

图 15-4　悬架动挠度时域特性曲线

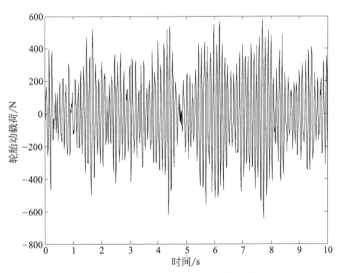

图 15-5　轮胎动载荷时域特性曲线

实例十六

汽车全主动悬架最优控制仿真

汽车全主动悬架是一种具有做功能力的悬架,在悬架系统中附加一个可控制作用力的力发生器,因此需要一套提供能量的设备。全主动悬架可根据汽车载荷、路面状况、行驶速度、驱动、制动、转向等行驶条件的变化,自动调节悬架的刚度、阻尼和车身高度等控制参数,同时满足汽车行驶平顺性和操纵稳定性的要求。

任务描述

主要任务:
1. 建立汽车全主动悬架数学模型
2. 建立汽车全主动悬架最优控制数学模型
3. 建立汽车全主动悬架评价指标传递函数
4. 求汽车全主动悬架最优控制参数
5. 绘制汽车全主动悬架输出变量的时域特性曲线
6. 绘制汽车全主动悬架输出变量的频域特性曲线

汽车全主动悬架最优控制仿真所需参数见表 16-1。

表 16-1 汽车全主动悬架最优控制仿真所需参数

悬挂质量/kg	非悬挂质量/kg	轮胎刚度/(N/m)	下截止频率/Hz
280	50	180000	0.07
路面不平度系数	车速/(km/h)	仿真时间/s	
5×10^{-6}	60	10	

任务实施过程

1. 建立汽车全主动悬架数学模型

假设全主动悬架系统在悬挂质量和非悬挂质量之间安装力发生器，通过力发生器产生的控制力来调节悬架刚度和阻尼系数，以适应汽车对悬架系统的要求。全主动悬架动力学模型如图 16-1 所示。m_s 为悬挂质量；m_w 为非悬挂质量；F_u 为力发生器产生的控制力；K_w 为轮胎刚度；z_w、z_s 分别为车轮轴和车身的垂直位移坐标，坐标原点在各自的平衡位置；q 为路面不平度的位移函数。

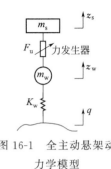

图 16-1 全主动悬架动力学模型

根据牛顿定律，全主动悬架汽车系统动力学方程式为

$$m_w \ddot{z}_w = K_w(q - z_w) - F_u$$
$$m_s \ddot{z}_s = F_u$$
(16-1)

选取悬架动挠度、车身垂直速度、轮胎动变形、车轮轴垂直速度为系统状态变量，即 $\boldsymbol{X} = \begin{bmatrix} z_{sw} & \dot{z}_s & z_{qw} & \dot{z}_w \end{bmatrix}^T$，则全主动悬架汽车系统状态方程式为

$$\begin{bmatrix} \dot{z}_{sw} \\ \ddot{z}_s \\ \dot{z}_{qw} \\ \ddot{z}_w \end{bmatrix} = \begin{bmatrix} 0 & 1 & 0 & -1 \\ 0 & 0 & 0 & 0 \\ 0 & 0 & 0 & -1 \\ 0 & 0 & K_w/m_w & 0 \end{bmatrix} \begin{bmatrix} z_{sw} \\ \dot{z}_s \\ z_{qw} \\ \dot{z}_w \end{bmatrix} + \begin{bmatrix} 0 \\ 1/m_s \\ 0 \\ -1/m_w \end{bmatrix} [F_u] + \begin{bmatrix} 0 \\ 0 \\ 1 \\ 0 \end{bmatrix} [\dot{q}] \quad (16\text{-}2)$$

选取车身垂直加速度、悬架动挠度、轮胎动载荷为系统输出变量，即 $\boldsymbol{Y} = \begin{bmatrix} \ddot{z}_s & z_{sw} & K_w z_{qw} \end{bmatrix}^T$，则全主动悬架汽车系统输出方程式为

$$\begin{bmatrix} \ddot{z}_s \\ z_{sw} \\ K_w z_{qw} \end{bmatrix} = \begin{bmatrix} 0 & 0 & 0 & 0 \\ 1 & 0 & 0 & 0 \\ 0 & 0 & K_w & 0 \end{bmatrix} \begin{bmatrix} z_{sw} \\ \dot{z}_s \\ z_{qw} \\ \dot{z}_w \end{bmatrix} + \begin{bmatrix} 1/m_s \\ 0 \\ 0 \end{bmatrix} [F_u] \quad (16\text{-}3)$$

根据式(16-2)和式(16-3)，可得全主动悬架系统状态方程式和输出方程式的标准形式为

$$\dot{\boldsymbol{X}} = \boldsymbol{AX} + \boldsymbol{BU} + \boldsymbol{EW}$$
$$\boldsymbol{Y} = \boldsymbol{CX} + \boldsymbol{DU}$$
(16-4)

式中，$\boldsymbol{A} = \begin{bmatrix} 0 & 1 & 0 & -1 \\ 0 & 0 & 0 & 0 \\ 0 & 0 & 0 & -1 \\ 0 & 0 & K_w/m_w & 0 \end{bmatrix}$；$\boldsymbol{B} = \begin{bmatrix} 0 \\ 1/m_s \\ 0 \\ -1/m_w \end{bmatrix}$；$\boldsymbol{E} = \begin{bmatrix} 0 \\ 0 \\ 1 \\ 0 \end{bmatrix}$；

$$C = \begin{bmatrix} 0 & 0 & 0 & 0 \\ 1 & 0 & 0 & 0 \\ 0 & 0 & K_w & 0 \end{bmatrix}; \quad D = \begin{bmatrix} 1/m_s \\ 0 \\ 0 \end{bmatrix}; \quad U = [F_u]; \quad W = [\dot{q}].$$

2. 建立汽车全主动悬架最优控制数学模型

根据最优控制理论，认为控制规律是线性的，控制力可表示为

$$U = -KX \tag{16-5}$$

式中，$K = [k_1, k_2, k_3, k_4]$ 称为最优反馈（增益）矩阵。

主动悬架的最优控制目标是使汽车获得高的行驶平顺性和操纵稳定性，反映在物理量上就是尽可能降低车身垂直加速度和轮胎动载荷，同时限制悬架动挠度，防止悬架冲击缓冲块。此外，为了降低控制能量的消耗，需要对控制力进行约束。因此，主动悬架性能的目标函数取为

$$J = \int_0^\infty [q_1 \ddot{z}_s^2 + q_2 z_{sw}^2 + q_3 (K_w z_{qw})^2 + q_4 F_u^2] dt \tag{16-6}$$

式中，q_1、q_2、q_3、q_4 为各对应物理量的权重系数。

权重系数可以根据对性能指标各分量的不同要求程度而定。如果认为某一分量特别需要约束，就加大对它所加的权重系数；如果认为某一个分量无关紧要，可以不加约束，对它所加的权重系数是零。实践证明，正确选取权重系数是非常重要的，取不同的权重系数就会得到不同的系统性能。

式(16-6)还可以表示为二次型目标函数，即

$$J = \int_0^\infty (Y^T Q Y + U^T R U) dt \tag{16-7}$$

式中，$Q = \text{diag}(q_1 \quad q_2 \quad q_3)$ 为状态变量的加权矩阵；$R = (q_4)$ 为控制变量的加权矩阵。

将式(16-4)中的 Y 表达式代入式(16-7)得

$$J = \int_0^\infty (X^T Q_d X + 2X^T N_d U + U^T R_d U) dt \tag{16-8}$$

式中，$Q_d = C^T Q C = \begin{bmatrix} q_2 & 0 & 0 & 0 \\ 0 & 0 & 0 & 0 \\ 0 & 0 & q_3 K_w^2 & 0 \\ 0 & 0 & 0 & 0 \end{bmatrix}$；$N_d = C^T Q D = [0 \quad 0 \quad 0 \quad 0]^T$；$R_d = q_4 + q_1/m_s^2$。

式(16-8)可以写为

$$J = \int_0^\infty (X^T Q_d X + U^T R_d U) dt \tag{16-9}$$

取控制律 $U = -KX$ 可满足给定条件下系统性能指标最小，此时 $K = R_d^{-1} B^T P$。矩阵 P 由黎卡提方程求得。

$$PA + A^T P - PBR_d^{-1} B^T P + Q_d = 0 \tag{16-10}$$

3. 建立汽车全主动悬架评价指标传递函数

全主动悬架力发生器产生的控制力不同，建立的传递函数也不同。设全主动悬架的控制力 $F_u = -(k_1 z_{sw} + k_2 \dot{z}_s + k_3 z_{qw} + k_4 \dot{z}_w)$，$k_1$、$k_2$、$k_3$、$k_4$ 为控制力的控制系数。由

式(16-2) 和式(16-3) 可得

$$\begin{bmatrix} \dot{z}_{sw} \\ \ddot{z}_s \\ \dot{z}_{qw} \\ \ddot{z}_w \end{bmatrix} = \begin{bmatrix} 0 & 1 & 0 & -1 \\ -k_1/m_s & -k_2/m_s & -k_3/m_s & -k_4/m_s \\ 0 & 0 & 0 & -1 \\ k_1/m_w & k_2/m_w & (k_3+K_w)/m_w & k_4/m_w \end{bmatrix} \begin{bmatrix} z_{sw} \\ \dot{z}_s \\ z_{qw} \\ \dot{z}_w \end{bmatrix} + \begin{bmatrix} 0 \\ 0 \\ 1 \\ 0 \end{bmatrix} \dot{q} \quad (16\text{-}11)$$

$$\begin{bmatrix} \ddot{z}_s \\ z_{sw} \\ K_w z_{qw} \end{bmatrix} = \begin{bmatrix} -k_1/m_s & -k_2/m_s & -k_3/m_s & -k_4/m_s \\ 1 & 0 & 0 & 0 \\ 0 & 0 & K_w & 0 \end{bmatrix} \begin{bmatrix} z_{sw} \\ \dot{z}_s \\ z_{qw} \\ \dot{z}_w \end{bmatrix} \quad (16\text{-}12)$$

全主动悬架系统状态方程矩阵为

$$\dot{\boldsymbol{X}} = \boldsymbol{A}_1 \boldsymbol{X} + \boldsymbol{B} \boldsymbol{U}$$
$$\boldsymbol{Y} = \boldsymbol{C}_1 \boldsymbol{X} \quad (16\text{-}13)$$

式中，$\boldsymbol{X} = \begin{bmatrix} z_{sw} & \dot{z}_s & z_{qw} & \dot{z}_w \end{bmatrix}^T$；$\boldsymbol{Y} = \begin{bmatrix} \ddot{z}_s & z_{sw} & K_w z_{qw} \end{bmatrix}^T$；

$$\boldsymbol{A}_1 = \begin{bmatrix} 0 & 1 & 0 & -1 \\ -k_1/m_s & -k_2/m_s & -k_3/m_s & -k_4/m_s \\ 0 & 0 & 0 & -1 \\ k_1/m_w & k_2/m_w & (k_3+K_w)/m_w & k_4/m_w \end{bmatrix}; \quad \boldsymbol{B} = \begin{bmatrix} 0 \\ 0 \\ 1 \\ 0 \end{bmatrix}; \quad \boldsymbol{U} = \begin{bmatrix} \dot{q} \end{bmatrix};$$

$$\boldsymbol{C}_1 = \begin{bmatrix} -k_1/m_s & -k_2/m_s & -k_3/m_s & -k_4/m_s \\ 1 & 0 & 0 & 0 \\ 0 & 0 & K_w & 0 \end{bmatrix}。$$

对式(16-11) 进行拉普拉斯变换得全主动悬架车身垂直加速度对路面位移的传递函数为

$$G_1(s) = \frac{\ddot{z}_s(s)}{q(s)} = \frac{s^2 z_s(s)}{q(s)} = \frac{-m_w k_3 s^4 - K_w k_4 s^3 + K_w k_1 s^2}{D(s)} \quad (16\text{-}14)$$

式中，$D(s) = m_s m_w s^4 + (m_w k_2 - m_s k_4) s^3 + [m_s(K_w + k_1 + k_3) + m_w k_1]s^2 + k_2 K_w s + k_1 K_w$。

全主动悬架动挠度对路面位移的传递函数为

$$G_2(s) = \frac{z_{sw}(s)}{q(s)} = \frac{-(m_s K_w + m_s k_3 + m_w k_3)s^2 - k_2 K_w s - k_4 K_w s}{D(s)} \quad (16\text{-}15)$$

轮胎动载荷对路面位移的传递函数为

$$G_3(s) = \frac{K_w z_{qw}(s)}{q(s)} = \frac{[m_s m_w s^2 + (m_w k_2 - m_s k_4)s + (m_s + m_w)k_1]K_w s^2}{D(s)} \quad (16\text{-}16)$$

汽车路面模型采用滤波白噪声时域路面输入模型，即

$$\dot{q}(t) = -2\pi f_0 q(t) + 2\pi \sqrt{S_q(n_0)u} w(t) \quad (16\text{-}17)$$

式中，$q(t)$ 为路面位移；f_0 为下截止频率；$S_q(n_0)$ 为路面不平度系数，与路面等级有关；u 为汽车行驶速度；$w(t)$ 为均值为 0、强度为 1 的均匀分布白噪声。

4. 求汽车全主动悬架最优控制参数

根据汽车全主动悬架最优控制数学模型，编写求汽车全主动悬架最优控制参数的 MATLAB 程序如下。

程序	注释
ms=280;mw=50;kw=180000;	设置汽车模型参数输入
q1=300000000;q2=4000000;q3=200;q4=1;	设置权重系数
A=[0 1 0 -1	计算 A 矩阵
0 0 0 0	
0 0 0 -1	
0 0 kw/mw 0];	
B=[0 1.0/ms 0 -1/mw]';	计算 B 矩阵并转置
E=[0 0 1 0]';	设置 C 矩阵并转置
Qd=[q2 0 0 0	计算 Qd 矩阵
0 0 0 0	
0 0 q3*kw^2 0	
0 0 0 0];	
Rd=q4+q1/ms^2;	计算 Rd
Nd=[0 0 0 0]';	计算 Nd
[K,S,E]=lqr(A,B,Qd,Rd,Nd);	解黎卡提方程
fprintf('K=%6.2f\n\n',K)	输出控制参数

在 MATLAB 编辑器中输入这些程序，点击运行按钮，就会得到汽车全主动悬架最优控制参数为

$$k_1=32.33,\ k_2=136.38,\ k_3=4933.68,\ k_4=-680.75$$

5. 绘制汽车全主动悬架输出变量的时域特性曲线

根据汽车全主动悬架特性数学模型，编写绘制车身垂直加速度、悬架动挠度和轮胎动载荷时域特性曲线的 MATLAB 程序如下。

程序	注释
ms=280;mw=50;Kw=180000;	设置汽车模型参数输入
k1=32.33;k2=136.38;k3=4933.68;k4=-680.75;	设置最优控制参数
u=16.67;	设置行驶车速
f0=0.07;	下截止频率
Sq=0.000005;	设置路面不平度系数
A=[0 1 0 -1;	计算 A 矩阵
-k1/ms -k2/ms -k3/ms -k4/ms;	
0 0 0 -1;	
k1/mw k2/mw Kw/mw+k3/mw k4/mw];	
B=[0 0 1 0]';	设置 B 矩阵并转置
C=[-k1/ms -k2/ms -k3/ms -k4/ms;	计算 C 矩阵
1 0 0 0;	
0 0 Kw 0];	
white_noise=1-2*1*rand(1,1000);	设置 1000 个白噪声数据

代码	注释
`for i=1:1000`	路面输入模型循环计算
`    q(1)=0;`	设置初始输入为 0
`    q(i+1)=0.01*(-2*pi*f0*q(i)+2*pi*(sqrt(Sq*u))*white_noise(i))+q(i);`	计算路面位移
`    dq=100*diff(q);`	路面位移求导
`end`	循环结束
`for i=1:1000`	汽车模型循环开始
`    x(:,1)=[0;0;0;0];`	设置初始输入为 0
`    [G,H]=c2d(A,B,0.01);`	计算状态方程离散化系数
`    x(:,i+1)=G*x(:,i)+H*dq(i);`	迭代求解 x
`    y(:,i)=C*x(:,i);`	迭代计算系统输出
`end`	循环结束
`figure(1)`	设置图形窗口 1
`t=0:0.01:10;`	设置时间间隔为 0.01
`plot(t,q);`	绘制路面位移随时间变化曲线
`xlabel('时间/s')`	x 轴标注
`ylabel('路面位移/m')`	y 轴标注
`figure(2)`	设置图形窗口 2
`t1=0.01:0.01:10;`	设置时间间隔为 0.01
`plot(t1,y(1,:))`	绘制车身垂直加速度随时间变化曲线
`xlabel('时间/s')`	x 轴标注
`ylabel('车身垂直加速度/(m/s^2)')`	y 轴标注
`figure(3)`	设置图形窗口 3
`t1=0.01:0.01:10;`	设置时间间隔为 0.01
`plot(t1,y(2,:))`	绘制悬架动挠度随时间变化曲线
`xlabel('时间/s')`	x 轴标注
`ylabel('悬架动挠度/m')`	y 轴标注
`figure(4)`	设置图形窗口 4
`t1=0.01:0.01:10;`	设置时间间隔为 0.01
`plot(t1,y(3,:))`	绘制轮胎动载荷随时间变化曲线
`xlabel('时间/s')`	x 轴标注
`ylabel('轮胎动载荷/N')`	y 轴标注

在 MATLAB 编辑器中输入这些程序,点击运行按钮,就会得到路面位移时域特性曲线(图 16-2)、车身垂直加速度时域特性曲线(图 16-3)、悬架动挠度时域特性曲线(图 16-4)、轮胎动载荷时域特性曲线(图 16-5)。由于路面位移是随机产生的,所以每次运行得到的图形都会不同。

6. 绘制汽车全主动悬架输出变量的频域特性曲线

根据车速垂直加速度、悬架动挠度、轮胎动载荷的传递函数式,编写绘制车速垂直加速度、悬架动挠度、轮胎动载荷的频域特性曲线的 MATLAB 程序如下。

程序	注释
ms=280;mw=50;Kw=180000;	汽车参数赋值
k1=32.33;k2=136.38;k3=4933.68;k4=-680.75;	设置最优控制参数
b4=-ms*k3;b3=-Kw*k4;b2=Kw*k1;b1=0;b0=0;	计算车身垂直加速度传递函数分子系数
a4=ms*mw;a3=mw*k2-ms*k4;a2=ms*(Kw+k1+k3)+mw*k1;	计算车身垂直加速度传递函数分母系数
a1=k2*Kw;a0=k1*Kw;	
w=[0,logspace(-2,2,200)];	设置频率范围
H1=tf([b4,b3,b2,b1,b0],[a4,a3,a2,a1,a0]);	设置车身垂直加速度传递函数
figure(1)	设置图形窗口 1
bode(H1,w)	绘制车身垂直加速度波德图
figure(2)	设置图形窗口 2
c2=-(ms*Kw+ms*k3+mw*k3);c1=-k2*Kw;c0=-k4*Kw;	计算悬架动挠度传递函数分子系数
H2=tf([c2,c1,c0],[a4,a3,a2,a1,a0]);	设置悬架动挠度传递函数
bode(H2,w)	绘制悬架动挠度波德图
figure(3)	设置图形窗口 3
d4=ms*mw*Kw;d3=(mw*k2-ms*k4)*Kw;	计算轮胎动载荷传递函数分子系数
d2=(ms+mw)*k1*Kw;d1=0;d0=0;	
H3=tf([d4,d3,d2,d1,d0],[a4,a3,a2,a1,a0]);	设置轮胎动载荷传递函数
bode(H3,w)	绘制轮胎动载荷波德图

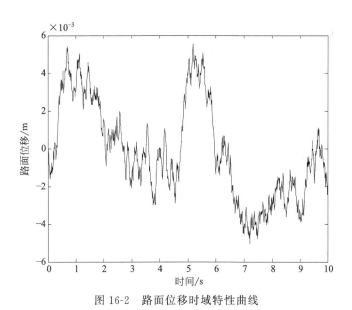

图 16-2 路面位移时域特性曲线

在 MATLAB 编辑器中输入这些程序，点击运行按钮，就会得到车速垂直加速度频域特性曲线（图 16-6）、悬架动挠度频域特性曲线（图 16-7）、轮胎动载荷频域特性曲线（图 16-8）。

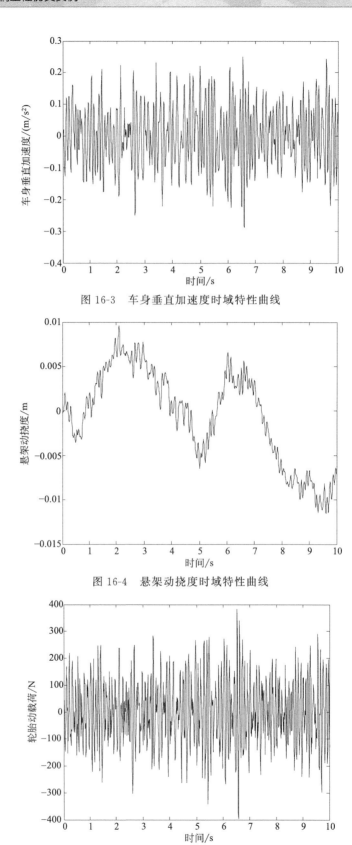

图 16-3 车身垂直加速度时域特性曲线

图 16-4 悬架动挠度时域特性曲线

图 16-5 轮胎动载荷时域特性曲线

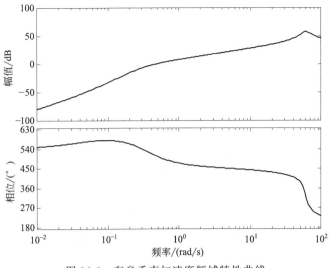

图 16-6　车身垂直加速度频域特性曲线

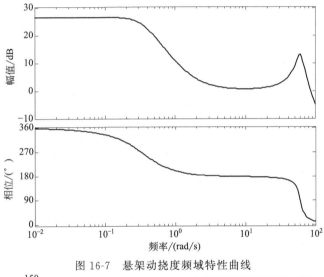

图 16-7　悬架动挠度频域特性曲线

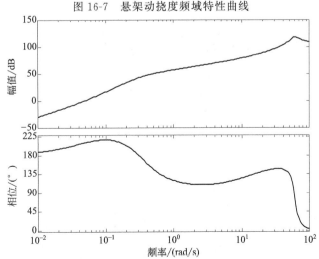

图 16-8　轮胎动载荷频域特性曲线

实例十七

膜片弹簧离合器优化设计及特性仿真

自调式膜片弹簧离合器是离合器技术发展的新产品，它能在使用过程中自动补偿由于摩擦片磨损引起的工作压紧力变化，使膜片弹簧保持初始角位置，从而使离合器转矩容量保持稳定，减小最大分离力，提高驾驶舒适度。

任务描述

主要任务：

1. 建立自调式膜片弹簧离合器基本参数优化数学模型
2. 建立膜片弹簧优化数学模型
3. 对自调式膜片弹簧离合器基本参数进行优化
4. 对膜片弹簧进行优化
5. 绘制膜片弹簧的载荷-变形关系曲线

膜片弹簧离合器优化设计和特性仿真所需参数见表 17-1。

表 17-1 膜片弹簧离合器优化设计和特性仿真所需参数

发动机最大转矩/N·m	290
发动机最大转矩对应的转速/(r/min)	2000
发动机最大功率/kW	92.6
发动机最大功率对应的转速/(r/min)	4000
汽车质量/kg	2185
驱动轮滚动半径/m	0.35
变速器第一挡传动比	3.917
主减速器传动比	4.0

任务实施过程

自调式膜片离合器由离合器盖、压盘、传动片、膜片弹簧、限止块、从动盘、力感应弹簧以及调节弹簧等组成,如图 17-1 所示。

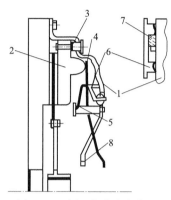

图 17-1 自调式膜片离合器

1—离合器盖;2—压盘;3—传动片;4—膜片弹簧;5—力感应弹簧;6—楔形自调机构(自调环);7—螺旋弹簧;8—限止块

1. 建立自调式膜片离合器基本参数优化数学模型

自调式膜片离合器基本参数的优化设计变量取压盘施加在摩擦面上的工作压力 F、摩擦片外径 D、摩擦片内径 d,即 $\boldsymbol{X} = [x_1, x_2, x_3]^T = [F, D, d]^T$。

自调式膜片离合器基本参数优化设计的目标是在保证离合器性能要求的条件下使其结构尺寸尽可能小,其目标函数为

$$f(x) = \min\left[\frac{\pi}{4}(D^2 - d^2)\right] \tag{17-1}$$

采用以下五个约束条件。

(1) 摩擦片内、外径之比应在 0.53~0.7 范围内,即

$$0.53 \leqslant d/D \leqslant 0.7 \tag{17-2}$$

(2) 为了保证离合器可靠传递发动机的转矩,并防止传动系统过载,不同车型的离合器后备系数应在一定范围内,这里取 1.2~1.75,即

$$1.2 \leqslant \beta \leqslant 1.75 \tag{17-3}$$

离合器后备系数为离合器最大摩擦转矩与发动机最大转矩之比,即

$$\beta = \frac{T_{cmax}}{T_{emax}} = \frac{fFZ(D+d)}{4T_{emax}} \tag{17-4}$$

式中,T_{cmax} 为离合器最大摩擦转矩;T_{emax} 为发动机最大转矩;f 为摩擦面间的静摩擦因数,一般取 0.25~0.3;Z 为摩擦面数,单片离合器为 2,双片离合器为 4。

(3) 为反映离合器传递转矩并保护过载的能力,单位摩擦面积传递的转矩应小于其许用值,即

$$T_{e0} = \frac{4T_{cmax}}{\pi Z(D^2 - d^2)} = \frac{fF(D+d)}{\pi(D^2 - d^2)} \leqslant [T_{e0}] \tag{17-5}$$

式中，T_{e0} 为单位摩擦面积传递的转矩；$[T_{e0}]$ 为单位摩擦面积传递的转矩许用值。

（4）为降低离合器滑摩时的热负荷，防止摩擦片损坏，对于不同车型，单位压力根据所用材料在一定范围内选择，最大范围为 0.10~1.50MPa，即

$$0.10 \leqslant p_0 = \frac{4F}{\pi(D^2 - d^2)} \leqslant 1.50 \tag{17-6}$$

式中，p_0 为摩擦面承受的单位压力。

（5）为了减少汽车起步过程中离合器的滑摩，防止摩擦片表面温度过高而发生烧伤，离合器每一次接合的单位摩擦面积滑摩功应小于其许用值，即

$$w = \frac{4W}{\pi Z(D^2 - d^2)} \leqslant [w] \tag{17-7}$$

式中，w 为单位摩擦面积滑摩功；$[w]$ 为单位摩擦面积滑摩功许用值；W 为离合器起步接合一次产生的滑摩功。

汽车离合器滑摩功为

$$W = \frac{\pi^2 n_e^2}{1800} \times \frac{mR_r^2}{i_g^2 i_0^2} \tag{17-8}$$

式中，m 为汽车质量；R_r 为车轮滚动半径；i_g 为变速器传动比，一般取第一挡传动比；i_0 为主减速器传动比；n_e 为发动机最大转矩对应的转速。

2. 建立膜片弹簧优化数学模型

膜片弹簧载荷-变形曲线如图 17-2 所示。可以看出，膜片弹簧的变形和载荷并不成线性关系。新摩擦片工作点为 B 点，工作压紧力为 F_{1B}。当摩擦片磨损量达到允许的极限值 $\Delta\lambda$ 时，膜片弹簧工作点移动到 A 点，其工作压紧力为 F_{1A}。当分离时，膜片弹簧工作点由 B 变到 C。在压紧状态时，通过支撑环和压盘作用在膜片弹簧上的载荷 F_1 集中在支承处，其表达式为

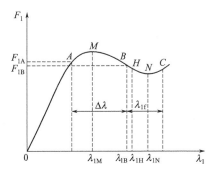

图 17-2 膜片弹簧载荷—变形曲线

$$F_1 = f(\lambda_1) = \frac{\pi E h \lambda_1}{6(1-\mu^2)} \times \frac{\log(R/r)}{(R_1 - r_1)^2} \left[\left(H - \lambda_1 \frac{R-r}{R_1 - r_1}\right)\left(H - \frac{\lambda_1}{2} \times \frac{R-r}{R_1 - r_1}\right) + h^2\right]$$
$$\tag{17-9}$$

式中，F_1 为作用在膜片弹簧上的载荷；λ_1 为膜片弹簧加载处的轴向变形；E 为材料的弹性模量，对于钢，$E = 210$GPa；μ 为材料泊松比，对于钢，$\mu = 0.3$；R 为膜片弹簧外半径；r 为膜片弹簧内半径；R_1 为膜片弹簧外支撑半径；r_1 为膜片弹簧内支撑半径；H 为膜片弹簧高度；h 为膜片弹簧厚度。

分离轴承推力 F_2 与膜片弹簧变形 λ_1 的关系为

$$F_2 = f(\lambda_2) = \frac{\pi E h \lambda_2}{6(1-\mu^2)} \times \frac{\log(R/r)}{(r_1 - r_f)^2} \left[\left(H - \lambda_2 \frac{R-r}{r_1 - r_f}\right)\left(H - \frac{\lambda_2}{2} \times \frac{R-r}{r_1 - r_f}\right) + h^2\right]$$

$$\lambda_2 = \frac{r_1 - r_f}{R_1 - r_1} \lambda_1$$

$$\tag{17-10}$$

式中，r_f 为分离轴承和分离指的接触半径。

根据膜片弹簧特性，选取膜片弹簧高度 H、膜片弹簧厚度 h、膜片弹簧外半径 R、膜片弹簧内半径 r、膜片弹簧外支撑半径 R_1、膜片弹簧内支撑半径 r_1 以及接合工作点弹簧大端加载时所对应的变形量 λ_{1B} 为优化设计变量，即

$$\boldsymbol{X} = [x_1, x_2, x_3, x_4, x_5, x_6, x_7]^T = [H, h, R, r, R_1, r_1, \lambda_{1B}]^T \quad (17\text{-}11)$$

为了保证离合器使用过程中传递转矩的稳定性，又不致严重过载，且能保证操纵省力，在摩擦片磨损范围内，以弹簧压紧力变化绝对值的平均值最小和在分离过程中驾驶员作用在分离轴承上的分离操纵力的平均值最小作为双目标函数，即

$$f(\boldsymbol{X}) = \omega_1 f_1(\boldsymbol{X}) + \omega_2 f(\boldsymbol{X}) \quad (17\text{-}12)$$

式中，$f(\boldsymbol{X})$ 为膜片弹簧优化目标函数；$f_1(\boldsymbol{X})$ 为弹簧压紧力变化绝对值的平均值；$f_2(\boldsymbol{X})$ 为分离操纵力的平均值；ω_1、ω_2 为权重系数，分别取 0.7 和 0.3。

$f_1(\boldsymbol{X})$ 和 $f_2(\boldsymbol{X})$ 分别为

$$f_1(\boldsymbol{X}) = \frac{1}{10} \sum_{k=1}^{10} \left| F_{1B}(x_1, x_2, x_3, x_4, x_5, x_6, x_7 - \frac{k}{10}\Delta\lambda) - F_{1B}(x_1, x_2, x_3, x_4, x_5, x_6, x_7) \right| \quad (17\text{-}13)$$

$$f_2(\boldsymbol{X}) = \frac{1}{10} \sum_{k=1}^{10} \left| F_{2B}(x_1, x_2, x_3, x_4, x_5, x_6, x_7 + \lambda_{1f} - \frac{k}{10}\Delta\lambda) \right|$$

式中，λ_{1f} 为压盘的分离行程，常用 1.8～2.2mm；$\Delta\lambda$ 为摩擦片允许的最大磨损量，常用 1.6～2mm。

采用以下约束条件。

(1) 为保证工作点 A、B、C 有较合适的位置，应正确选择 λ_{1B} 相对于拐点 λ_{1H} 的位置，一般 $\lambda_{1B}/\lambda_{1H} = 0.8～1.0$，即

$$0.8 \leqslant \frac{\lambda_{1B}}{H}\left(\frac{R-r}{R_1-r_1}\right) \leqslant 1.0 \quad (17\text{-}14)$$

(2) 为了保证摩擦片磨损后离合器仍能可靠地传递转矩，并考虑到摩擦因数的下降，摩擦片磨损后弹簧工作压紧力 F_{1A} 应大于或等于新摩擦片的压紧力 F_{1B}，即

$$F_{1B} \leqslant F_{1A} \quad (17\text{-}15)$$

(3) 为使所设计的膜片弹簧满足离合器使用性能的特性曲线，弹簧的高厚比与初始底锥角应在一定范围内，即

$$\begin{aligned} 1.6 \leqslant H/h \leqslant 2.2 \\ 9 \leqslant \alpha = H/(R-r) \leqslant 15 \end{aligned} \quad (17\text{-}16)$$

(4) 弹簧各部分有关尺寸的比值应符合一定的范围，即

$$\begin{aligned} 1.2 \leqslant R/r \leqslant 1.35 \\ 70 \leqslant 2R/h \leqslant 100 \end{aligned} \quad (17\text{-}17)$$

(5) 根据膜片弹簧结构布置要求，其大端半径 R 与支撑环半径 R_1 之差及离合器接合时的加载半径 r_1 与内径 r 之差应在一定范围内，即

$$\begin{aligned} 2 \leqslant R - R_1 \leqslant 6 \\ 1 \leqslant r_1 - r \leqslant 4 \end{aligned} \quad (17\text{-}18)$$

(6) 膜片弹簧的分离指起分离杠杆的作用，因此其杠杆比应在一定范围内，即

$$2.3 \leqslant \frac{r_1 - r_f}{R_1 - r_1} \leqslant 4.5 \tag{17-19}$$

(7) 弹簧在工作过程中，B 点最大压应力应不超过其许用应力，即

$$\sigma_{tBmax} \leqslant [\sigma_{tB}] \tag{17-20}$$

(8) 弹簧在工作过程中，A 点最大拉应力应不超过其许用应力，即

$$\sigma_{tAmax} \leqslant [\sigma_{tA}] \tag{17-21}$$

(9) 在离合器装配误差范围内引起的弹簧压紧力的相对偏差，也不应超过某一范围，即

$$\left| \frac{\Delta F_{1B}}{F_{1B}} \right| \leqslant 0.05 \tag{17-22}$$

式中，ΔF_{1B} 为离合器装配误差引起的弹簧压紧力的相对偏差。

3. 对自调式膜片弹簧离合器基本参数进行优化

根据自调式膜片弹簧离合器基本参数优化数学模型，编制对自调式膜片弹簧离合器基本参数进行优化的 MATLAB 程序如下。

程序	注释
%编写目标函数 M 文件，并以文件名 myfun1 保存在 MATLAB 目录下的 work 文件夹中	说明
function f=myfun1(x)	定义函数，函数名为 myfun1
f=pi/4*(x(2).^2-x(3).^2);	目标函数
%编写约束函数 M 文件，并以文件名 mycon1 保存在 MATLAB 目录下的 work 文件夹中	说明
function[c,ceq]=mycon1(x)	定义函数，函数名为 mycon1
c(1)=x(3)./x(2)-0.7;	约束条件 1
c(2)=-x(3)./x(2)+0.53;	约束条件 1
c(3)=0.14*x(1).*(x(2)+x(3))/290/1000-1.75;	约束条件 2
c(4)=-0.14*x(1).*(x(2)+x(3))/290/1000+1.2;	约束条件 2
c(5)=(0.28*x(1).*(x(2)+x(3)))./(1000*pi*(x(2).^2-x(3).^2))-0.0061;	约束条件 3
c(6)=4*x(1)./(pi*(x(2).^2-x(3).^2))-1.5;	约束条件 4
c(7)=-4*x(1)./(pi*(x(2).^2-x(3).^2))+0.1;	约束条件 4
c(8)=23890/(pi*(x(2).^2-x(3).^2))-0.2;	约束条件 5
ceq=[];	返回函数
%在命令窗口调用优化程序	说明
x0=[6525,250,150];	设计变量原始值
lb=[1000;160;110];	设计变量最小值
ub=[10000;302;190];	设计变量最大值
options=optimset('Display','iter','Largescale','off','TolX',1e-10,'TolFun',1e-10,'DiffMaxChange',1e-5);	设置优化函数选项
[x,fval,exitflag,output]=fmincon(@ myfun1,x0,[],[],[],[],lb,ub,@ mycon1,options)	设置输出

在 MATLAB 编辑器中输入这些程序，点击运行按钮，就会得到自调式膜片弹簧离合器基本参数优化结果：摩擦面上的工作压力 $F=6504.3N$，摩擦片外径 $D=247.1mm$，摩擦

内径 $d=151.8$ mm。实际设计时，应对优化结果进行圆整。

4. 对膜片弹簧进行优化

根据膜片弹簧优化数学模型，编制对膜片弹簧进行优化的 MATLAB 程序如下。

程序	注释
%编写目标函数 M 文件，以文件名 myfun2 保存在 MATLAB 目录下 work 文件夹中	说明
functiom f=myfun2(x)	定义函数
f1=0;	令 f1=0
for k=1:1:10	循环开始
f1=0.1 * 120830.77 * abs(x(2) * (x(7)-0.18 * k) * log(x(3)/x(4)) * ((x(1)-(x(7)-0.18 * k) * (x(3)-x(4))/(x(5)-x(6))) * (x(1)-0.5 * (x(7)-0.18 * k) * (x(3)-x(4))/(x(5)-x(6)))+x(2)^2)/(x(5)-x(6))^2-(x(2) * x(7) * log(x(3)/x(4)) * ((x(1)-x(7) * (x(3)-x(4))/(x(5)-x(6))) * (x(1)-0.5 * x(7) * (x(3)-x(4))/(x(5)-x(6)))+x(2)^2)/(x(5)-x(6))^2);	计算 f1
end	循环结束
f2=0;	令 f2=0
for K=1:1:10	循环开始
f2=0.1 * 120830.77 * abs(x(2) * (x(7)+2-0.18 * k) * log(x(3)/x(4)) * ((x(1)-(x(7)+2-0.18 * k) * (x(3)-x(4))/(x(6)-32)) * (x(1)-0.5 * (x(7)+2-0.18 * k) * (x(3)-x(4))/(x(6)-32))+x(2)^2)/(x(6)-32)^2);	计算 f2
end	
f=0.7 * f1+0.3 * f2	计算目标函数
%编写约束函数 M 文件，以文件名 mycon2 保存在 MATLAB 目录下 work 文件夹中	说明
function[c,ceq]=mycon2	定义函数
c(1)=x(7)/x(1) * (x(3)-x(4))/(x(5)-x(6))-1;	约束条件 1
c(2)=-x(7)/x(1) * (x(3)-x(4))/(x(5)-x(6))+0.8;	约束条件 1
c(3)=x(7) * ((x(1)-x(7) * (x(3)-x(4))/(x(5)-x(6))) * (x(1)-0.5 * x(7) * (x(3)-x(4))/(x(5)-x(6)))+x(2)^2)-(x(7)-1.8) * ((x(1)-(x(7)-1.8) * (x(3)-x(4))/(x(5)-x(6))) * (x(1)-0.5 * (x(7)-1.8) * (x(3)-x(4))/(x(5)-x(6)))+x(2)^2);	约束条件 2
c(4)=x(1)/x(2)-2.2;	约束条件 3
c(5)=-x(1)/x(2)+1.6;	约束条件 3
c(6)=x(1)/(x(3)-x(4))-0.26795;	约束条件 3
c(7)=-x(1)/(x(3)-x(4))+0.1584;	约束条件 3
c(8)=x(3)/x(4)-1.35;	约束条件 4
c(9)=-x(3)/x(4)+1.2;	约束条件 4
c(10)=2 * x(3)/x(2)-100;	约束条件 4
c(11)=-2 * x(3)/x(2)+70;	约束条件 4
c(12)=x(3)-x(5)-6;	约束条件 5
c(13)=x(5)-x(3)+2;	约束条件 5
c(14)=x(6)-x(4)-4;	约束条件 5
c(15)=x(4)-x(6)+1;	约束条件 5
c(16)=(x(6)-32)/(x(5)-x(6))-4.5;	约束条件 6
c(17)=-(x(6)-32)/(x(5)-x(6))+2.3;	约束条件 6

程序	注释
`c(18)=115384.616*(x(4)-32)*x(2)*(x(7)+2)*log(x(3)/x(4))*((x(1)-(x(7)+2)*(x(3)-x(4))/(x(6)-32))*(x(1)-0.5*(x(7)+2)*(x(3)-x(4))/(x(6)-32))+x(2)^2)/(x(4)*(1-68.755/(x(4)+72))*x(2)^2*(x(6)-32)^2)+230769.23*(((x(3)-x(4))/(x(4)*log(x(3)/x(4)))-1)*(x(1)/(x(3)-x(4))-0.5*(x(7)+2)/(x(5)-x(6)))*(x(7)+2)/(x(5)-x(6))+0.5*(x(2)/x(4))*(x(7)+2)/(x(5)-x(6)))-2400;`	约束条件 7
`c(19)=-115384.616*(x(4)-32)*x(2)*(x(7)+2)*log(x(3)/x(4))*((x(1)-(x(7)+2)*(x(3)-x(4))/(x(6)-32))*(x(1)-0.5*(x(7)+2)*(x(3)-x(4))/(x(6)-32))+x(2)^2)/(x(4)*(1-68.755/(x(4)+72))*x(2)^2*(x(6)-32)^2)-230769.23*(((x(3)-x(4))/(x(4)*log(x(3)/x(4)))-1)*(x(1)/(x(3)-x(4))-0.5*(x(7)+2)/(x(5)-x(6)))*(x(7)+2)/(x(5)-x(6))+0.5*(x(2)/x(4))*(x(7)+2)/(x(5)-x(6)))-900;`	约束条件 8
`c(20)=-120830.77*x(2)*x(7)*log(x(3)/x(4))*((x(1)-x(7)*(x(3)-x(4))/(x(5)-x(6)))*(x(1)-0.5*x(7)*(x(3)-x(4))/(x(5)-x(6)))+x(2)^2)/(x(5)-x(6))^2+120830.77*x(2)*(x(7)+2)*log(x(3)/x(4))*((x(1)-(x(7)+2)*(x(3)-x(4))/(x(5)-x(6)))*(x(1)-0.5*(x(7)+2)*(x(3)-x(4))/(x(5)-x(6)))+x(2)^2)/(x(5)-x(6))^2+500;`	约束条件 9
`ceq(1)=120830.77*x(2)*x(7)*log(x(3)/x(4))*((x(1)-x(7)*(x(3)-x(4))/(x(5)-x(6)))*(x(1)-0.5*x(7)*(x(3)-x(4))/(x(5)-x(6)))+x(2)^2)/(x(5)-x(6))^2-6525;`	返回函数
`%在命令窗口调用优化程序`	说明
`x0=[5,2.5,106,84,102,86,3.636];`	设计变量原始值
`lb=[3;2;104.2;80.2;100;81.2;2.8];`	设计变量最小值
`ub=[6;3;125;104.2;123;108.2;5.2];`	设计变量最大值
`options=optimset('Display','iter','Largescale','off','TolX',1e-10,'TolFun',1e-10,'DiffMaxChange',1e-5);`	设置优化函数选项
`[x,fval,exitflag,output]=fmincon(@myfun2,x0,[],[],[],[],lb,ub,@mycon2,options)`	设置输出

在 MATLAB 编辑器中输入这些程序,点击运行按钮,就会得到膜片弹簧优化结果:膜片弹簧高度 $H=5.13$mm,膜片弹簧厚度 $h=2.65$mm,膜片弹簧外半径 $R=124.87$mm,膜片弹簧内半径 $r=104.05$mm,膜片弹簧外支撑半径 $R_1=122.84$mm,膜片弹簧内支撑半径 $r_1=106.32$mm,接合工作点弹簧大端加载时所对应的变形量 $\lambda_{1B}=3.73$mm。

5. 绘制膜片弹簧的载荷—变形关系曲线

根据膜片弹簧载荷数学模型,编写绘制膜片弹簧的载荷-变形关系曲线的 MATLAB 程序如下。

程序	注释
`%编写优化前 M 文件,并以文件名 zhtxl 保存在 MATLAB 目录下的 work 文件夹中`	说明
`function y=zhtxl(t)`	定义函数
`E=210000;R=106;r=84;u=0.3;L=102;l=86;h=2.5;H=5;`	赋值
`y=(pi*E*h*t.*log(R/r).*((H-t.*(R-r)./(L-l)).*(H-0.5*t.*(R-r)/(L-l))+h^2)./(6*(1-u^2)*(L-l)^2));`	计算膜片弹簧载荷

	说明
%在命令窗口输入绘图语句 x1=0:0.02:6; F1=zhtx1(x1); plot(x1,F1) xlabel('变形/mm') ylabel('载荷/kN') hold on	设定变形范围 计算膜片弹簧载荷 绘制载荷-变形曲线 设置 x 坐标轴的名称 设置 y 坐标轴的名称 保存图形
%编写优化后 M 文件,并以文件名 zhtx2 保存在 MATLAB 目录下的 work 文件夹中	说明
function y=zhtx2(t)	定义函数
E=210000;R=124.87;r=104.05;u=0.3;L=122.84;l=106.32;h=2.65;H=5.13;	赋值
y=(pi*E*h*t.*log(R/r).*((H-t.*(R-r)./(L-l)).*(H-0.5*t.*(R-r)/(L-l))+h^2)./(6*(1-u^2)*(L-l)^2));	计算膜片弹簧载荷
%在命令窗口输入绘图语句 x1=0:0.02:6; F1=zhtx2(x1); plot(x1,F1,'--') legend('优化前','优化后')	说明 设定变形范围 计算膜片弹簧载荷 绘制载荷-变形曲线 曲线标注

在 MATLAB 编辑器中输入这些程序,点击运行按钮,就会得到优化前、后的膜片弹簧的载荷-变形关系曲线,如图 17-3 所示。可以看出,膜片弹簧离合器优化后,大幅度减小了弹簧工作时的最大压力,很大程度上改善了分离踏板力,并且在工作范围内摩擦片压紧力变化较小。因此,优化后的膜片弹簧参数更合理,性能更优越。

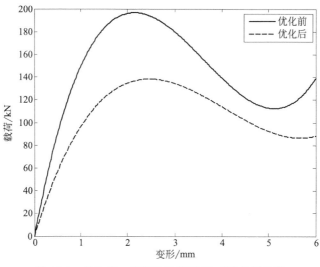

图 17-3 优化前、后膜片弹簧载荷-变形关系曲线

实例 十八

汽车电动助力转向系统仿真

汽车电动助力转向（EPS）系统是继电子控制式机械-液压动力转向系统后产生的一种动力转向系统。它完全取消了液压装置，用电能取代液压能，减少了发动机的能量消耗，是汽车转向系统的发展方向。汽车 EPS 系统特性主要评价指标有转向路感、转向灵敏度和转向操纵稳定性。一个操纵性能良好的转向系统，应满足以下要求：路感合适；转向灵敏；具有较好的操纵稳定性。

任务描述

主要任务:

1. 建立汽车 EPS 系统数学模型
2. 绘制分析影响转向路感的频域特性曲线
3. 绘制分析影响转向灵敏度的频域特性曲线
4. 分析转向操纵稳定性

汽车 EPS 系统仿真所需参数见表 18-1。

表 18-1 汽车 EPS 系统仿真所需参数

汽车质量/kg	汽车转动惯量/kg·m²	汽车质心至前轴距离/m	汽车质心至后轴距离/m
2143.5	3978	1.564	1.664
前轮综合侧偏刚度/(N·m/rad)	后轮综合侧偏刚度/(N·m/rad)	转向盘到前轮的传动比	前轮拖距/m
−63629	−120184	24	0.11
转矩传感器刚度/(N·m/rad)	电动机到转向轴传动比	电动机转动惯量/kg·m²	电动机阻尼系数/(N·m·s/rad)
93.4	25	0.006	0.04
电动机转矩系数/(N·m/A)	助力增益系数	折算到小齿轮上的总惯性矩/kg·m²	转向机构和前轮的当量阻尼系数/(N·m·s/rad)
0.02	10	0.09	0.27

任务实施过程

1. 建立汽车 EPS 系统数学模型

电动助力转向系统的基本组成包括转矩传感器、车速传感器、控制单元（ECU）、电动机、减速机构和离合器等，如图 18-1 所示。转矩传感器时刻检测转向盘的运动情况，将驾驶员转动转向盘的方向、角度信息传送给控制单元作为输入信号。转速传感器用于测量转向盘的旋转速度，速度传感器测量汽车的行驶速度，两者的测量结果同样送到控制单元作为输入信号。控制单元是 EPS 系统的核心部分，要求具有简单计算、查表、故障诊断处理、存储、报警、驱动等功能。电动机的功能是根据控制单元的指令输出适宜的辅助转矩，是 EPS 的动力源。减速机构与电动机相连，起减速增矩作用。离合器装在减速机构一侧，是为了保证 EPS 只在预先设定的车速行驶范围内起作用，当车速达到某一值时，离合器分离，电动机停止工作，转向系统转为手动转向；另外，当电动机发生故障时离合器将自动分离。

图 18-1 电动助力转向系统的基本组成

对于 EPS 系统，为分析问题方便，把前轮和转向机构向转向轴简化，转矩传感器安装在转向盘和助力机构之间，可以看成是一个扭力杆，用来跟踪转向轴的角度变化，得到简化后的 EPS 系统动力学模型如图 18-2 所示。T_h 为驾驶员操纵力矩；J_h 为转向盘转动惯量；θ_h 为转向盘转角；B_h 为转向轴与支承之间的当量阻尼系数；J_m 为电动机转动惯量；θ_m 为电动机转角；B_m 为电动机阻尼系数；K_s 为转矩传感器刚度；T_a 为作用在转向轴上的电动机助力力矩；J_r 为折算到小齿轮上的总惯性矩；B_r 为转向机构和前轮的当量阻尼系数；T_r 为等效到转向轴上的转向阻力矩；δ_1 为小齿轮转角。

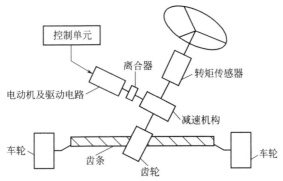

图 18-2 EPS 系统动力学模型

电动机转角、小齿轮转角和前轮转角之间的关系为

$$\theta_m = G_1 \delta_1$$
$$\delta_1 = G_2 \delta \tag{18-1}$$

式中，G_1 为电动机到转向轴传动比；G_2 为转向盘到前轮的传动比；δ 为前轮转角。
传感器测量力矩为

$$T_s = K_s(\theta_h - \delta_1) \tag{18-2}$$

式中，T_s 为传感器测量力矩。

转向盘动力学方程式为

$$J_h \ddot{\theta}_h = T_h - T_s - B_h \dot{\theta}_h \tag{18-3}$$

转向小齿轮动力学方程式为

$$J_r \ddot{\delta}_1 = T_a + T_s - B_r \dot{\delta}_1 - T_r \tag{18-4}$$

电动机电磁转矩为

$$T_m = K_a I = \frac{K_a}{R}(U - K_b \dot{\theta}_m) \tag{18-5}$$

式中，T_m 为电动机电磁转矩；K_a 为电动机转矩系数；I 为电动机电枢电流；R 为电动机电枢电阻；U 为电动机端电压；K_b 为电动机反电动势常数；$\dot{\theta}_m$ 为电动机转速。

电动机助力力矩为

$$T_a = G_1(T_m - J_m \ddot{\theta}_m - B_m \dot{\theta}_m) \tag{18-6}$$

汽车 EPS 系统评价指标主要有转向路感、转向灵敏度及转向操纵稳定性。

（1）转向路感。假设转向盘固定（相对于等转角转向，即 $\theta_h = 0$），则驾驶员操纵力矩为

$$T_h \approx T_s = K_s(\theta_h - \delta_1) = -K_s \delta_1 \tag{18-7}$$

若助力电动机电枢电流与转矩传感器测试值成比例，即采用电流控制方法，则有

$$I = -KK_s \delta_1 \tag{18-8}$$

式中，K 为助力增益系数。

对式(18-4) 进行拉普拉斯变换得

$$\frac{T_r(s)}{\delta_1(s)} = -(J_r + J_m G_1^2)s^2 - (B_r + B_m G_1^2)s - (K_s + KK_s K_a G_1) \tag{18-9}$$

对式(18-7) 进行拉普拉斯变换得

$$\frac{T_h(s)}{\delta_1(s)} = -K_s \tag{18-10}$$

转向路感定义为从负载到驾驶员手力的传递特性，即

$$E(s) = \frac{T_h(s)}{T_r(s)} = \frac{K_s}{(J_r + J_m G_1^2)s^2 + (B_r + B_m G_1^2)s + (K_s + KK_s K_a G_1)} \tag{18-11}$$

（2）转向灵敏度。其定义为汽车横摆角速度与转向盘转角的传递函数。

根据《汽车理论》，二自由度汽车运动微分方程式为

$$(K_1 + K_2)\beta + \frac{1}{V}(aK_1 - bK_2)r - K_1\delta = mV(\dot{\beta} + r)$$
$$(aK_1 - bK_2)\beta + \frac{1}{V}(a^2K_1 + b^2K_2)r - aK_1\delta = I_z \dot{r} \tag{18-12}$$

式中，m 为汽车质量；I_z 为汽车转动惯量；a 为汽车质心至前轴距离；b 为汽车质心至后轴距离；V 为车速；r 为汽车横摆角速度；β 为汽车质心侧偏角；K_1 为汽车前轮综合侧偏刚度；K_2 为汽车后轮综合侧偏刚度；δ 为前轮转角。

对式(18-12) 进行拉普拉斯变换，可以得到

$$\frac{r(s)}{\delta(s)} = \frac{X(s)}{Z(s)}$$
$$\frac{\beta(s)}{\delta(s)} = \frac{Y(s)}{Z(s)} \tag{18-13}$$

式中，$X(s) = -maVK_1 s + (a+b)K_1 K_2$；$Z(s) = mVI_z s^2 - [m(a^2 K_1 + b^2 K_2) + I_z(K_1 + K_2)]s + \frac{(a+b)^2}{V}K_1 K_2 + mV(aK_1 - bK_2)$；$Y(s) = -K_1 I_z s + \frac{b(a+b)}{V}K_1 K_2 + maVK_1$。

由前轮转向几何学分析，前轮侧偏角为

$$\alpha = \beta + \frac{a}{V}r - \delta \tag{18-14}$$

在小转角条件下，轮胎的特性可认为是线性的，因此，将绕转向主销作用于轮胎的力矩等效到转向轴上为

$$T_r = \frac{K_1 d\alpha}{G_2} = \frac{K_1 d}{G_2}\left(\beta + \frac{a}{V}r - \delta\right) \tag{18-15}$$

式中，d_1 为前轮拖距；α 为前轮侧偏角。

对式(18-15)进行拉普拉斯变换，并结合式(18-13)、式(18-1)可得

$$T_r(s) = \frac{P(s)}{Q(s)}\delta_1(s) \tag{18-16}$$

式中，$P(s) = K_1 d[VY(s) + aX(s) - VZ(s)]$；$Q(s) = G_2^2 VZ(s)$。

若助力电动机电枢电流与转矩传感器测试值成比例，即采用电流控制方法，转矩传感器的测试值为 $T_s = K_s(\theta_h - \delta_1)$，则有

$$I = KK_s(\theta_h - \delta_1) \tag{18-17}$$

根据(18-4)、式(18-6)和式(18-13)得

$$\frac{\delta_1(s)}{\theta_h(s)} = \frac{M(s)}{N(s)} \tag{18-18}$$

式中，$M(s) = K_s + G_1 K_a K K_s$；
$N(s) = (J_r + J_m G_1^2)s^2 + (B_r + B_m G_1^2)s + K_s + G_1 K_a K K_s + \frac{P(s)}{Q(s)}$。

根据转向灵敏度定义，可得转向灵敏度函数为

$$\frac{r(s)}{\theta_h(s)} = \frac{r(s)}{\delta(s)} \times \frac{\delta(s)}{\delta_1(s)} \times \frac{\delta_1(s)}{\theta_h(s)} = \frac{X(s)M(s)}{G_2 Z(s)N(s)} \tag{18-19}$$

(3) 转向操纵稳定性。其是指在驾驶员不感到过分紧张、疲劳的条件下，汽车能遵循驾驶员通过转向系统及转向车轮给定的方向保持稳定行驶的能力。选择灵敏度函数的分母来分析系统的稳定性。

令式(18-19)的分母多项式为零，得到方程

$$A_0 s^4 + A_1 s^3 + A_2 s^2 + A_3 s + A_4 = 0 \tag{18-20}$$

式中，$A_0 = mVG_2 I_z (J_r + J_m G_1^2)$；
$A_1 = G_2 \{mVI_z(B_r + B_m G_1^2) - [m(a^2 K_1 + b^2 K_2) + I_z(K_1 + K_2)](J_r + J_m G_1^2)\}$；
$A_2 = G_2 \{mVI_z(KG_1 K_a K_s + K_s) - [m(a^2 K_1 + b^2 K_2) + I_z(K_1 + K_2)](B_r + B_m G_1^2) +$

$$\left[\frac{(a+b)^2}{V}K_1K_2+mV(aK_1-bK_2)\right](J_r+J_mG_1^2)\right\}-\frac{K_1dmVI_z}{G_2};$$

$$A_3=G_2\left\{-\left[m(a^2K_1+b^2K_2)+I_z(K_1+K_2)\right](KG_1K_aK_s+K_s)+\right.$$

$$\left[\frac{(a+b)^2}{V}K_1K_2+mV(aK_1-bK_2)\right](B_r+B_mG_1^2)\right\}+\frac{K_1K_2d(mb^2+I_z)}{G_2};$$

$$A_4=G_2\left[\frac{(a+b)^2}{V}K_1K_2+mV(aK_1-bK_2)\right](KG_1K_aK_s+K_s)+\frac{K_1K_2dmVb}{G_2}。$$

根据劳斯判据,得系统稳定性条件为

$$\begin{aligned}g_1(X)&=A_1A_2-A_0A_3>0\\g_2(X)&=A_1A_2A_3-A_0A_3^2-A_1^2A_4>0\end{aligned} \quad (18\text{-}21)$$

系统要保持稳定,必须满足式(18-21)的稳定性条件。

2. 绘制分析影响转向路感的频域特性曲线

根据式(18-11)编写绘制助力机构传动比影响转向路感的频域特性曲线的 MATLAB 程序如下。

程序	注释
Ks=93.4;Jr=0.09;Jm=0.006;Br=0.27;Bm=0.04;K=10;Ka=0.02;	汽车参数赋值
G1=[15 25 35];	设置助力机构传动比范围
for i=1:3	循环开始
s=tf('s');	设定传递函数
E1=(Ks+K*Ks*Ka*G1(i));	计算传递函数各项系数
E=Ks/((Jr+Jm*G1(i)*G1(i))*s*s+(Br+Bm*G1(i)*G1(i))*s+E1);	计算传递函数
sys=feedback(E,1);	对传递函数进行负反馈
gss='-:--';	设置线型
bode(sys,[gss(2*i-1)gss(2*i)]);	绘制波德图
hold on	保存图形
end	循环结束
legend('G1=15','G1=25','G1=35')	曲线标注

在 MATLAB 编辑器中输入这些程序,点击运行按钮,就会得到不同助力机构传动比下的转向路感频域特性曲线,如图 18-3 所示。助力机构传动比的增加使相位滞后增加而幅频曲线衰减但不显著,当它足够小时将导致幅频特性曲线振荡并最终失去稳定。

根据式(18-11)编写绘制电动机转动惯量影响转向路感的频域特性曲线的 MATLAB 程序如下。

程序	注释
Ks=93.4;Jr=0.09;G1=25;Br=0.27;Bm=0.04;K=10;Ka=0.02;	汽车参数赋值
Jm=[0.001 0.006 0.06];	设置电动机转动惯量范围
for i=1:3	循环开始

```
s=tf('s');                                        设定传递函数
E1=(Ks+K*Ks*Ka*G1);                               计算传递函数各项系数
E=Ks/((Jr+Jm(i)*G1*G1)*s*s+(Br+Bm*G1*G1)*s+E1);   计算传递函数
sys=feedback(E,1);                                对传递函数进行负反馈
gss='-:--';                                       设置线型
bode(sys,[gss(2*i-1)gss(2*i)]);                   绘制波德图
hold on                                           保存图形
end                                               循环结束
legend('Jm=0.001','Jm=0.006','Jm=0.06')           曲线标注
```

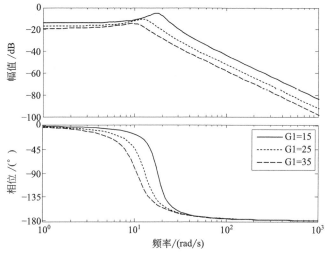

图 18-3　助力机构传动比影响转向路感的频域特性曲线

在 MATLAB 编辑器中输入这些程序，点击运行按钮，就会得到不同电动机转动惯量下的转向路感频域特性曲线，如图 18-4 所示。电动机转动惯量的增加将引起相位滞后的增加，而对幅频特性的影响不明显，当它超过某个定值时将引起幅频特性曲线的振荡。

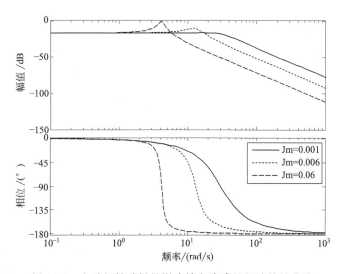

图 18-4　电动机转动惯量影响转向路感的频域特性曲线

根据式(18-11)编写绘制转矩传感器刚度影响转向路感的频域特性曲线的MATLAB程序如下。

程序	注释
Jm=0.006;Jr=0.09;G1=25;Br=0.27;Bm=0.04;K=10;Ka=0.02;	汽车参数赋值
Ks=[50 100 500];	设置转矩传感器刚度范围
for i=1:3	循环开始
s=tf('s');	设定传递函数
E1=(K1(i)+K*K1(i)*Ka*G1);	计算传递函数各项系数
E=K1(i)/((Jr+Jm*G1*G1)*s*s+(Br+Bm*G1*G1)*s+E1);	计算传递函数
sys=feedback(E,1);	对传递函数进行负反馈
gss='- :--';	设置线型
bode(sys,[gss(2*i-1) gss(2*i)]);	绘制波德图
hold on	保存图形
end	循环结束
legend('Ks=50',' Ks =100',' Ks =500')	曲线标注

在MATLAB编辑器中输入这些程序,点击运行按钮,就会得到不同转矩传感器刚度下的转向路感频域特性曲线,如图18-5所示。转矩传感器刚度的增加使相位滞后减少,而对幅频特性的影响不明显,当它超过某个定值时将引起幅频特性曲线的振荡。

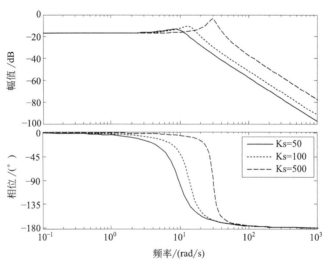

图18-5 转矩传感器刚度影响转向路感的频域特性曲线

根据式(18-11)编写绘制助力增益影响转向路感的频域特性曲线的MATLAB程序如下。

程序	注释
Ks=93.4;Jr=0.09;G1=25;Br=0.27;Bm=0.04;Ka=0.02;Jm=0.006;	汽车参数赋值
K=[5 10 15];	设置助力增益系数范围
for i=1:3	循环开始
s=tf('s');	设定传递函数
E1=(Ks+K(i)*Ks*Ka*G1);	计算传递函数各项系数

程序	注释
`E=Ks/((Jr+Jm*G1*G1)*s*s+(Br+Bm*G1*G1)*s+E1);`	计算传递函数
`sys=feedback(E,1);`	对传递函数进行负反馈
`gss='- : --';`	设置线型
`bode(sys,[gss(2*i-1) gss(2*i)]);`	绘制波德图
`hold on`	保存图形
`end`	循环结束
`legend('K=5','K=10','K=15')`	曲线标注

在MATLAB编辑器中输入这些程序，点击运行按钮，就会得到不同助力增益下的转向路感频域特性曲线，如图18-6所示。助力增益系数增大，将使相位滞后减小，幅频曲线衰减，当它足够大时将导致幅频特性曲线振荡。

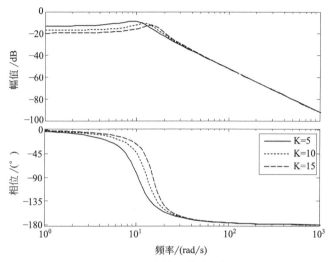

图18-6 助力增益影响转向路感的频域特性曲线

3. 绘制分析影响转向灵敏度的频域特性曲线

根据式(18-19)编写绘制助力机构传动比影响转向灵敏度的频域特性曲线的MATLAB程序如下。

程序	注释
`m=2143.5;a=1.564;V=10;K1=-63629;b=1.664;G2=24;`	汽车参数赋值
`K2=-120184;Ks=93.4;Ka=0.02;K=10;`	汽车参数赋值
`Iz=3978;Jr=0.09;Jm=0.006;Br=0.27;Bm=0.04;d=0.11;`	汽车参数赋值
`G1=[15 25 35];`	设置助力机构传动比范围
`for i=1:3`	循环开始
`s=tf('s');`	设定传递函数
`X=-1*m*a*V*K1*s+(a+b)*K1*K2;M=Ks+G1(i)*Ka*K*Ks;`	计算传递函数各项系数
`Z1=(a+b)^2/V*K1*K2+m*V*(a*K1-b*K2);`	计算传递函数各项系数
`Z=m*V*Iz*s*s-(m*(a*a*K1+b*b*K2)+Iz*(K1+K2))*s+Z1;`	计算传递函数各项系数
`Y=-1*K1*Iz*s+b*(a+b)/V*K1*K2+m*a*V*K1;Q=G2^2*V*Z;`	计算传递函数各项系数

程序	注释
`P=K1*d*(V*Y+a*X-V*Z);`	计算传递函数各项系数
`N=(Jr+Jm*G1(i).^2)*s^2+(Br+Bm*G1(i).^2)*s+Ks+G1(i)*Ka*K*Ks+P/Q;`	计算传递函数各项系数
`r=X*M/(G2*Z*N);`	计算传递函数
`sys=feedback(r,1);`	对传递函数进行负反馈
`gss='- : --';`	设置线型
`bode(sys,[gss(2*i-1) gss(2*i)]);`	绘制波德图
`hold on`	保存图形
`end`	循环结束
`legend('G1=15','G1=25','G1=35')`	曲线标注

在 MATLAB 编辑器中输入这些程序，点击运行按钮，就会得到不同助力机构传动比下的转向灵敏度频域特性曲线，如图 18-7 所示。助力机构传动比的增加使相位滞后增加，当它足够小时将导致幅频特性曲线振荡并最终失去稳定。

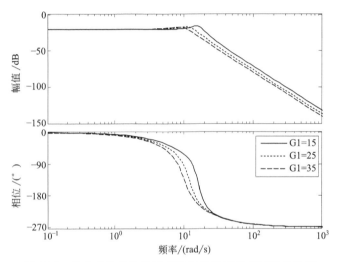

图 18-7 助力机构传动比影响转向灵敏度的频域特性曲线

根据式(18-19)编写绘制电动机转动惯量影响转向灵敏度的频域特性曲线的 MATLAB 程序如下。

程序	注释
`m=2143.5;a=1.564;V=10;K1=-63629;b=1.664;G2=24;`	汽车参数赋值
`K2=-120184;Ks=93.4;G1=25;Ka=0.02;K=10;`	汽车参数赋值
`Iz=3978;Jr=0.09;Br=0.27;Bm=0.04;d=0.11;`	汽车参数赋值
`Jm=[0.001 0.006 0.06];`	设置电动机转动惯量范围
`for i=1:3`	循环开始
`s=tf('s');`	设定传递函数
`X=-1*m*a*V*K1*s+(a+b)*K1*K2;M=Ks+G1*Ka*K*Ks;`	计算传递函数各项系数
`Z1=(a+b)^2/V*K1*K2+m*V*(a*K1-b*K2);`	计算传递函数各项系数
`Z=m*V*Iz*s*s-(m*(a*a*K1+b*b*K2)+Iz*(K1+K2))*s+Z1;`	计算传递函数各项系数

程序	注释
Y=-1*K1*Iz*s+b*(a+b)/V*K1*K2+m*a*V*K1;Q=G2^2*V*Z;	计算传递函数各项系数
P=K1*d*(V*Y+a*X-V*Z);	计算传递函数各项系数
N=(Jr+Jm(i)*G1^2)*s^2+(Br+Bm*G1^2)*s+Ks+G1*Ka*K*Ks+P/Q;	计算传递函数各项系数
r=X*M/(G2*Z*N);	计算传递函数
sys=feedback(r,1);	对传递函数进行负反馈
gss='- : --';	设置线型
bode(sys,[gss(2*i-1) gss(2*i)]);	绘制波德图
hold on	保存图形
end	循环结束
legend('Jm=0.001','Jm=0.006','Jm=0.06')	曲线标注

在MATLAB编辑器中输入这些程序，点击运行按钮，就会得到不同电动机转动惯量下的转向灵敏度频域特性曲线，如图18-8所示。电动机转动惯量的增加将引起相位滞后的增加和带宽的减小，当它超过某个定值时将引起幅频特性曲线的振荡。

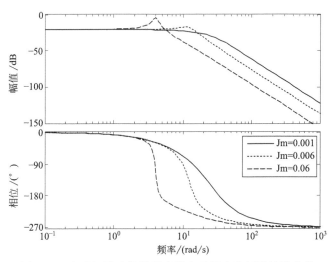

图18-8 电动机转动惯量影响转向灵敏度的频域特性曲线

根据式(18-19)编写绘制转矩传感器刚度影响转向灵敏度的频域特性曲线的MATLAB程序如下。

程序	注释
m=2143.5;a=1.564;V=10;K1=-63629;b=1.664;G2=24;Jm=0.006;	汽车参数赋值
K2=-120184;G1=25;Ka=0.02;K=10;	汽车参数赋值
Iz=3978;Jr=0.09;Br=0.27;Bm=0.04;d=0.11;	汽车参数赋值
Ks=[50 100 500];	设置转矩传感器刚度范围
for i=1:3	循环开始
s=tf('s');	设定传递函数
X=-1*m*a*V*K1*s+(a+b)*K1*K2;M=Ks(i)+G1*Ka*K*Ks(i);	计算传递函数各项系数
Z1=(a+b)^2/V*K1*K2+m*V*(a*K1-b*K2);	计算传递函数各项系数
Z=m*V*Iz*s*s=(m*(a*a*K1+b*b*K2)+Iz*(K1+K2))*s+Z1;	计算传递函数各项系数

程序	注释
`Y=-1*K1*Iz*s+b*(a+b)/V*K1*K2+m*a*V*K1;Q=G2^2*V*Z;`	计算传递函数各项系数
`P=K1*d*(V*Y+a*X-V*Z);`	计算传递函数各项系数
`N=(Jr+Jm*G1^2)*s^2+(Br+Bm*G1^2)*s+Ks(i)+G1*Ka*K*Ks(i)+P/Q;`	计算传递函数各项系数
`r=X*M/(G2*Z*N);`	计算传递函数
`sys=feedback(r,1);`	对传递函数进行负反馈
`gss='- : --';`	设置线型
`bode(sys,[gss(2*i-1) gss(2*i)]);`	绘制波德图
`hold on`	保存图形
`end`	循环结束
`legend('Ks=50','Ks=100','Ks=500')`	曲线标注

在 MATLAB 编辑器中输入这些程序，点击运行按钮，就会得到不同转矩传感器刚度下的转向灵敏度频域特性曲线，如图 18-9 所示。转矩传感器刚度的增加使相位滞后和带宽增加，当它超过某个定值时将引起幅频特性曲线的振荡。

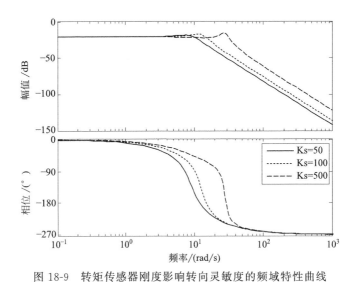

图 18-9 转矩传感器刚度影响转向灵敏度的频域特性曲线

根据式(18-19)编写绘制助力增益影响转向灵敏度的频域特性曲线的 MATLAB 程序如下。

程序	注释
`m=2143.5;a=1.564;V=10;K1=-63629;b=1.664;G2=24;Jm=0.006;`	汽车参数赋值
`K2=-120184;G1=25;Ka=0.02;Ks=93.4;`	汽车参数赋值
`Iz=3978;Jr=0.09;Br=0.27;Bm=0.04;d=0.11;`	汽车参数赋值
`K=[5 10 15];`	设置助力增益系数范围
`for i=1:3`	循环开始
`s=tf('s');`	设定传递函数
`X=-1*m*a*V*K1*s+(a+b)*K1*K2;M=Ks+G1*Ka*K(i)*Ks;`	计算传递函数各项系数
`Z1=(a+b)^2/V*K1*K2+m*V*(a*K1-b*K2);`	计算传递函数各项系数
`Z=m*V*Iz*s*s-(m*(a*a*K1+b*b*K2)+Iz*(K1+K2))*s+Z1;`	计算传递函数各项系数

程序	注释
Y=-1*K1*Iz*s+b*(a+b)/V*K1*K2+m*a*V*K1;Q=G2^2*V*Z;	计算传递函数各项系数
P=K1*d*(V*Y+a*X-V*Z);	计算传递函数各项系数
N=(Jr+Jm*G1^2)*s^2+(Br+Bm*G1^2)*s+Ks+G1*Ka*K(i)*	计算传递函数各项系数
Ks+P/Q;	
r=X*M/(G2*Z*N);	计算传递函数
sys=feedback(r,1);	对传递函数进行负反馈
gss='- : --';	设置线型
bode(sys,[gss(2*i-1) gss(2*i)]);	绘制波德图
hold on	保存图形
end	循环结束
legend('K=5','K=10','K=15')	曲线标注

在MATLAB编辑器中输入这些程序，点击运行按钮，就会得到不同助力增益下的转向灵敏度频域特性曲线，如图18-10所示。助力增益系数增大将使相位滞后减小，当它足够大时将导致幅频特性曲线振荡。

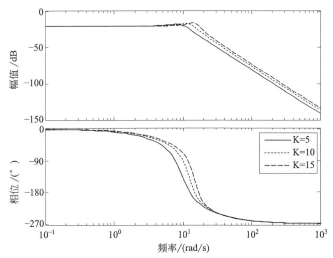

图18-10 助力增益系数影响转向灵敏度的频域特性曲线

4. 分析转向操纵稳定性

对表18-1中的参数进行稳定性分析，设车速为80km/h，利用式(18-21)编写MATLAB计算程序如下。

程序	注释
m=2143.5;a=1.564;V=10;K1=-63629;b=1.664;G2=24;Jm=0.006;	汽车参数赋值
K2=-120184;G1=25;Ka=0.02;K=10;Ks=93.4;	汽车参数赋值
Iz=3978;Jr=0.09;Br=0.27;Bm=0.04;d=0.11;	汽车参数赋值
A0=m*V*G2*Iz*(Jr+Jm*G1.^2);	计算系数A0
A11=m*V*Iz*(Br+Bm*G1.^2);	计算系数A11
A12=m*(K1*a.^2+K2*b.^2)+Iz*(K1+K2);	计算系数A12
A1=G2*(A11-A12*(Jr+Jm*G1.^2));	计算系数A1
A21=m*V*Iz*(K*G1*Ka*Ks+Ks);	计算系数A21

`A22=m*(K1*a.^2+K2*b.^2)+Iz*(K1+K2)*(Br+Bm*G1.^2);`	计算系数 A22
`A23=((a+b).^2*K1*K2/V+m*V*(a*K1-b*K2))*(Jr+Jm*G1.^2);`	计算系数 A23
`A2=G2*(A21-A22+A23)-K1*d*m*V*Iz/G2;`	计算系数 A2
`A31=-(m*(K1*a.^2+K2*b.^2)+Iz*(K1+K2));`	计算系数 A31
`A32=K*G1*Ka*Ks+Ks;`	计算系数 A32
`A33=((a+b).^2*K1*K2/V+m*V*(a*K1-b*K2))*(Br+Bm*G1.^2);`	计算系数 A33
`A3=G2*(A31*A32+A33)+K1*K2*d*(m*b.^2+Iz)/G2;`	计算系数 A3
`A41=((a+b).^2*K1*K2/V+m*V*(a*K1-b*K2))*(K*G1*Ka*Ks+Ks);`	计算系数 A41
`A4=G2*A41+K1*K2*d*m*V*b/G2;`	计算系数 A4
`g1=A1*A2-A0*A3;`	计算 g1
`g2=A1*A2*A3-A0*A3.^2-A1.^2*A4;`	计算 g2
`fprintf('g1=%.2f\n',g1)`	输出 g1
`fprintf('g2=%.2f\n',g2)`	输出 g2

在 MATLAB 编辑器中输入这些程序，点击运行按钮，就会得到 g1>0，g2>0，表明系统稳定。

参 考 文 献

[1] 王正林，王胜开等.MATLAB/Simulink 与控制系统仿真［M］.北京：电子工业出版社，2012.
[2] 肖启瑞，樊明明等.车辆工程仿真与分析—基于 MATLAB 的实现［M］.北京：机械工业出版社，2012.
[3] 余胜威.MATLAB 车辆工程应用实践［M］.北京：清华大学出版社，2012.
[4] 崔胜民.汽车理论［M］.北京：北京大学出版社，2016.
[5] 崔胜民.汽车系统动力学与仿真［M］.北京：北京大学出版社，2014.
[6] 马跃.自调式膜片弹簧离合器优化设计［D］.哈尔滨：哈尔滨工业大学，2009.